Complex Transformation of East Asia's Regional Order and South Korea's National Strategies

동아시아 지역질서의 복합 변환과 한국의 전략

Complex Transformation of East Asia's Regional Order and South Korea's National Strategies

아연동북아 총서 _ 19

동아시아 지역질서의 복합 변환과 한국의 전략

| 이용욱 · 손기영 편저 |

아연출판부
고려대학교 아세아문제연구소

Table of Contents

| 차 례 |

| 제2부 동아시아 경제질서 |

| 표 · 그림 차례 |

아연동북아총서 발간에 부쳐

탈냉전 이후 동아시아의 역동적 발전은 역내의 정치-외교, 경제 질서뿐만 아니라 문화, 사상, 종교 등의 제 영역에서 새로운 변화를 추동하고 있다. 이런 변화는 일국적 차원의 고찰로는 해명될 수 없는 복잡하고도 민감한 초국가적(transnational) 현상을 낳고 있다. 특히 동북아시아는 지리적 인접성, 공통의 역사-문화적 경험, 협력과 공존의 필요성 등으로부터 연유하는 초국가적 사고와 움직임이 활성화되고 있다. 이런 동북아에 대한 이해를 심화, 확대하고 새로운 해석과 전망을 제공하기 위해서는 국가별 연구나 학문 분과의 분절적 연구를 넘어 동북아시아를 분석의 단위로 삼는 다학문적·학제적 연구가 요청된다.

동북아시아 연구가 갖는 실천적 의미는 매우 중요하다. 주지하듯이 동북아시아는 세계의 어느 지역보다도 급속한 변화와 발전상을 보여 주고 있음에도 불구하고, 여전히 근대성의 문제와 냉전의 구도에 얽매여 있는 곳이다. 20세기 전반기의 제국주의 침략과 식민 경험은 오늘에도 국가적·민중적 기억을 지배하고 있다. 냉전의 산물인 남북 분단과 북한의 핵 위협은 동북아시아의 커다란 불안 요소가 되고 있다. 국가 간 역사 및 영토 분쟁 또한 동북아의 평화로운 발전에 장애로 남아 있다. 그러나 우리는 불편한 역사적 경험과 현재의 불안정이 다른 한편으로 동북아시아의 여러 구성 요소들을 상호 긴밀히 연결시키고, 그로부터 문제 해결을 위한 공통의 기반이 마련될 수 있음에 주목한다. 동북아시아는 대립과 갈등의 무대이기도 하지만 평화와 공존의 모색을 위한 토대이기도 하다. 이제 동북아 연구는 동북아가 처한 현실을 객관적으로 진단하고, 평화로운 미래를 건설하는 시대의 요청에 부응하지 않으면 안 된다.

고려대학교 아세아문제연구소(이하 아연)는 대표적인 동북아시아 지역 종합 연구소로서 학제 간 연구를 통한 동북아 지역 연구를 이끌어 왔다. 1957년 설립된 이래 아연은 구한국 외교문서와 공산권 연구 총서 및 동아시아 연구 총서, 중국 연구 총서, 한일 공동 연구 총서, 민주주의 총서 등 연구 성과의 체계적 집성을 통해 학문적 차원에서 현실을 진단하고 바람직한 미래의 방향을 전망하는 대학 연구소의 역할을 충실히 수행해 왔다. 2008년부터는 한국연구재단의 '인문 한국'(HK) 사업 해외지역학 분야의 지원 기관으로 선정되어, '동북아시아의 초국가적 공간: 사상·사회·문화·제도의 교류와 재구성'이라는 연구 어젠다를 중심으로 10년 기간의 대규모 프로젝트를 진행하고 있다. 이제 아연은 지난 50여 년 동안 축적된 연구 경험과 현재 진행 중인 '인문 한국' 사업의 성과, 각종 동북아 지역 연구 지원, 국내외 소장 학자 교류 지원 프로그램 등을 기반으로 해 〈아연동북아총서〉를 발간한다. 이 총서의 성과가 동북아 공동의 문제를 해결하고 조율하며 바람직한 미래를 모색하는 장이 될 수 있기를 기대하면서, 관심 있는 분들의 격려와 질정을 바란다.

아세아문제연구소장 이종화

서문

복합 변환 시대의 동아시아 지역질서의 설계

손기영·이용욱

지금부터 백 년 전인 1914년, 유럽 열강들 사이에서 강대국의 지위를 인정받고자 했던 신흥 강국 독일은 쉽게 넘을 수 없는 기존 국제질서의 벽을 허물기 위해 전쟁의 길로 들어선다(Clark 2012; Zuber 2003; Fischer 1967). 영국, 프랑스, 러시아와의 교역 확대와 경제 관계의 발전에도 불구하고, 식민지 지배를 통한 영토와 자원의 획득, 그리고 강대국의 지위를 열망했던 독일의 야심은 누그러지지 않았다. 사라예보에서 일어난 오스트리아-헝가리 제국의 황태자 저격 사건이 도화선이 되어 시작된 전쟁은 4년 4개월 동안 수천만 명의 목숨을 앗아가면서도, 또 다른 전쟁의 불씨를 남긴 채 끝이 났다. 1차 대전 100주년을 맞아, 학계와 정계에서는 1차 대전 발발 전 유럽의 정세와 21세기 초 동아시아 정세의 유사성에 대해 다양한 의견이 개진되고 있다. 특히 일본의 아베 신조(安倍晋三) 총리가 21세기의 중일 관계를

20세기 초의 영독 관계에 비유하고, 헨리 키신저나 그레이험 앨리슨 같은 학자들도 가세함으로써 언론의 비상한 주목을 받고 있다(Tirone and Donahue 2014; Allison 2014).

1차 대전의 발발 요인으로 흔히 지적되는 것이, 세력 전이, 영토 분쟁, 민족주의, 군사 동맹이라고 할 수 있는데, 21세기의 동아시아도 이러한 요인에서 자유롭지 못하다. 동아시아 국가 간 교역과 투자는 지역화와 상호의존을 촉진시키고 있지만, 1차 대전에 비추어 보면 이것만으로 전쟁을 억제하기는 역부족이다. 그러므로 동아시아 국제질서의 현재를 고찰해 보면서, 전쟁을 방지하고 공존공영을 이룩할 수 있는 새로운 지역질서의 창출 과정을 전망해 보는 것은 시의적절한 일이라고 할 수 있다.

중국이 부상하고, 일본이 우경화의 길을 가고 있는 동아시아에서 새로운 안보질서와 경제질서를 창출하는 과정을 전망하려면 미국과 같은 강대국의 역할뿐만 아니라, 동아시아 국가들의 역할을 어떻게 볼 것인가가 중요해진다. 하영선 서울대 명예교수는 동아시아의 지역질서가 천하질서와 냉전질서를 거쳐 복합적 지역질서로 변용되고 있다고 본다(하영선, 김상배 2012). 이러한 주장은 동아시아연구원(East Asia Institute: EAI)이 2013년 가을 14주에 걸쳐 주최한 하영선의 "동아시아 질서 건축사: 고대 천하에서 미래 복합까지"에서 잘 나타난다. 중국 중심의 천하질서가 서구 열강에 의해 무너졌고, 서구에 의한 냉전질서가 거의 와해된 지금, 동아시아는 복합질서의 시대를 맞고 있다는 것이다.

하영선이 동아시아 질서를 구축하는 과정에서 주목하는 개념이 '건축' 혹은 '설계'인데 흔히 국내에서는 우리말로 번역하지 않고 '아키텍처'라고 불리기도 한다(주재우 2013). 천하질서의 와해 이후 수동적 지위에 머물렀던 동아시아 국가들이 21세기 동아시아 질서를 창출하는 과정에서 설계자로서의 역할을 해야 한다는 주장이다. 즉, 미국이나 서구에 의해 주도적으로 만들어진 현재의 동아시아 질서를 중국과 동아시아의 국제적 지위 부상에 따라 지역국가가 자신에 맞는 모습으로 바꿀 수 있다는 역량에 대한 확신이라고 할 수 있다.

물론 동아시아 국가들과의 군사 동맹과 세계 제일의 경제력으로 인해 새로운 동아시아 질서를 설계하는 과정에서 미국의 역할과 영향력은 부인할 수 없는 상황이다. 최근 "아시아로의 회귀"(Pivot to Asia)라는 정책을 발표하면서 미국은 동아시아의 국제관계에 지속적인 관심과 핵심적 역할을 할 것이라고 천명한 바 있다. 하지만 제2, 제3의 경제대국을 포함하고, 중견국으로 발돋움한 한국과 지역공동체로 성장하고 있는 동남아시아 국가연합(ASEAN)이 위치한 동아시아가 언제까지 미국이 설계한 질서를 수용하면서 현재 상태로 남아 있을 것이라고는 상상할 수 없다.

현재 미국은 중국의 부상에 맞서 미국 주도의 동아시아 질서를 강화하려고 노력하고 있다. "아시아로의 회귀"(Pivot to Asia)와 "재균형"(rebalancing)이라는 전략을 잇달아 발표하면서 동아시아에서 군사적 우위를 바탕으로 패권 유지에 몰두하고 있는 상황이다. 또한, 동아시아 정상회담(East Asia Summit)에 참가하고, ASEAN과 우호협정을 맺고, 중국에 대해서는 "규칙과 책임의 시스템"(system of rules and responsibilities)을 강조하는 등, 현재의 질서에 중국이 동화되는 형식으로 지역 아키텍처가 변모되기를 원하고 있다(Clinton 2013).

반면 중국은 강대국 간에 상호 존중을 통하여 서로의 이익과 협력을 추구하는 "신형 대국 관계"(新型大國關係)를 주장하면서 미국이 지역질서 설계에 있어서 주도적 역할을 포기할 것을 요구해 왔다. 미국이 이러한 요구에 특별한 반응을 보이지 않고 있지만 중국은 미중 대화에서 지속적으로 "평등, 상호 신뢰, 관용, 협력, 공동 이익"에 기초한 신형 대국 관계를 형성하자고 주장해 왔다. 한편 중국은 일본과의 영토와 역사 인식 문제에 있어서 목소리를 높이면서, 중일 정상회담을 포함한 고위급 회담을 중단하고 있는 상태이다. 매년 개최되고 있는 미중 전략 및 경제 대화 등을 통해 미중 관계는 어느 정도 관리되고 있지만, 악화된 중일 관계는 센카쿠 열도(중국명: 댜오위다오)를 둘러싼 대립 때문에 개선의 여지를 보이지 않고 있다.

일본 역시 아베 총리 취임 후에 일본을 전수 방위의 평화국가에서 "적극적 평화주의"를 지향하는 나라, 즉 "보통국가"로 변모시키기 위해 노력 중이다. 특히 아베 총리가 고이즈미 준이치로(小泉純一郎) 총리 이래 7년 4개월 만인 2013년 12월 26일 야스쿠니(靖國) 신사를 참배함으로써 전 세계적으로 비난에 직면한 상황이다. 아베 총리의 보통국가 구상은 일본판 국가안전보장회의(NSC) 설립 → 특정비밀보호법 제정 → 무기 수출 3원칙 수정 → 집단적 자위권에 대한 헌법 해석 수정 → 개헌으로 이어지는 수순을 밟고 있다(関口克己 2013). 일본의 우경화가 주변국과의 긴장을 고조시키는 요인으로 지속적으로 작용하고 있는 가운데, 경제대국이었던 일본이 어떤 모습의 보통국가로 변신할지가 주변국들의 초미의 관심사가 되고 있다(손기영 2014).

한반도의 한국과 북한 역시 박근혜 정부의 출범과 김정은의 집권 이후에도 여전히 대립 관계를 해소하지 못하고 있는 상황이다. 새로운 정권의 출범과 함께 서로에게 관계 개선의 신호를 간혹 보내고 있으나 이명박 정부 이후 실질적 대화가 중단된 상황에서 상호 간의 불신의 골이 깊어질 대로 깊어진 상황이다. 박근혜 정부는 인도적 지원과 대규모 경제 협력을 분리한다는 전략으로 북한에 접근하고 있으나, 핵 문제 해결의 실마리가 보이지 않고, 한미 군사훈련에 대해 북한이 지속적인 반감을 보이는 상황에서 관계 개선의 불씨를 살리기가 쉽지 않은 상황이다.

이러한 복합적인 변화에 직면하고 있는 동북아의 상황에서 한국은 어떤 전략을 취해야 할까? 명실상부한 중견국가로 발돋움하려는 한국의 목표에 비해, 현재 한국이 처한 상황은 과거 어느 때보다 복잡해졌다. 먼저, 대립과 협력을 반복하고 있는 미국과 중국이라는 양대 강국 사이에서 어떤 입장을 취해야 할지가 불분명하다. 한국의 안보를 위해 한미 동맹의 중요성은 의심받고 있지는 않지만, 중국과의 전략적 협력 동반자 관계를 어떻게 설정해야 할지는 여전히 숙제로 남아 있다. 다행히 박근혜 대통령 취임 이후 이명박 정부의 미국 일변도 정책으로 소원해졌던 한중 관계가 회복되면서 미-중 사이에서 한국이 취할 수 있는 운신의 폭이 넓어지고 있다. 일본과는 독도와 과거사 문제로 인해 고위급 교류가 끊어진 상황에서 중견국으로서 지역의 협력과 통합을 위해 노력할 수 있는 부분이 미약했다. 2014년 3월 버락 오바마 미국 대통령이 주최하는 형식으로 헤이그 시내 미국 대사관저에서 박 대통령과 아베 총리가 3자 정상회담을 열었지만, 한일 관계 개선의 실마리를 마련하지 못하고, 북핵 문제에 대한 공감대를 형성하는 선에서 대화를 마쳤다.

안보질서와 더불어 동아시아 경제질서도 복잡한 모습으로 전개되고 있다. 특히, 지역경제 통합체를 형성하고자 하는 다양한 움직임은 동아시아 및 한국 경제의 미래에 큰 영향을 미칠 것으로 보인다. 강대국 간 주도권 경쟁과 맞물려 환태평양 경제 동반자 협정(TPP), 역내 포괄적 경제 동반자 협정(RCEP) 및 한-중-일 FTA 등 지역 통합체가 중층적으로 추진되고 있다. 미국 중심의 TPP와 중국과 ASEAN 중심의 RCEP이 양대 축을 이루며 동시적으로 형성되고 있는 가운데, 한국으로서는 이러한 경제 통합의 논의에 전략적 우선순위를 정해야 할 때이다.

이 책은 동아시아 지역질서를 안보질서와 경제질서로 나누어 제1부와 제2부로 엮었다. 제1부 '동아시아 안보질서'에서는 주로 중국의 부상, 북한 핵 문제, 영토와 역사 갈등 등 지역질서의 변환에 미치는 다양한 요인들을 분석하고 나름대로의 해법을 제시한다. 제2부에서는 동아시아의 다자 무역질서의 변환과 위안화 국제화의 가능성에 대해 지역경제 아키텍처의 구축 차원에서 분석한다.

제1부에서 이정남은 동아시아 세력 전이라는 구조적 변환기를 맞아 한-중 양국의 신정부가 북핵 문제와 한미 동맹 문제를 어떻게 접근하고 있는지를 고찰함으로써, 한중 전략적 협력 관계의 딜레마를 분석하고 한국의 정책 대안에 대해 살펴본다. 동아시아 지역에서 세력 전이가 본격화되면서 한중 관계는 양자 차원을 넘어서 동아시아 국제 권력 질서의 재편이라는 구조적인 요인에 영향을 받고 있다. 신정부의 등장 이후 외형상으로 볼 때 한중 관계가 양호해 보이지만, 전략적인 협력이라는 측면에서 볼 때 여전히 많은 문제점이 있다. 우선 전략적 협력의 최대 과제인 북한 핵 문제에 있어, 중국은 6자회담의 조기 개최를 주장하고 있는 반면, 한국은 북한의 가시적인 비핵화 조치를 요구하고 있는 상황이라서 상당한 간극을 보이고 있다. 또한 한국 정부의 미중 균형 정책에 대해서도 한국 내에서는 한미 동맹의 약화를 초래해 안보 위협을 초래할 수도 있다는 우려가 제기되고 있는가 하면, 중국 내에서는 한미 동맹의 심화를 여전히 중국을 견제하기 위한 동맹의 강화로 이해하고 있다. 이 글에서는 세력 전이 과정의 불확실성을 최소화하고 안정적인 한중 관계의 발전을 이끌어 내기 위해 다섯 가지 외교적 대안을 제시하고 있다.

이신화는 국가 실패라는 개념에 대한 다양한 측면을 고찰해 보고, 이를 북한의 상황에 적용하여 북한이 실패 국가인지에 관해 논의한다. 또한 보호책임(R2P)의 개념과 적용 사례를 검토하고, R2P 범주의 발전적인 적용 가능성 및 북한에 대한 함의를 살펴본다. 이 연구는 북한 상황이 국제사회가 인정하는 R2P 범주인가를 판단해야 하는 원론적인 문제부터 R2P를 토대로 한 개입이 초래할 국제정치학적 문제까지 포괄적으로 다루고 있다. 또한, 북한 주민을 보호하기 위해 R2P 적용이 필요하다는 주장과 서구 강대국 중심의 사고에서 비롯된 것이므로 실행해서는 안 된다는 주장 모두를 검토한다. 특히 그 적용 여부에 직접적인 영향을 받는 한국의 경우 국제 규범과 인도주의 원칙, 남북 관계 및 동북아 힘의 역학 등을 총체적으로 고려한 전략적 사고가 필요함을 강조한다.

손기영은 오바마 대통령의 "핵 없는 세상"이라는 비전에서 시작된 핵 안보 정상회의를 레짐(regime) 이론과 글로벌 거버넌스(global governance)의 관점에서 분석하고, 핵 안보 프로세스의 핵심 국가로 떠오른 한국이 동북아 지역에서 어떤 역할을 할 수 있는지를 조망한다. 핵 안보 프로세스는 2012년의 서울 정상회담을 계기로 새로운 전기를 맞는데, 이 글은 핵 안보 정상회의가 새로운 국제 레짐(international regime)을 만드는 것이 목표가 아니라 몇 개의 미완의 핵 안보 레짐들을 제도적으로 강화하고 새로운 다층적 프로세스를 도입함으로써 종국적으로는 핵 테러를 막기 위해 핵물질의 전 세계적 관리를 용이하게 할 수 있는 글로벌 거버넌스를 모색하는 것이라고 본다. 이 글은 한국이 중견국가로서 국제사회에 대한 기여도를 높여 가는 과정에서 핵 안보 프로세스는 한국 정부의 의사와 역량에 따라 동북아 지역 거버넌스에 공헌하는 중요한 계기가 될 수 있음을 밝힌다.

이동준은 지역을 안전 보장의 관점에서 분석하기 위한 이론적 시각을 제공한 것으로 평가 받는 '지역 안보 복합체'(RSC) 이론을 검토하고, 이 이론의 동북아시아 적용 가능성을 모색한다. RSC 이론의 장점은 위협과 지리적 거리 간에 상관성이 있다는 자명한 전제 하에 지역에 대한 사회구성적 고찰을 시도한다는 점이다. 물론, RSC 이론은 1980년대에 제기된 이후 다양한 이론적 도전을 받아 왔다. 그럼에도 불구하고 이 이론은 지역과 안보를 매개하는 다면적 검토를 가능하게 하는 분석틀을 제시하고 있을 뿐 아니라, 주권국가의 틀에 갇혀 지역 연구에 한계를 노정할 수밖에 없었던 기존 국제관계 연구에 중요한 시사점을 제시하고 있다. RSC 이론은 '지역' 개념을 둘러싸고 혼선을 빚고 있는 동북아시아에도 충분히 적용 가능하며, 지역을 분석 단위로 하는 안보 연구에 다양한 이론적 및 정책적 함의를 제공할 수 있다.

제2부에서 이용욱과 하경석은 동아시아 다자 FTA 무역질서의 형성 과정을 분석하고, 새로운 통상 환경에 처하게 된 한국이 취해야 할 전략적 선택에 대해 논의한다. 동아시아의 통상질서는 한-중-일이 3자 간 FTA를 추진하고, 미국이 환태평양 경제 동반자 협정(TPP)의 협상을 개시하는 한편, 중국이 중심이 되어 ASEAN+6 국가들을 대상으로 하는 역내 포괄적 경제 동반자 협정(RCEP)도 협상을 시작하면서 새로운 전기를 맞고 있다. 동아시아 무역질서의 다자화는 경제적 이득과 정치적 영향력을 복합적으로 고려한 전략적 선택의 결과라고 할 수 있다. '세계', '지역', '역내 비강대국'의 세 가지 차원에서의 리더십 경쟁과 정책 자율성 확보를 위한 노력이 지역 다자 FTA의 경쟁 구도로 이어진 것이다. 한국의 정책 순차성은 'RCEP → TPP', '한-중-일 FTA → RCEP' 순서가 전략적으로 유리할 것이다. 그리고 한국의 우선순위는 단기적 경제 이득보다는 다자 FTA 규칙 제정 확립이 되어야 할 것으로 본다. 규칙 제정자로서의 한국은 중견국 외교 위상을 확립할 수 있을 뿐 아니라 미-중 간의 경쟁에도 효과적으로 대처할 수 있을 것이다. 이 글은 한국의 경제적, 외교적 비전 실현을 위한 구체적인 협상

전략을 제안하며 마무리한다.

손열은 초국적 생산 네트워크의 확산이라는 시장의 변화, 미일 동맹 강화라는 전략의 변화, 국내 정책 결정 시스템의 변동에 따른 국내 정치의 변화라는 세 가지 변수로서 일본 통상정책의 변화를 설명하고 있다. 일본은 2000년대 들면서 일찍이 FTA 전략을 수립하였으나 그 실행에 많은 어려움을 겪었다. 한국의 사례와 대조적으로 대형 파트너가 부재하고 교섭 대상 범위도 한정되어 있으며 자유화의 정도가 낮은 FTA를 추구함으로써 체결의 기대효과가 높지 않았다는 것이 사실이다. 그러나 2010년대를 전후해 TPP 교섭 참가 선언을 하면서 일약 동아시아 경제질서 건축 경쟁의 주역(game changer)이 되고 있다.

최형규는 중국의 위안화가 주요 국제통화로 성장할 수 있을지 여부에 대한 정치경제학적 분석을 제시한다. 중국의 경제 규모 및 위안화 해외 공급 경로의 제한 등과 같은 경제적 요인과 더불어 미국에 비해 취약한 중국의 국제적 역량(international power)이 위안화 국제화의 주요 걸림돌로 작용할 것으로 판단된다. 결론적으로 가까운 미래에 위안화가 달러화를 넘어 제일 국제통화로 발전할 가능성은 희박하지만, 중국의 영향력이 상대적으로 강한 아시아에서는 제한적이지만 지역통화로 성장할 가능성이 존재한다고 평가된다.

참고문헌

손기영. 2014. "일본의 '보통국가'로의 전환과 동북아 안보 협력을 위한 한국의 전략: 지역안보 협력과 '국가정체성이슈'의 연계(linkage)를 중심으로." 『국제관계연구』 제19권 1호, pp. 115-141.

주재우. 2013. "미·중의 동아시아지역 질서관 비교 분석: 미국의 '아키텍처' 개념을 중심으로." 『아태연구』 제20권 1호, pp. 59-95.

하영선, 김상배. 2012. 『복합세계정치론: 전략과 원리, 그리고 새로운 질서』. 서울: 한울아카데미.

関口克己. 2013. "国家安保会議法成立 秘密法案は参院審議 解釈改憲への第1弾." 『東京新聞』 2013/11/28.

Allison, Graham. 2014. "2014: Good Year for a Great War?" *National Interest*, January 1.

Clark, Christopher. 2012. The Sleepwalkers: How Europe Went to War in 1914. New York: Harper Collins.

Clinton, Hillary. 2013. "Secretary Clinton on U.S.-China Relations in the 21st Century." http://seoul.usembassy.gov/p_gov_011411.html (검색일: 2013/11/16).

Fischer, Fritz. 1967. *Germany's Aims in the First World War*. New York: W.W. Norton.

Tirone, Jonathan and Patrick Donahue. 2014. "Kissinger Says Asia Is Like 19th-Century Europe on Use of Force." *Bloomberg*, February 2.

Zuber, Terence. 2003. Inventing the Schlieffen Plan. *German War Planning 1871~1914*. Oxford: Oxford University Press.

제1부

동아시아 안보질서

1장

동아시아 세력 전이와 한중 전략적 협력을 둘러싼 딜레마

이정남

1. 서론

2008년 한중 양국 정상은 양국 관계를 중국이 국가 간 관계에서 가장 높은 단계로 규정짓고 있는 전략적 협력 동반자 관계로 격상시키는 데 합의하였다(이정남 2009, 103-108). 이론상으로만 보면 한중 관계의 성격은 쌍방 간의 문제뿐만 아니라 지역적 차원과 글로벌 차원의 문제를 논의하고, 북핵 문제와 북한 문제, 한반도와 동아시아 안정과 평화 메커니즘 구축을 위한 협력 등 전략적인 문제까지 협력하는 관계로 격상되었다(한·중 전문가

---

* 이 글은 한국국방대학교 안보문제연구소의 지원(2013. 7-10)에 의해 수행된 연구 결과에 기초하여 작성되었으며, 『평화연구』(고려대학교 평화와 민주주의연구소) 제22권 1호(2014월 4월 30일)에 수록된 논문이다.

공동연구위원회 보고서 2010, 14-16).

그러나 그 이후 한중 관계는 북한 및 북핵 문제, 한반도 평화체제 구축과 한미 동맹 등 전략적인 쟁점을 둘러싸고 오히려 갈등이 심화되는 역설적인 상황이 노정되었다. 중국 정부는 이명박 정부의 '비핵개방 3000'을 대북 강경 정책으로 간주하고 이것이 6자회담을 무력화시킨 것으로 이해하였고, 북한 '조기 붕괴론'에 기초한 대북 강경책과 북한 급변 사태 논의에 강력하게 반발했다. 또한 아시아 '재균형 정책'과 함께 미국이 동아시아 주변국들과 관계 강화를 통해 중국에 대한 본격적인 견제를 시작하면서(조선일보 2011/11/19; 陈向阳 2012), 중국은 21세기형 포괄적인 전략 동맹으로 한미 관계를 발전시키고자 하는 한·미의 노력을 중국의 부상을 견제하려는 의도로 인식했다. 한국 정부 역시 북한 및 북한 문제에 대한 중국 정부의 이중적인 정책에 대하여 강한 불만을 나타냈다. 중국 정부가 2008년 한중 관계를 전략적 협력 동반자 관계로 진전시키는 데 합의하고서도 천안함 연평도 사건에 대한 한국과 미국의 강경 압박 정책을 비판하고 북중 동맹을 강화했기 때문이다(서진영 2012, 36). 한중 간의 이러한 갈등은 2009년 제2차 핵 실험에 이어 2010년 천안함 사건 및 연평도 포격 사건이 연이어 발생하면서 최고조에 달했다.

이처럼 1992년 수교 이래 한중 관계는 경제 관계에서는 눈부신 성장을 하였지만, 정치외교 분야에 대한 실질적인 협력 관계는 여전히 구축되지 못해 왔다. 이렇게 정치외교 분야에 대한 협력이 미흡한 것은, 안보 문제에 있어서 한국은 여전히 미국과의 관계를 중시하고 있다는 중국 측의 인식과, 중국은 북한과의 관계를 중시하고 있다는 한국 측 인식 간의 간극 때문이다. 특히 2008년 세계 금융위기를 거치면서 동아시아 지역에서 중국의 가파른 부상이 가시화되고, 동아시아로의 회귀를 통해 중국에 대한 견제와 재균형(rebalancing)을 이룩하고자 하는 미국의 움직임이 본격화되면서, 중미 간에 치열하게 전개되고 있는 전략적 경쟁은 한중 간의 전략적인 불신을 더 강화했다. 가파르게 부상하는 중국을 견제하기 위해 미국은 한·미 동맹을 강화하여 중국을 견제하려고 하고, 중국은 동북아 지역에서 미국에 대한 전략적인 완충지대를 확보하기 위해 북한과의 관계를 더 중요시 할 수밖에 없게 됨으로써, 중미 간 갈등이 한미 동맹과 북중 동맹 간의 갈등으로 확대될 수 있기 때문이다.

이처럼 동아시아 지역에서 세력 전이가 본격화되면서 한중 관계는 동아시아 질서의 가파른 재편이라는 구조적인 요인에 의해 영향을 받고 있다. 그리하여 북핵 및 북한 문제와 같은 전략적인 이슈가 부각될 때, 이 지역에서 미국과의 경쟁을 위한 전략적 이익에 대한 고려가 앞선 중국은 한국과 실질적인 전략적인 협력 관계로 나아가는 것이 쉽지 않고, 한국 역시 안보상 의존 관계를 형성하고 있는 미국의 전략적인 이해를 완전히 무시할 수 없는 상황이다. 따라서 중미 관계가 심각한 대결과 경쟁 관계를 형성할 때 한중 관계의 진전은 매우 어려울 수밖에 없다. 실제로 2010년 중미 관계가 심각한 대결 국면에 처해 있을 때 천안함 사건이 발생하였고, 한동안 동북아에는 미국과 중국이 각각의 동맹국인 한국과 북한의 입장을 지지함으로써 한·미 동맹과 북·중 동맹 간의 신 냉전적 대결구도가 형성되는 듯했다(Lee 2012, 191).

그러나 2012년 후반부터 한중 관계는 개선되기 시작했으며, 2013년 양국에서 동시에 신정부가 출범하면서 적극적인 관계 개선의 의지가 나타났다. 그 결과 2013년 6월 한중 정상회담을 통해 전략적인 협력 동반자 관계를 내실화할 수 있는 다양한 조치를 합의했다.[1] 이러한 합의는 한중 양국의 신정부가 북한 문제와 대미정책에서 새로운 변화를 이끌어 낼 것이라는 기대감과 결합하면서, 한중 간 전략적인 협력의 진전에 대한 기대감으로 모아졌다. 박근혜 정부가 한반도 신뢰 프로세스를 통하여 남북 협력 관계를 이끌어 내고, 동시에 미중 균형 외교를 통해 동북아의 평화 발전을 이끌어 낼 것임을 천명하는 등 중국의 입장에서 전략적인 협력이 가능한 정책적인 비전을 제시했기 때문이다. 시진핑(习近平) 정부도 미국과 소통과 협력에 기초한 상호 존중과 윈윈을 내용으로 한 '새로운 강대국 관계'를 건설할 것임을 강조하면서, 중미 관계를 경쟁과 대결보다 협력적인 관계로 이끌어 갈 것임을 강조했다. 그리고 '책임과 권리를 이행하는 강대국 역할'을 할 것임을 천명함으로써, 북한 핵 문제에 있어서도 전략적 완충지대 확보라는 지정학적 이익에만 초점을 두는 것이 아니라 지역의 평화와 안정을 위해 '책임을 다하는 강대국 역할'을 할 수도 있을 것이라는 기대를 모았다.

그러나 지난 1년 동안 외형상의 '양호한 개선'에도 불구하고 한중 간 전략적인 협력은 여전히 난관에 봉착해 있다. 한중 간에는 여전히 북핵 문제 해결을 위한 6자회담 개최에 대해 합의점을 찾지 못하고 있고, 중국 내에는 한미 동맹을 북한에 대한 방어 동맹에서 포괄적인 전략 동맹으로 심화하고자 하는 것에 대해, 아태 지역에서 중국을 억제하기 위한 주요한 고리로 한미 동맹을 활용하기 위한 것이라는 의문이 여전히 제기되고 있다(张蕙智 2013, 52-60). 따라서 이 글은 동아시아 세력 전이라는 구조적인 조건 속에서 한중 양국의 신정부가 전략적인 협력의 핵심 어젠다인 북한 핵 문

1_정상회담에서 양국 정상은 기존 외교부 차관급에서 진행된 정례화된 전략 대화를 부총리 급으로 격상하고, 한중 인문교류위원회의 설치, 국방차관급 전략 대화, 국책 연구기관 간의 전략 대화, 외교부 장관 회담의 정례화 등 전략적 협력 동반자 관계를 내실화하기 위한 구체적인 방안에 합의하였다.

제와 한미 동맹 문제를 어떻게 풀어 가려고 하는가를 분석함으로써, 한중 간의 전략적 협력의 발전에 놓인 딜레마의 본질을 규명하고, 정책적인 방향을 모색하고 있다.

한중 관계에 대한 기존의 많은 연구들이 주로 한중 관계와 북중 관계라는 쌍무적인 관계에 초점을 두고 진행되었다면(김흥규 2012, 211-240; 박창희 2012, 17-43; 김경일 2012, 45-66; 서진영 2012, 9-41), 본 연구는 동아시아 세력 전이에 따른 권력 질서의 재편이라는 구조적인 조건이 한중의 전략적 현안을 둘러싼 협력에 어떠한 영향을 미치는가를 분석하고자 하였다는 점에서 의의를 찾을 수 있다. 또한 한중 양국 신정부의 등장 이후 지난 1년 동안의 시진핑 정부(2012년 11월에 당 총서기로 임명됨)와 박근혜 정부의 대외정책에 대한 평가에 기초하여, 신정부 출범 이후 여전히 존재하고 있는 한중 간 전략적 협력의 딜레마를 분석하였다는 점에서 의의를 찾을 수 있다.

이러한 목적을 위해 이 글은 우선, 중국의 부상에 따른 동아시아 세력 전이와 불안정한 미중 관계의 성격을 분석하고, 다음으로 이러한 구조적인 조건 속에서 한중 양국 신정부의 북중 동맹 혹은 북한 및 북핵 문제와 한미 동맹 문제에 대한 정책 및 정책에 놓인 딜레마를 분석했다. 마지막으로 이러한 분석에 기초해 동아시아 세력 전이라는 불안정한 상황에서 한중 전략적 협력에 놓여 있는 딜레마의 본질과 이를 극복하기 위한 한국의 외교적인 대응책을 살펴보고 있다.

2. 동아시아 세력 전이와 불안정한 미중 관계

1) 중국의 부상과 국제 권력 질서의 변화

21세기 초반의 최고의 화두는 중국의 부상과 국제 권력 질서의 재편이다. 서방의 학계에서는 미국의 쇠락과 함께 중국 문명의 재부상을 주장하는 시각이 조심스럽게 제기되고 있는가 하면(조선일보 2012/2/13), 21세기도 여전히 미국이 주도하는 국제질서가 될 것으로 전망하는 시각이 격론을 벌이고 있다(Ikenberry 2008; Nye 2011; 조선일보 2012/2/13). 중국의 학계에서도 다수의 학자들은 국제 권력구조의 다극화 추세가 진행되어 '다강 일초(多强 一超) 체제'로 전환되었다고 주장하는가 하면(黄莹 2009, 64; 郭宇立·林芯竹·楚树龙 2009, 37-40; 宫力 2009, 23-24; 崔立如 2009, 1-3), 일부 학자들은 다극화 추세가 멈추고 미국과 중국을 중심으로 한 G2(Group of 2) 구조로 전환되고 있다고 주장하고 있다. 즉 중미 관계는 일반적인 쌍무 관계가 아니라, 가장 큰 강대국 간의 관계이고, 과거 미소 관계처럼 국제관계의 구조를 결정하는 관계로, 중미가 어떻게 선택하느냐에 따라 쌍무 관계 및 모든 국제관계가 영향을 받게 되었다는 것이다(林利民 2011; 郑永年 2011, 37-39).

중미 관계가 G2 관계로 간주할 수 있을 것인가에 대한 논쟁은 아직 결론이 나지 않았지만, 중국의 부상은 실제 여러 통계상으로도 입증되고 있다. 지난 35년 동안 중국 경제는 연평균 10% 이상의 높은 성장률을 기록하면서 고속성장을 하였다. 그 결과 2009년에 독일을 제치고 세계 제1위의 수출대국으로 부상했고, 경제 규모 면에서도 2010년 일본의 GDP를 초월하여 세계 2위의 경제대국으로 부상했다. 뿐만 아니라 2011년 3월 IMF는 지속적인 경제성장을 통하여 빠르면 2016년(ppp 기준) 혹은 2020년(GDP 기준) 경에 경제 규모에서 미국을 초월하여 세계 최대 경제대국이 될 것으로 예상했다.

경제력의 제고와 아울러서 중국은 군비 확충과 군 현대화를 통해 군사력 성장을 도모하고 있다. 지난 24년간 중국의 국방 예산은 연평균 10% 이상 증가해 왔으며, 2012년 2월초 군사정보 분석기관인 'IHS 제인스'는 보고서를 통해 중국 국방 예산이 2011년 1,198억 달러에서 2015년 그 2배인 2,382억 달러까지 늘어날 것이라고 예상했다(〈표 1-1〉 참조). 이는 2012~2015년까지 연평균 18.75% 증가함을 의미하는 것으로, 미국을 제외한 NATO 8개 군사대국의 국방비를 합친 것보다 많은 액수이다. 이에 반해 향후 10년간 10% 국방비 감축을 발표한 미국의 국방비는 2012년 7,056억 달러에서 2015년 5,725억 달러에 이를 것이라고 전망했다(〈표 1-2〉 참조). 이에 대해 중국은 경제성장률에 비례해 국방비도 늘리는 것이라고 주장하지만, 중국의 군사비 증가율은 GDP 증가율의 2배 이상이다. 그리고 중국은 지난 23년 동안 1989년을 빼고는 두 자릿수로 늘려 왔다.

한편 중국의 군사력은 양적인 측면에서 뿐 아니라 질적으로나 성능 면에서도 새로운 발전을 꾀하고 있다. 지난 2009년에 실시한 건국 60주년 기념 열병식과 해군 관함식 등을 통해서, 중국이 개발 보유하고 있는 신형 미사일과 잠수함 등을 공개함으로써 미국 등 서방 국가들에게 중국의 군사력 발전을 과시했다. 또한 중국은 최첨단 전투기인 젠-20(J-20), 대항모 미사일 둥펑-21 개발과 항공모함의 시험 항해 등을 통해 군사력 증강과 현대화 노력을 전개하고 있다.[2]

이러한 군사력 증강은 기존의 경제 발전 중심의 전략적 기조와 더불어

표 1-1 | 중국의 국방 예산 현황과 전망(2001~2015년)

(단위: 10억 달러, 2005년 가격 기준)

2001년	2002년	2003년	2004년	2005년	2006년	2007년	2008년	2009년	2010년	2011년	2012년	2015년
39.5	33.1 (16.2)	36.6 (8.5)	40.3 (10.8)	44.3 (12.5)	51.9 (14.7)	58.3 (17.8)	84.9 (14.7)	97.6 (14.9)	104.9 (7.5)	118.4 (12.7)	131.7 (11.2)	238 (-)

출처: 2008년까지는 스톡홀롬국제평화연구소(Stockholm International Peace Research Institute: SIPRI) Ependiture Database참조, 2009~2012년까지 액수는 중국 전인대에서 발표한 전년대비 증가율에 기초하여 환산한 것임. 2015년은 'IHS 제인스' 보고서 추정치임.

주 : ( ) 안은 전년대비 국방 예산 증가율(%).

표 1-2 | 미국의 국방 예산 현황과 전망(2010~2017년)

(단위: 10억 달러)

	2001년	2010년	2011년	2012년	2013년	2014년	2015년	2016년	2017년
기본 예산	297	528	528	531	525	534	546	556	567
OCO	13	163	159	115	88	TBD			
합계	310	691	687	646	614				

출처: U.S. DoD 2012, 신성호 2012, 재인용.

주 : OCO; Overseas Contingency Operations.

국방력 강화를 병행함으로써, 명실상부한 강대국으로의 전환을 추진하겠다는 의미로 해석할 수 있다. 이는 2012년 11월 18차 당대회 보고에서 시진핑이 "중국의 국제적 지위와 발전 이익에 부합하는 국방 공고화와 군대 강화가 중국 현대화 건설의 전략적 임무"라는 점을 명시함과 동시에 "경제 건설과 국방 건설의 통합적 추진"을 천명하고("中共十八大报告", 人民网 2012/11/19), 2013년 3월 전인대에서 통과된 2013년 국방 예산이 전년대

2_'현대화'(modernization)의 의미로 해군 함정의 경우 최소 2개 전장에서 다중 미션을 수행할 수 있어야 하며, 잠수함은 대함 미사일(anti-cruise missile) 능력을 보유해야 한다. 공군 전력 중에서는 구체적으로 4세대 전투기 Su-27, Su-30, F-10이나 이와 유사한 성능을 보유한 FB-7 등을, 미사일 전력 중에서는 러시아제 신형 장거리 미사일 SA-10, SA-20이나 중국이 자체 개발한 미사일 HQ-9 중 일부를 지칭한다(신성호 2012, 6).

비 10.7% 상승한 7,207억 위안(약 1,143억 달러)로 책정된 사실을 통해서 알 수 있다(연합뉴스 2013/3/5).

또한 중국은 강대국으로 부상하기 위해서는 소프트 파워의 제고가 필수적이라고 인식한다. 중국의 학계는 현재 미국의 패권이 국부적 단계적으로 추락 추세를 보이고 있지만, 과학기술과 교육체계, 기축통화, 가치영역에서 중국이 일정한 지위를 확보하지 않으면 국제 체제의 세력 조정이 어렵다는 점을 강조한다(刘鸣 2009, 48-55). 그리고 중국이 지니고 있는 제1의 외환보유국 지위, 제1의 수출입 국가 지위, 제2의 경제대국 지위 등을 바탕으로 소프트 파워를 강화하고 국제사회의 담론 주도권을 제고해야 한다고 주장한다(何兰 2009, 32-34). 그리고 전쟁이 아닌 규칙과 규범의 제정권의 장악과 중국적 가치의 보편화 등 소프트 파워를 제고함으로써, 중국의 부상은 전쟁이 수반되지 않은 소프트한 부상이 될 것임을 강조한다(Zhu, Feng 2008, 34-94).

이처럼 중국이 경제력에 기반하여 군사력 및 소프트 파워를 강화해 종합 국력을 증강시켜 강대국으로 부상하려 하고 있지만, 상당 기간 동안 미중 간에 글로벌 수준의 세력 전이가 발생할 가능성은 여전히 크지 않다는 것이 일반적인 인식이다. 칭화대(清華大) 국제관계연구원의 옌쉐퉁(閻學通) 원장에 따르면, 국가 간 힘의 서열에서 중국은 미국 다음으로 2위를 차지하고 있지만, 미국의 초강대국(super power) 지위에 비교하여 주요국(major power)에 해당된다. 냉전 시기 초강대국인 소련과 미국과의 세력의 차이와 달리, 중국과 미국과의 세력의 차이는 초강대국(super power)과 주요국(major power)의 차이라는 것이다. 그리고 그는 2015년 중국의 세력 서열은 반(半)초강대국(semi-super power)이 될 것이라고 전망하고 있다(Yan 2006, 5-33). 다른 학자들 역시 중국의 부상으로 다극화 추세가 강화되고 있지만, 일초(一超) 다강(多强) 구조를 변화시킬 정도로 영향을 미치지 않고 있다는 점을 강조하고 있다. 비록 글로벌 위기 후 미국의 초강대국의 지위가 약간 내려가고, 중국의 다강 중의 지위는 제고되었지만, 일초 다강의 국제 구조는 근본적인 변화가 없다는 것이다(门洪华 2009, 35-36; 蔡拓 2009, 30-32; 彭光谦 2009, 26-27; 秦亚青 2009, 35-37; 赵晓春 2009, 21-23; 刘江永 2009, 23; 金灿荣 2009, 15-17).

그럼에도 불구하고 세계경제에서 미국의 상대적인 비중은 점차 축소되고 있고, 특히 2008년 미국 발 세계 금융위기 이후의 국제 정치경제 체제에서 미국이 단독으로 주도권을 유지하는 것이 어려워졌다. 이에 반해 2008년 글로벌 금융위기를 거치면서 중국이 아시아 각국의 경제적 허브 역할을 하고 있고, 아시아 지역에서 미국과 경쟁 가능한 군사력을 유지하고자 하는 중국의 의지는 강화되었다. 이런 추세 속에서 중국학자들은 이라크 전쟁과 국제 금융위기, 기타 신흥 국가의 부상, 글로벌화 등의 영향으로 미국의 지위가 상대적으로 하락하고 권력의 중심이 다원화되어 미국이 독자적으로 모든 문제를 관할하기 어렵게 되었다고 인식한다(郭宇立·林芯竹·楚树龙 2009, 37-40).

2) 미국의 동아시아 재균형 전략과 중국의 신형 강대국 관계론의 제기

종합 국력이라는 관점에서 볼 때, 중미 간의 국력 차가 여전히 크기 때문에 동아시아에서 세력 재편 과정은 장기간에 걸쳐서 진행될 것이다. 그러나 21세기에 아시아의 중요성이 증가하고 중국의 영향력이 빠르게 확산되면서, 미국도 아시아 중시 정책으로 회귀해야 한다는 의견이 강하게 제기되었다. 특히 2008년 글로벌 금융위기를 거치면서 미국 국력의 상대적인 쇠퇴와 중국의 부상이 생각보다 빠른 속도로 이루어지고 있다는 인식이 미국 내에 확산되었다. 이런 상황에서 2011년 7월 클린턴 미 국무부 장관은 아시아 순방 중에 미국은 아태 지역 문제에 핵심적인 이해관계를 가지고 있는 아시아 국가임을 선언하면서(Clinton 2011), 아시아 주변 국가와의 관계를 강화하는 등 중국에 대한 견제를 본격화하기 시작했다. 또한 남중국해 영유권 문제에 대해서도 미국은 아시아 국가들과 공동의 관심이 있다고 선언하고, 군사 외교 안보 차원에서 중국을 포위 압박하려고 했다.

한편 중국은 미국의 아시아로의 회귀 및 재균형 정책의 추진을 아태 지역의 긴장을 유발하는 핵심 요인으로 간주했다. 세계 강대국이 되려면 우선 아시아태평양 강대국이 되어야 한다는 인식을 지니고 있는 중국에게(林利民 2011), 미국의 동아시아 재균형 전략은 중국의 부상에 대한 심각한 위협 요인으로 인식되기 때문이다. 그리하여 중국의 지식인들은 미국의 아시아 재균형 정책에 대해 중국의 부상을 견제하고 미국의 아시아태평양 주도권을 유지하기 위한 것이라고 규정했다(陈向阳 2012). 그리고 이를 위해 미국은 첫째, 중국의 부상을 우려하는 주변 국가의 심리와 역사적 유산인 영토 및 영해 주권 분쟁을 이용해, 중국이 주변 국가와 갈등 관계를 벗어나지 못하게 하고, 둘째, 군사, 특히 해군력의 우세를 발휘하여 남중국해의 문제에 개입하며, 셋째, 아시아태평양 국가 간 환태평양 경제 동반자 협정(TPP)을 추진하는 등의 방법을 사용하고 있다고 비판했다(吴心伯 2011; 陈向阳 2012).

이런 상황에서 2010년 3월 천안함 사건이 발생하고, 중국 내에서는 이른바 핵심 이익을 둘러싼 대외정책의 방향에 대한 논쟁이 본격화되면서 미국과 주변 국가들에 대해 공세 외교를 취하였고(Swaine 2011, 1-11), 이는 주변 국가들로부터 중국 위협론을 강화했다. 이에 당시 외교 담당 국무위원인 다이빙궈(戴秉国)는 12월 외교부 홈페이지를 통해 중국이 기존의 평화 발전 노선을 견지할 것임을 대내외에 천명하면서, 핵심 이익 확대를 주장하는 내부 세력과 공세적(assertive)인 외교를 우려하는 외부의 논란을 불식시키고자 했다. 그는 중국의 핵심 이익은 국가체제, 안보, 영토 보전과 통일, 경제 발전임을 지적하면서, 중국은 아직 세계와 조화를 통하여 평화적 발전을 추구해야 하는 개도국임으로 기존의 평화 발전 노선을 견지해야 한다고 지적했다(戴秉国 2010).

그러나 2012년부터 중국은 신형 강대국 관계론을 제기하면서 협력적인 중미 관계를 강조하기 시작하였다. 신형 강대국 관계론은 미국의 '아시아 재균형 전략'(rebalancing toward Asia)에 대한 고차원적 대응으로 간주할 수 있다. 미국이 아시아 재균형 전략이란 기치 하에 동맹을 강화하고, 동남아에 대한 구애 작전에 돌입했으며 서태평양 지역의 제해권(制海權) 수호를 위해 해·공군 전력을 강화하기 시작한 상황에서, 신형 강대국 관계론을 통해 각자의 핵심 이익을 건드리지 않는 가운데 건설적인 경쟁을 하고 지역 및 범세계적 이슈에 관해 협력을 해가자고 주장하고 있는 것이다. 중국은 신형 강대국 관계의 제기와 함께 미국과의 관계에서 존중, 협력, 윈윈을 주요 내용으로 한 관계를 정립하고자 하고 있으며, 동시에 각자의 핵심 이익을 건드리지 않는 가운데 건설적인 경쟁을 하고 지역 및 범세계적 이슈에 관해 협력을 해나가자는 주장을 하고 있다. 아직은 중국의 힘이 미국에 못 미치므로 미국 중심적인 질서를 변화시키려는 것보다는 미국과 협력을 표방하면서 미국의 경계심을 누그러뜨리고 중국의 국가 경쟁력을 극대화하려는 의도로 볼 수 있다(袁鹏 2012, 6-7; 陈健 2012). 특히 중국은 미국과의 관계에서 존중받는 '평등', '존중', '윈윈', '협력'하는 관계를 유지하면서, 미국의 중국의 핵심 이익이나 내정 간섭과 견제에 대한 반대 의사 표시를 분명히 하고 있다(人民日報 2013/2/4).

이처럼 중국이 신형 강대국 관계를 선제적으로 제기했지만, 아직까지 미국은 중국의 신형 강대국론에 대하여 분명한 화답을 하지 않고 있다. 이는 미국이 국제질서의 규칙을 변화시켜 중국의 부상을 받아들이기보다는 여전히 현재의 미국 주도의 국제질서의 틀 내에서 중국이 책임을 다하는 강대국 역할을 하기를 원하기 때문이다(刘波 2013). 그리고 중국이 상호 간 핵심 이익에 대한 존중과 내정 간섭을 반대하고, 중국의 핵심 이익인 타이완, 티베트, 센카쿠(중국명: 댜오위다오(釣魚島)) 열도, 남중국해에 대한 영유권에 대해 미국의 인정을 강조하지만, 미국은 여전히 대만에 무기를 수출하여 중국의 분노를 사고, 동남중국해 문제에서 일본, 베트남, 필리핀의 편을 들어 중국의 자존심을 건드리고 있다.

또한 최근 동아시아 지역의 중미 간 갈등은 신형 강대국 관계의 등장 가능성에 대해 비관적인 전망을 내놓게 한다. 최근 일본의 재무장 시도와 이것에 대한 미국의 공개적인 지지는 미일 동맹을 강화하여 중국을 압박하고자 한다는 중국의 의구심을 더 강화하고 있다. 일본은 2013년 3월 오바마 행정부가 심혈을 기울이고 있는 환태평양 경제 동반자 협정(TPP)에 가입하겠다고 선언했고, 또한 연방정부의 재정 적자에 따른 국방비 감축으로 신음하는 미국을 대신해 아시아 안보의 한 축을 담당하겠다고 나섰다. 그 결과 지난 10월 존 케리 국무장관과 척 헤이글 국방장관의 도쿄 방문으로 이어졌다. 바로 미일 2+2 회담을 통하여 미국은 일본의 집단 자위권을 공개적으로 인정하게 되었다(중앙일보 2013/11/22). 아시아에서 중국을 견제해야 한다는 공감대와 재정 적자라는 미국 내 형편이 겹쳐 일본과 미국의 이해관계가 맞아 떨어진 것이다. 그리고 미국은 아태 지역에서 일본의 방위력을 활용해 역내 관리의 핵심 파트너로 삼겠다는 의도를 드러냈다.

미국이 일본의 재무장을 지지하고 미일 동맹을 강화하여 동아시아 지역에서 중국을 견제하려는 의도를 드러내자, 중국은 돌연 11월 23일 중국의 '방공 식별 구역'(CADIZ)을 선포한다. 이에 대해 미국은 26일 B-52 폭격기 2대를 센카쿠 주변으로 보내 무력시위를 함과 아울러, 척 헤이글 국방장관이 일본 방위상과의 통화에서 "미일 방위조약의 대상에 센카쿠가 포함된다. B-52 폭격기 비행 훈련에서 보듯이 중국의 조치에 따라 미군이 작전을 변경하는 일은 없을 것"이라고 언급하는 등 미일 갈등에서 일본을 확실히 지지할 것임을 표명했다(조선일보 2013/11/29). 중국 역시 이에 대한 반응으로 28일 수호이 30, 젠(歼)-11기, 쿵징(空警)-2000 공중 조기 경보기 등을 동원하여 동중국해 방공 식별 구역을 순찰 비행함으로써, 방공 식별 구역을 고수하겠다는 의지를 행동으로 나타냈다(연합뉴스 2013/11/29). 이러한 양상은 당초 미국과는 동아시아에서 협력에 기초한 신형 강대국 관계를 건설하는 가운데 일본을 제압하려는 중국의 의도와 달리 미중의 대결 양상으로 비화되는 듯했다.[3]

바이든 부통령이 12월 3일 일본을 방문하여 중일 간의 위기관리 체제 구축과 대화를 강조하면서 중재자 역할을 하겠다는 뜻을 비치면서(조선일보 2013/12/4), 이러한 중미 간의 긴장관계가 다소 완화되었다. 이처럼 비록 신형 강대국론을 통하여 과거처럼 일방적으로 미국에 끌려 다니지 않을 것임을 강조하지만, 중미 관계는 여전히 미국의 헤징 전략에 따라 갈등과 협력이 반복될 가능성이 높다. 사실 중국의 궁극적인 목적도 미국의 견제를 피하면

3_2013년 12월 4일 시진핑은 바이든 미 부통령과의 만남에서 방공 식별 구역은 미중 간의 문제가 아닌 중일 간의 문제임을 강조했다(조선일보 2013/12/6).

서 중국의 부상을 실현하고자 하는 전략적 의도가 강하다고 볼 수 있다.

3. 북한 및 북한 핵 문제에 대한 대응과 한중 관계

전략적 협력 동반자 관계로의 전환을 선언한 이후, 한국은 한미 동맹과 한중 전략적 협력 동반자 관계의 동시 발전을 추진할 수 있다고 사고하였고, 중국 정부 역시 북중 동맹과 한중 전략적 협력 동반자 관계가 동시에 발전할 수 있다고 사고했다. 그러나 중국의 부상과 이에 대한 미국의 견제로 중미 간 경쟁이 본격화되면서, 2009년 제2차 핵 실험 이후 동아시아에는 북중 동맹과 한미 동맹 간의 대결 양상이 등장했다. 중국은 동아시아에서 미국과의 대결에서 완충지대로서의 북한의 전략적인 가치를 무시할 수 없었고, 대북 강경책보다는 북한을 옹호하는 중국을 보면서 한국은 한미 동맹을 통한 대응이 불가피하다는 인식을 했기 때문이다. 그렇다면 한중 양국 신정부의 등장 이후의 북핵 문제를 둘러싼 한중 간의 입장은 어떠한가?

1) 박근혜 정부의 한반도 신뢰 프로세스와 북한 및 북핵 정책

북한 및 북핵 문제는 이명박 정부 시기에 한중 전략적 협력 동반자 관계의 발전의 최대 장애물이었지만, 이 문제에 대한 한중 정상 간의 논의와 협력은 거의 이루어지지 못했다. 특히 2009년 제2차 핵 실험과 2010년 천안함 사건 이후, 중국이 한국의 대북 강경 정책을 반대하고 대북 포용 정책을 추진하면서 한중 관계가 심각한 경색 국면에 처하기도 했다. 중국은 탈냉전과 세계화 시대에 남북한과 등거리 외교를 통해 남북한 모두와 관계 발전을 도모해 왔다. 그러나 2008년 금융위기를 거치면서 중국의 가파른 부상과 이에 대응한 미국의 재균형 정책을 통한 중국에 대한 압박 정책이 추진되면서 중국은 동맹 국가이자 완충 국가로서 북한에 대한 전략적인 자산을 재평가하지 않을 수가 없었다. 그리하여 중국은 북한의 핵과 미사일 개발, 무력 도발 등으로 인한 동북아와 한반도의 평화와 안정을 해치는 행위에 대해 '책임을 다하는 강대국'의 역할보다는, 북한의 붕괴로 인한 지정학적인 이익의 침해 가능성에 대한 우려에 일차적인 우선성을 두면서 대북 포용 정책을 취하였다. 이처럼 한국과 전략적인 협력 동반자 관계를 합의하고도 오히려 북한을 옹호한 중국의 태도는 한국 정부에게 납득할 수 없을 뿐만 아니라, 한국 정부의 대북 강경책과 충돌할 수밖에 없었다. 그 결과 한중 간에는 북한 및 북한 핵 문제를 둘러싼 외교적인 협력과 해법의 모색이 진행되지 못하였고, 한중 관계 전반이 경색되는 상황으로 나아갔다.

그러나 한중 양국에서 새로운 정부가 들어서면서 대북정책에 대한 새로운 변화가 기대되고 있다. 박근혜 정부는 선거 과정에서 한반도 정책의 기본 방향으로 한반도 신뢰 프로세스의 기본 내용을 제기했다. 남북 관계 발전과 동북아 협력을 함께 추진하는 큰 틀에서 외교적인 해법을 모색하고, 6자회담에 새로운 동력을 주입하기 위해 노력할 것임을 천명했다. 또한 이명박 정부처럼 선 핵 폐기를 전제 조건으로 달지 않고, 정치적인 상황과 구분하여 인도적인 문제를 지속적으로 해결하는 투 트랙 정책을 펼칠 것을 강조했다(중앙일보 2013/3/25). 이를 위해 단기적으로 억지와 안보를 강화하되, 중장기적으로 남북한 간 신뢰 형성을 통한 남북 관계 정상화를 이끌어 낼 것임을 천명했다(김현욱 2013, 169; 제18대 대통령직 인수위원회 2013, 191-194).

이러한 박근혜 정부의 입장은 "한반도의 비핵화, 평화와 안정, 대화를 통한 북핵 문제의 해결" 등을 원칙으로 하고 있는 시진핑 정부의 대북정책과 상충하지 않으며, 따라서 중국 정부로부터 환영을 받았다. 그러나 박근혜 정부는 북한의 핵 개발이라는 심각한 위기 상황에서 핵 폐기를 전제로 하지 않는 대북 관계 개선 및 6자회담장으로의 복귀는 전략적인 부담이 될 수 있다. 따라서 북한의 핵 개발이나 도발 행위 등에서 강경한 대응을 한다는 입장을 분명히 표명하고 있어, 중국 정부가 한국의 대북 강경 정책에 공조를 취하지 않고 일방적으로 대북 포용 정책을 취한다면 박근혜 정부의 정책과도 상충될 수 있다. 따라서 중국 정부가 중국 내 일부에서 제기되고 있는 북한에 대한 정책적인 기조의 세밀하고 신중한 전환이 아니더라도(高鹏 2013), 지역의 책임 있는 강대국으로서 북한 핵 문제 해결을 위한 진정성 있는 의지를 보여 줄 때 한중 간의 실질적인 협력이 가능할 것이다.

중국의 한반도에 대한 전략적인 딜레마는 북한의 붕괴로 인한 지정학적인 이익의 침해를 우려함과 동시에, 북한의 핵과 미사일 개발, 무력 남침 등으로 인한 동북아와 한반도의 평화와 안정을 저해할 수 있는 행동에 대한 강경 대응을 통해 책임을 지는 강대국의 역할을 해야 하는 상황 간의 모순이다. 이 두 가지 역할에서 중국이 어떤 역할을 할 것인가는 미중 관계와 북한 체제 안정 두 가지 변수에 의해서 좌우되어 왔다. 구체적으로 2006년 10월 1차 핵 실험 후 중국은 책임을 다하는 강대국으로서 비핵화 정책을 우선시하였지만, 2009년 5월 2차 핵 실험에서 제재 및 압박보다는 설득과 포용에 무게가 실렸다. 중국이 대북 포용 정책을 취한 데는 첫째, 2008년 8월 김정일의 건강 악화 이후 후계 체제를 둘러싼 내부 정세 불안정성에 대한 우려이다. 둘째, 미국의 동아시아 회귀에 대한 대중국 견제 강화에 대한 대응으로서 북한의 지정학적 위치를 재주목한 데서 기인한다. 그리하여 중국은 북한 문제와 북핵 문제를 구분하여 접근하면서, 사실상 물 밑에서 대북 지원을 통해 북한 체제 안정을 도모하였다(이영학 2013, 46). 다시 말하면 갈등적인 미중 관계와 북한 체제의 불안정 상황에서 북한의 지정학적인 가치를 더욱 중시한 것이다.

3차 핵 실험 이후 시진핑 정부는 중국이 주도하여 북핵 문제를 평화적으로 해결하는 것이 미국의 아시아 재균형 정책과 중국에 대한 견제에 빌미를 제거하는 데 중요한 의미가 있다고 보고, 적극적인 제재와 동시에 대화를 추진하려는 움직임을 활발히 하였다. 그리고 미국과 협력에 기초하여 북핵 문제를 해결함으로써 동아시아 지역에서 신형 강대국 관계의 가능성을 이끌어 내려는 의지를 보였다. 이러한 의지는 2013년 4월 13일 존 케리 미국 국무장관과 양제츠(楊潔篪) 외교 담당 국무위원 간의 회담에서 협력에 기초한 북핵 문제 해결이라는 원칙을 이끌어 내기에 이른다. 회담에서 케리는 북한이 핵 프로그램을 포기하면 아시아 지역에서 미국의 미사일 방어 체제가 축소될 수 있음을 표명하고, 회담 직후 언론과의 만남에서 "미중은 2005년 9·19 공동 성명의 합의와 핵심 목표에 완전히 일치했으며, 양국은 평화적 방식의 한반도 비핵화를 추진하기로 합의했다."고 언급했다. 양제츠도 "중국은 한반도의 평화와 비핵화의 진전에 전념해 왔으며, 미국을 포함한 당사국들과 함께 건설적인 역할을 할 수 있도록 함께 노력할 것이며, 한반도의 비핵화는 대화와 협의를 통해 평화적으로 이루어져야 한다."고 언급하였다(경향신문2013/5/20; 문화일보 2013/4/26).

이러한 인식 하에 3차 핵 실험이후 시진핑 정부는 한국 및 미국과 대북 제재에서 공조를 유지하면서 북한에 대한 제재를 강화하고, 북중 관계를 정상적인 국가 간의 관계로 언급하는 등[4] 대북 강경 정책을 펼쳤다. 중국 내에 북한 핵 실험에 대한 반대와 대북정책에 대한 근본적인 검토를 주장하는 여론도 상당하였다(조선일보 2013/2/18; 조선일보 2013/2/21; 邓聿文 2013; 环球时报 2013/3/6). 또한 고위 지도자들의 경고성 메시지도 여러 차례 제시되었다. 시진핑은 보아오 포럼 개막식에서 "그 누구라도 이기적인 목적을 위해 주변 지역이나 세계를 혼동의 상태로 몰아넣도록 놓아두어서는 안 된다."고 했다. 그리고 4월 13일 리커창은 방중한 케리 국무장관에게 "한반도에서 사건을 일으키는 것은 돌로 자기 발등을 찍는 것과 같다."고 지적했다(多微新闻 2013/4/16). 중국은 또한 안보리의 대북 제재 조치에 적극적으로 참여했다. 2013년 2월 북한의 3차 핵 실험으로 유엔 차원의 대북 제재 결의 2094호(3월 7일)가 채택되는 과정에서, 중국 정부는 결의안 2094호의 대부분 규정을 의무 및 촉구 사항으로 격상시키는 데 동의했다. 이는 결의안 채택 이후 리바오둥(李保東) 주(駐)유엔 중국 대사의 "균형 잡힌 결의안이다. 우리는 이 결의안이 완전히(completely) 이행되는 것을 원한다."라는 입장 표명을 통해서 알 수 있다(Voice of America 2013/3/7).

내부적으로도 중국 정부는 관련 부서에 유엔 결의안 2094호의 이행을 엄격히 집행하라는 지시를 하달했다. 3월 하순 중국 외교부가 교통운수부, 은행업관리감독위원회, 해관총서, 변방부대 등에 2094호 집행을 요청하는 협조 공문을 보낸 것으로 알려지고 있다(차대운 2013). 이에 따라 관련 부서는 북·중 세관의 통관 절차 및 감시를 강화하고, 북한 인력의 중국 송출과 관련된 비자 규제를 강화하였으며, 중국인 대북 관광과 같은 비상품 거래에 대한 일시적 중단 조치도 시행되었다. 그리고 5월 7일 중국은행 및 중국

4_화춘잉 중국 외교부 대변인은 2013년 3월 8일 정례 브리핑에서 중국과 북한은 정상적인 국가 관계이고, 중국은 북한의 핵 실험을 단호히 반대하고, 한반도의 비핵화를 단호히 주장한다고 언급하였다(한국 외교부 2013).

건설은행 등이 북한의 조선무역은행과의 거래를 중단할 것이라 발표했다. 특히 9월 중국 정부는 2006년 북한의 1차 핵 실험 이후 채택된 기존의 대북 제재 결의안(1718호, 1874호, 2087호 등) 이행에 소극적이라는 국제사회의 비판을 의식해, 상무부, 해관총서(관세청), 공업정보화부, 국가원자력기구 등 4개 관련 부처에 공고문을 보내고, WMD(대량 살상 무기)로 전용될 수 있는 900여 개 품목과 기술의 수출 통제에 들어갔다(중앙일보 2013/10/17). 한국의 외교부 당국자의 말대로 그 동안 중국이 자국 기업에 안보리 결의안을 잘 이행하라고 구두로 독려한 적은 있지만 강한 이행 의지를 담은 정부 공고문을 발표하고 구체적인 목록을 세세하게 공개한 적이 없다는 점에서(중앙일보 2013/10/17), 이러한 조치는 북한의 잘못된 행동에 말이 아니라 행동으로 제재하겠다는 의지의 반영으로 볼 수 있다.

이러한 일련의 상황을 두고 중국의 대북한 정책이 변화가 있는 게 아닌가 하는 논쟁이 진행되고 있다. 중국의 대북정책의 근본적인 변화를 강조하는 일부 전문가들의 시각에 대하여(高鹏 2013; 김흥규 2013, 13-15; Reuters July 1,2013; Landler 2013; Browne 2013), 근본적인 변화를 비판하는 시각이 대립하였다(冯创志 2013; 袁名清 2013; 环球时报2013/4/12; 배명복 2013; 신상진 2013, 16-19). 그러나 중국 내 북한의 전략적 가치 관련 논란 및 중국의 대북정책의 변화 가능성에 대한 주변국들의 희망에도 불구하고, 중국의 대북 태도가 강경으로 선회할 가능성은 미미하다. 중국 정부 특히 군부와 보수세력들은 한반도의 안정과 현상 유지를 선호하고 있다. 또한 북중 접경지역의 관리들도 강화된 대북 제재의 의미 있는 이행보다는 대북 무역 및 투자 기회 모색에 더 많은 관심을 보이고 있다(Green 2013). 따라서 중국 내의 대북정책을 둘러싸고 진행되고 있는 고민을 북한에 대한 중국의 전략적 사고의 변화와 등치시키기는 어렵다. 미국과의 동북아 전략적 균형을 위한 게임에서 북한이 중요한 완충 국가이고 거점이라는 사고에 변화가 있다는 어떠한 근거도 현재까지 찾기 어려워 보인다.

중국은 여전히 북한 문제를 둘러싼 상황 전개에 있어 외교적인 주도권을 유지해야 된다고 보고 있다. 중국의 주류 여론이나 중국 정부는 모두 균형자 역할을 통해 한반도 상황의 불확실성을 관리하는 것이 현 시점에서는 가장 시급한 과제로 보고 있다. 중국의 여론은 유엔 안보리 결의에 위배되고 중국의 국익을 해치는 행위에 강력하게 반대하지만, 동시에 미국 등이 북핵 문제를 자국의 전략적인 이해를 위해 교묘히 활용할 가능성을 경계하고, 역내 정세 변화의 주도권을 장악해야 한다는 입장이다. 이러한 중국 정부의 입장은 북핵 처리 원칙에서 한반도 비핵화 지지, 유엔 결의안 준수, 대화를 통한 문제 해결 등 3가지 원칙의 지속으로 나타나고 있다(최명해 2013).

이처럼 북한의 3차 핵 실험 이후 전례 없이 강경한 대북 입장을 표명했지만, 중국은 여전히 전략적인 차원에서 북한은 쉽게 포기할 수 없다. 비록 중국이 북한 정권을 옥죄는 제재 조치에 동의하였고, 기존과는 달리 외교적으로 북한에 대한 냉담한 태도를 보인다고 하더라도, 중국 지도부로서는 이것이 대북 레버리지를 오히려 강화시키는 계기로 작용하였다고 인식하였을 것이다(최강 2013). 그리고 중국이 2013년 상반기의 한반도 경색 및 대화 교착 국면에서 인민군 총정치국장 최용해의 특사 방문(5월)과 군 고위 대표단 방문(6월 초), 김계관(6월 중순) 방문을 잇달아 수용한 것은, 한반도 정국을 대화 국면으로 전환시켜 북중 관계의 더 이상의 악화를 방지하면서도 한반도 상황을 안정적으로 관리할 기회를 마련하기 위해서라고 볼 수 있다(차두현 2013).

2) 북한 및 북핵 문제에 대한 한중 간의 전략적 딜레마

상술한 바와 같이 시진핑 정부는 여전히 동북아 전략 균형 게임에서 북한이 중요한 거점이라고 사고하고 있다. 미국 등이 북핵 문제를 자국의 전략적인 이해를 위해 교묘히 활용할 가능성을 경계하고, 역내 정세 변화의 주도권을 장악해야 한다는 입장을 견지하고 있다. 이러한 중국 정부의 입장은 북핵 처리 원칙에서 한반도 비핵화 지지, 유엔 결의안 준수, 대화를 통한 문제 해결 등 3가지 원칙의 지속으로 나타나고 있다. 비록 중국 정부가 북한에 대한 제재 조치의 이행에서 전례 없는 강경한 모습을 보이고 있지만, 이것은 현재와 같이 한반도 상황이 장기적으로 교착되어 미국의 동아시아 정책 조정의 빌미로 작용하는 것이 중국에게 상당한 전략적인 부담이기 때문이다. 북한의 반복적인 핵과 마시일 실험은 결과적으로 동북아에서 미국이 한국, 일본과의 동맹을 강화하고, 동맹국 보호와 역내의 평화와 안정이라는 명분 하에 군사 안보적 영향력을 높이는 계기를 만들어 주었다. 이는 반대로 중국의 군사 방어 전략과 안보에 직접적인 위협이 될 수 있다(김한권 2013).

따라서 중국은 북핵 문제가 미국의 미사일 방어 체제(MD) 구축 등 미일의 대중 봉쇄망 형성의 빌미로 작용하지 않도록 조속한 6자회담 재개를 통한 국면 전환을 원하고 있다. 이러한 전략적인 기조 하에서 2013년 9월 9·19 공동 성명 8주년 기념 세미나에서 왕이(王毅) 외교부장이 자제를 통한 정세 완화 유지, 6자회담의 조속한 재개, 9·19 공동 성명 목표 이행, 6자회담의 동북아 다자 안보 메커니즘으로의 이행 등을 제안했다.[5] 그 후 중국은 우다웨이(武大偉) 북핵 담당 대표가 미국(10월 27일)과 북한(8월 말, 11월 4일)을 오가며 6자회담 재개를 위한 적극적인 행보를 했다(중앙일보

2013/11/6). 그리고 2013년 6월 미중 정상회담에서 중미는 북핵 문제에서 원칙적인 입장과 총체적인 목표가 일치함을 분명히 했다. 또한 6월 한중 정상회담에서도 북한 핵 개발이 한반도 지역 및 동북아 지역에 심각한 위협이 됨을 명시하면서도, 조속한 6자회담의 재개를 강조했다.

그러나 역설적이게도 조속한 6자회담 재개를 통한 동북아 지역에서 외교적인 주도권을 확보하고자 하는 중국의 시도는 박근혜 정부의 한반도 신뢰 프로세스와 충돌하고 있다. 박근혜 정부의 한반도 신뢰 프로세스는 공고한 안보를 기초로 해서, 남북한 간에 상호 신뢰 구축을 통해서 남북 관계를 발전시키고, 한반도의 평화를 실현하고 통일의 기초를 닦는다는 구상에 기초하고 있다. 구체적으로 남북 관계의 상호 신뢰 회복을 통해 남북 관계를 정상화하고, 인도주의 문제에 대한 해결을 지속하여 장기적인 대화 통로를 마련하고, 상호 교류와 협력을 심화하여 통일 한국을 추진한다는 구상이다. 한반도의 신뢰 프로세스를 가능한 빨리 추진하여 남북 관계의 개선을 이끌어 내기 위해, 3차 핵 실험 이후에도 박근혜 정부는 여러 차례 "대화의 문은 열려 있다."고 언급하면서, 북한이 핵을 포기하고, 도발을 중지하고, 국제사회에 책임을 지는 성원이 되고, 남북 관계의 공동의 발전을 실현해야 한다고 강조했다(연합뉴스 2013/3/1). 북한이 정확한 길을 선택한다면 한국은 북한과 교류와 협력을 확대하여 한반도의 평화와 번영의 미래를 창조하기 위해서 노력할 것이라고 주장했다(연합뉴스 2013/7/27).

이러한 대화와 협상을 통해 북핵 문제를 해결하겠다는 한반도 신뢰 프로세스에 대해 중국 정부는 긍정적인 평가를 하였고, 대화와 협상을 통한

5_"外交部发言人洪磊主持例行记者会(2013. 9. 18.)", http://www.fmprc.gov.cn/mfa_chn/fyrbt_602243/jzhsl_602247/t1078092.shtml(검색일: 2013/11/1).

북핵 문제 해결을 기대했다. 그러나 박근혜 대통령은 지난 6월 진행된 한미 정상회담에서 대북 억지와 압박에 방점을 두었고, 오바마 대통령은 이를 지지했다. 북한에 올바른 선택을 하고 나쁜 태도에는 보상이 없다는 발언을 남긴 것이 대표적이다(중앙일보 2013/5/20).

북한 역시 절대 핵을 포기할 수 없다는 입장이고, 2013년 초에는 헌법에 핵 보유국의 지위를 삽입하면서, 경제 발전과 핵무기 개발을 병진하는 정책을 취할 것임을 표명하면서 핵 포기의 의지가 없음을 명확히 했다. 북한은 5월 이래 중국에 최용해 특사를 파견하고, 러시아를 방문하여 6자회담을 포함한 대화 방식을 통하여 북핵 문제를 해결하겠다는 의지를 표명하며, 한국과 개성공단 재가동을 합의하는 등 대화 공세를 펼치고 있다. 그러나 북한은 핵 문제에 대해서는 핵을 포기하지 않을 뿐만 아니라 헌법에도 핵 보유를 명기하고, 심지어 4차 핵 실험을 위한 준비를 하고 있다는 소식도 들리고 있다(新华网 2013/7/19). 이러한 상황에서 박근혜 정부는 북핵 포기를 위한 신뢰할만한 조치를 취하지 않는 한 6자회담은 없다는 입장을 견지하고 있다. 그리고 이러한 입장은 조속한 6자회담 개최와 대화를 통해 북핵 문제를 해결하고자 하는 중국의 북한 핵에 대한 해법과 분명한 차이가 있다.

이런 상황에서 한국은 현재 북한 핵 문제에 대해서도 "선 비핵화 선언과 핵 프로그램 포기 약속, 후 6자회담 재개"를 견지하고 있으며, 일본, 미국과 공조를 취하고 있다. 그리고 한·미·일 3국은 6자회담 재개를 위해서는 북한이 비핵화에 대한 진정성 있는 사전 조치를 선행해야 한다는 입장을 거듭 분명히 하고 있다. 주철기 청와대 외교안보수석은 11월 22일 북핵 6자회담 재개 문제와 관련, "북한은 핵 제거 다짐과 구체적인 이행 계획을 선행적으로 제시해야 한다."고 밝혀 한국 정부의 입장을 재확인했다. 따라서 현재의 상황은 6자회담 의장국인 중국 역시 중재 노력을 하고 있지만 북한을 설득하기도, 한·미·일을 설득하기도 쉽지 않은 상황에 직면한 셈이다. 한미는 비핵화 사전 조치를 확약하는 방식으로 북한을 한국 쪽으로 다가오게 하기 위해 중국에 추가적인 중재 노력을 요구 중인 것으로 알려졌다(연합뉴스 2013/11/22).

이러한 상황은 한중 양국 신정부의 등장 이후에도 북핵 문제는 여전히 양국 간의 협력을 이끌어 내는 데 쉽지 않은 고리로 작용하고 있음을 말해 준다. 시진핑 정부는 중미 간의 협력을 통한 북핵 문제 해결을 합의하고, 유엔 제재 조치에 대한 동의 및 제재 조치의 이행을 통해 한미와 정책적인 공조를 취하고자 하였지만, 대북정책의 근본적인 전환을 추진하기는 어렵다. 박근혜 정부의 한반도 신뢰 프로세스도 대화에 중심을 둔 대북정책보다 강경책에 더 무게중심이 실리는 것으로 점차 진행되었다. 그리하여 중국은 6자회담의 조속한 재개를 통해 동북아 지역에서 전략적인 주도권을 쥐려 하고 있지만, 선 핵 폐기를 위한 실질적인 조취를 취한 후 6자회담을 열 수 있다는 입장을 취하면서 미국과 공조를 강화하고 있는 박근혜 정부의 대북정책과 정면으로 대립하고 있다. 결국 이러한 점들은 북핵 문제를 둘러싼 한중 간 협력은 여전히 다양한 갈등 요소를 내재하고 있음을 말해 준다.

4. 중미 간 불안정한 경쟁과 한중 관계의 딜레마

동아시아 지역에서 미국과 중국의 힘겨루기가 본격화되면서, 중미 관계는 한중 관계에 영향을 미치는 결정적인 변수가 되었다. 그러므로 한중 관계가 양호하게 발전하기 위해서는 중미 관계가 대립 국면으로 치닫지 않고 양호한 관계를 유지해야 한다. 만약에 중미 관계가 갈등으로 치달으면, 미국은 중국을 견제하기 위하여 한미 동맹 및 한·미·일 3각 협력 체제 강화를 주장할 것이고, 안보 영역에서 여전히 미국에 의존하고 있는 한국으로서는 중미 균형 외교를 지속하기 어렵고 미국에 끌려갈 수밖에 없다. 이러한 경우 중국은 한국이 미국, 일본 등과 손을 잡고 중국의 부상을 견제하는 역할을 하는 것으로 간주하고, 한반도에서의 대미 전략적 완충지대 확보라는 지정학적인 가치에 주목하면서 대북정책을 더 중시하는 방향으로 갈 가능성이 있기 때문이다.

중국의 부상은 21세기 중미 관계를 변화시키고 있다. 탈냉전 후 얼마 동안 중국은 도광양회 정책을 통해 국제무대에서 수동적인 자세를 유지하면서 국력을 제고하는 데 집중했다. 미국과의 관계를 처리하는 데 있어, 중국은 미국 주도의 국제질서에 적응하고자 노력하면서 상응하는 정책의 조정을 꾀했다. 그러나 2008년 글로벌 금융위기를 거치면서 중국의 부상은 생각보다 빠르게 현실화되었다. 이러한 상황에서 소극적인 도광양회 정책의 포기는 중국학자들의 논쟁 대상이 되었다. 베이징대 국제관계학원 원장인 왕지쓰(王緝思)와 다이빙궈(戴秉国) 외교 담당 국무위원 등 개발도상국 정체성을 표방하면서 강대국을 지향해 가는 대외정책을 취해야 한다는 입장이 한 축이라면(이정남 2013, 38-42), 중국이 부상함에 따라 미국과의 경쟁은 불가피하며, 중국은 자신이 부상하는 권력임을 인정하고 그 지위에 걸맞은 책임을 져야 한다는 관점이 대립하고 있다. 중국의 올림픽 개최 및 글로벌 금융위기를 거치면서 중미 관계는 세계에서 가장 중요한 쌍무적 관계가 되었으며, 따라서 중국은 국제무대에서 적극적인 개입과 강대국으로서 책임감 있는 역할을 다해야 한다고 주장한다(Yan 2011; 吴心伯 2011; 学通,, 吴文兵 2010, 15-17).

비록 논쟁의 결론은 나지 않았지만, 모두들 하나의 더 강력한 중국이 갈수록 증가되는 자기의 패를 이용하여, 본국의 핵심 이익을 지키는 데 더 강력한 조치를 취해야 한다고 생각한다. 그 결과 중국의 영도자들은 갈수록 적극적이고 주동적으로 외부 환경을 만들고, 소극적이고 피동적으로 반응하려 하지 않으면서, 자국의 핵심 이익을 지키는 데 있어 더 강경하고 비타협적인 자세를 보이고 있다. 이는 시진핑이 중미 관계의 발전 방향으로 신형 강대국 관계를 주장하면서도, 핵심 이익에 대한 존중을 분명히 요구한 점을 통해서도 알 수 있다. 따라서 중국이 신형 강대국 관계를 제기하면서 협력적이고 평화적인 중미 관계를 건설할 것을 강조하고 있지만, 중미 관계가 협력 못지않게 대항으로 갈 가능성은 여전히 존재한다.

한편 중국과 미국 사이에 깊은 전략적 불신이 존재하지만, 두 강대국의 행위에 제약을 가하는 구조적 요인으로 인해 상호 협력이 불가피한 측면도 있다. 우선, 미국의 압도적인 군사적 우위에도 불구하고, 절대적이고 일방적인 승리를 장담할 수 없는 군사혁명의 시대 및 대량 살상 무기가 보편적으로 확산되는 시기에 진입해 있기 때문이다. 또한 세계경제에서 차지하는 미국의 상대적인 비중도 약화되고 있고, 중미 양국은 상호 의존성과 취약성으로 긴밀히 결합되어 있으며, 특히 글로벌 금융위기 이후 국제 정치경제 체제에서 미국이 단독으로 주도권을 유지하기 어렵게 되어 중국과의 협력이 절실한 상황이기 때문이다(김흥규 2012, 228-229).

그리하여 미국은 중국의 부상을 인정하면서도 중국의 형태를 자국의 전략적인 이해 안에서 관리하기 위해 가용할 수 있는 자원들을 활용해 중국을 압박하고 있다. 이를 위해 미국은 표면적으로 이익상관자(stakeholder)와 전략적 재보장(strategic reassurance)을 강조하고 있지만, 기본적으로 중국 견제라는 현실주의적인 목표를 추구하고 있다. 그리고 지역 내 동맹국 및 새로운 파트너십 국가들과 협력을 강화하고 역내 다자기구에 적극 참여하고 있다. 한편 중국은 중국의 국력의 상승과 미국의 상대적인 쇠퇴로 나타나고 있지만, 미중 간에 여전히 국력 격차가 크고, 평화적 부상을 지속하기 위해서는 미국과의 관계를 협력적으로 잘 관리해야 한다고 인식하고 있다.[6] 따라서 비록 새로운 강대국 관계를 천명하면서 과거처럼 일방적으로 미국에 끌려 다니지 않을 것임을 천명하고 있지만, 중미 관계는 여전히 미국의 헤징(hedging strategy) 전략에 따라 갈등과 협력을 반복할 것이다.

이러한 상황에서 한국이 미국과 중국 중에 양자택일을 강요당하는 상황이 초래될 수 있는 가능성은 상존하고 있다. 제3차 핵 실험 이후 중국과 미국은 대북 제재 과정에서 공조를 취하고 있고, 중일 간 영토 분쟁과 방공식별 구역을 둘러싼 갈등에서도 미국이 직접적인 언급을 피하면서 중미 간 갈등으로 치닫는 것을 자제하려는 움직임을 보여 왔다. 그러나 최근 일본의 재무장을 공개적으로 지지하면서 동아시아 지역에서 일본을 교두보로 한 중국에 대한 견제 의지를 드러내고 있는 미국에 대해 중국은 강한 의구심을 지니고 있다. 따라서 동아시아 세력 전환 과정에서 중미 간의 전략적인 불신이 상존하고 있고, 일본의 재무장 변수와 결합되면서 미일 동맹과 중국이 대항하는 지역질서의 복잡성이 증대되는 상황은, 한중 관계의 발전에 악영향을 미치는 최대의 변수가 될 수 있다.

6_중국은 그동안 자국을 "가장 큰 발전 중의 국가"로 언급하면서 미국과의 국력 격차를 인정해 왔다. 한편 리커창은 2013년 3월 전인대의 폐막 기자회견에서 "중국은 발전 중인 강대국으로서 국제사회에서 부여된 의무를 감당할 것"이라고 언급하면서 그동안 사용해 온 "가장 큰 발전 중의 국가"라는 표현을 사용하지 않았다. 이러한 표현은 중국을 강대국으로 간주하는 것은 맞지만, "발전 중"인 강대국으로 간주함으로써 여전히 미국과의 격차를 인정하는 표현으로 간주할 수 있다.

그렇다면 이러한 불안정한 중미 관계는 한중 관계에 어떠한 영향을 미칠 수 있는가? 한중 관계의 발전은 중미 관계, 혹은 중국과 미일 동맹 관계의 구조적인 요인의 영향 속에서 규정되고 있다. 이는 2013년 양국 신정부 출범 이후 양국 관계의 최대 장애 요인인 북한 및 북핵 문제에서 여전히 뚜렷한 이견이 존재하는 상황에도 한중 관계가 호전되는 중요한 요인이기도 하다. 시진핑은 출범 이후 신형 강대국 외교를 제시하면서 동시에 주변국 외교를 통해 주변 국가와의 관계 안정화를 강조했다. 이는 미국의 동아시아 재균형 정책과 함께 중국과 영토 분쟁, 역사 분쟁 등을 겪고 있는 주변 국가들이 미국의 회귀를 환영하고 미국과 결합해 중국을 견제하는 정책을 해소하기 위해서이다.

특히 중국의 입장에서 미국이 동아시아 재균형 정책을 추진하는 상황에서 미국의 동맹국인 한국과의 관계 개선은 미일 동맹으로부터 한국을 격리시켜 내거나 혹은 최소한 중립화할 수 있는 효과를 노릴 수 있다. 이처럼 미중 사이의 경쟁과 견제가 점점 심화되는 동북아 지역 구도 하에서 중국에 대한 한국의 전략적인 가치와 중요성이 최근 확연히 높아졌다. 특히 중국의 조언과 압력을 무시하는 듯한 행동을 보이며 계속해서 한반도 주변의 긴장을 고조시키는 발언과 위협적인 행동을 보이는 북한은 중국에게 신뢰할 수 있는 전략적인 파트너가 되기 힘든 상황이다. 그리고 현재 미일 동맹은 동북아뿐만 아니라 최근 중국과 영토 분쟁이 벌어지고 있는 남중국해까지 군사적인 영향력을 높이고 있고, 아베의 일본 재무장과 이에 대한 미국의 지지로 신미일 동맹이 형성되는 상황에서, 한국을 미일 동맹과 떨어져 중국에 가깝게 두는 것은 중국으로서는 매우 중요한 전략적인 이해이다(김한권 2013).

이처럼 중국과 미국 혹은 미일 동맹 간의 경쟁 관계가 최근 한중 관계 개선을 이끌어 낸 주요한 구조적인 요인이지만, 동시에 한중 관계 발전은 한국의 대미정책과 대중정책의 영향도 받는다. 특히 중국과 미국이 치열하게 경쟁하는 상황이고, 중국이 미일로부터 한국을 중립화하고 미국이 중국을 견제하기 위해 한국과의 관계를 강화하고자 한 상황에서, 한국 정부가 대미와 대중 정책에서 균형을 취하는 입장은 중국으로서 매우 기쁜 신호이며, 한중 간의 전략적인 불신을 해소하고 한중 관계가 양호하게 발전할 수 있는 중요한 자원이 될 수 있다. 중국은 한국이 한·미·일 동맹 강화를 통하여 대중국 견제 포위망에 참여하는 것을 경계하고 있다. 따라서 박근혜 정부가 한중 관계와 한미 관계에서 균형을 취하겠다는 의지를 표명하고 있는 것은 중국에게 매우 긍정적인 신호로 비칠 수 있다.

박근혜 정부는 신뢰 외교의 추진 방향 중의 하나로 한미 동맹을 포괄적인 전략 동맹으로 심화시키고, 한중 전략적 협력 동반자 관계를 내실화하며, 한일 관계의 안정화를 추진한다는 목표를 세우고 있다(제18대 대통령직인수위원회 2013, 195-200). 박근혜 정부는 세계화 시대는 제로섬도 세력 균형의 시대도 아닌 복잡한 상호 의존의 시대로 미중 양국도 대립보다는 협력이 훨씬 심화되고 있어, 한국의 국익은 일국에 대한 선택이 아니라 중층적 외교 네트워크를 강화함으로써 가장 잘 보장될 수 있다고 주장한다(윤덕민 2013, 9). 이런 관점에서 한미 동맹은 한미 양국은 물론 지역의 안전과 평화를 위한 중추라는 인식 하에 단순한 군사 관계를 넘어서 글로벌 차원의 포괄적인 전략 동맹으로 발전해야 한다고 주장한다. 동시에 한중 관계도 시진핑과 박근혜의 끈끈한 교분과 신뢰를 바탕으로[7] 경제 관계에 머무르고

7_시진핑은 제18차 당대회 종료 직후 한국에 대표단을 파견하여 당대회 결과와 신지도부의 정책 방향을 설명하고, 또한 최근에는 박근혜 대통령과 20분에 걸쳐서 긴 통화를 하면서 각별한 신뢰를 표시하고 있다. 박근혜 역시 취임 전 미국에 앞서 대중 특사를 파견하고, '측근

있는 양국 관계가 명실 공히 전면적이고 전략적인 동반자 관계로 강화되어야 한다는 입장을 견지하고 있다(박인휘 2013, 9-10).

그러나 이러한 정책이 얼마나 성공할 수 있을 지는 아직 미지수이다. 안보 문제에서 한미 동맹에 의존하고 있는 한국이 대중 균형 정책을 취할 경우 미국으로부터 강력한 문제제기를 받을 수 있기 때문이다. 이런 관점에서 현재 한국에게 여러 가지 민감한 외교적 현안이 존재하고 있다. 첫째, 한미 동맹을 강화하는 차원에서 한국형 미사일 방어(KAMD)가 아닌 미국이 주도하는 한·미·일 연합 미사일 방어 체제(MD)에 대한 가입을 미국으로부터 요구받고 있고, 이것이 쟁점화될 경우 중국으로부터 강력한 반발을 살 수 있다. 척 헤이글 미 국방장관은 전시 작전 통제권 전환 재연기를 한국이 미국의 미사일 방어 체제에 참여하는 문제와 연계할 수 있다는 입장을 밝혔다. 한국은 북한의 탄도미사일의 비행시간이 짧아 요격이 쉽지 않은 한반도 환경, 중국의 반발 등을 고려해 미국이 주도하는 MD보다 저고도의 KAMD를 선호하고 있지만, 미국은 한국이 어정쩡한 태도를 취하고 있다고 불만을 갖고 있다(유용원 2013). 이에 반해 중국은 한미 동맹을 냉전 시대의 유물이라고 간주하면서 한미 동맹에 대하여 매우 민감하게 반응하고 있고, MD를 자국을 견제하기 위한 것이라고 강력하게 반대하고 있는 상황이다(조선일보 2013/10/2).

둘째, 중국은 한·미·일 3각 안보 동맹이 중국을 봉쇄하기 위한 것이라고 강력하게 반발하고 있다. 한국은 이러한 중국을 의식해 한·미·일 동맹에 신중한 접근을 해왔다. 미 태평양 사령관이 자주 언급한 한·미·일 연합

실세' 정치인을 중국 대사로 내정하는 등 중국에 대한 각별한 관심과 신뢰를 나타내고 있다(조선일보 2013/3/12; 중앙일보 2013/3/26).

해상 훈련에 대해 미일은 전투 훈련이 포함된 높은 수준의 연합 훈련을 희망해 왔지만, 한국군은 탐색구조 훈련 수준까지만 동참하고 있다(유용원 2013). 만일 미중 간 갈등이 심화된다면 미국은 한국을 향해 더 강력한 요구를 할 것이다.

셋째, 미국은 중국과 북한을 견제하기 위해 수시로 서해상의 한미 연합 훈련의 실시를 희망하지만, 중국은 미국 항공모함 전단이 포함된 서해상 한미 연합 훈련도 중국의 반응에 따라 2010년의 경우처럼 언제든지 쟁점이 될 수 있는 사안이다.[8] 중국은 첫 항공모함인 랴오닝(辽宁)호를 서해를 관할하는 북해 함대(칭다오(青島))에 배치한 상태이다. 중국이 서해를 자신의 앞마당으로 생각하고 있기 때문에 미 항모 전단의 서해 진입을 매우 불쾌하게 여기고 있다. 한미 양국이 2013년 10월에도 미 7함대 소속 항모 조지 워싱턴호 등이 참가한 가운데 연합 훈련을 실시한 적이 있어, 한중 간에 중요한 갈등 요인이 될 수 있다.

넷째, 한중 간 군사 교류와 협력 강화는 한국 정부와 군이 대북 억지력 확보를 위해 적극적으로 추진해 왔지만, 미국은 이에 대해 직간접적인 경계를 해왔다. 한중 군사 협력의 강도가 높아질수록 미국은 민감한 반응을 보일 수밖에 없을 것이라는 전망이다(유용원 2013).

다섯째, 현재 11개국이 참여하고 있는 미국 주도의 환태평양 경제 동반자 협정(TPP)이 경제적으로 중국을 봉쇄하는 조치로 이해하는 중국은, 지난 3월 15일 일본의 전격적인 참여 선언에 이어 한국도 참여할 경우를 매

8_2010년 천안함 사건에 대한 대북 무력시위를 위해서 서해상에서 미 항공모함 전단이 포함된 대규모 한미 연합 해상 훈련에 대해서 중국 측이 강력하게 반발하면서 동해상으로 훈련 장소를 변경한 적이 있다.

우 우려하고 있는 상황이다(허윤 2013). 그러나 한국 정부는 경제적인 이유로 환태평양 경제 동반자 협정 참여에 대해 관심을 표명하고, 기존 참여국과 예비 양자 협의에 나설 것임을 밝히면서 사실상 참여를 선언한 상황이다(연합뉴스 2013/11/29).

이러한 미국과 중국 사이에서 첨예한 이해관계가 부딪치는 현안에 대해, 한국 정부가 균형 정책을 취하는 것은 쉽지 않으며, 현실적으로 한미 동맹을 우선하는 정책을 취할 가능성이 높다. 그렇게 될 경우 중미 간 균형 정책을 통해 한중 전략적 협력 동반자 관계와 한미 동맹을 동시에 발전시킨다는 박근혜 정부의 정책 기조는 흔들릴 수 있다. 이미 한국 내에서는 균형 정책에 대한 비판 여론이 제기되고 있다. 아베 정부의 등장 이후 미국이 아태 지역에서 일본의 방위력을 활용해 역내 관리의 핵심 파트너로 삼겠다는 의도가 점점 분명해지면서, 한국 내에서는 한미 동맹이 미일 동맹에 밀렸다는 우려가 제기되고 있다. 그리고 박근혜 정부 식의 미중 균형 외교도 이러한 변화에 한 몫을 했다고 지적되고 있다. 즉 중국과의 경제 외교를 의식해 환태평양 경제 동반자 협정(TPP) 가입을 저울질하고, 미중 간 균형 잡기에 치중하는 사이 한미 동맹은 정체 상태가 되었다는 것이다(중앙일보 2013/11/22).

이처럼 미일 동맹에 기초하여 대중 견제 정책을 취할 것이라는 중국의 심각한 우려와 미일 동맹에 기초하여 북한과 중국의 위협에 대응하고자 하는 미국의 전략적인 의도가 충돌하면서 동아시아 지역에서의 미중 간의 경쟁이 본격화되고 있다. 게다가 일본의 재무장이라는 문제까지 결합되면서 한국 정부가 이러한 격렬한 지역질서 재편의 큰 흐름 속에서 중미 사이에서 균형을 지키는 것이 현실적으로 쉽지 않다. 한중 관계와 한미 동맹을 병행 발전시켜야 하는 것이 한국의 최선의 전략적인 선택이고, 이는 한중 관계의 개선에도 긍정적인 영향을 미치겠지만, 현실적으로 균형 관계가 가능한가에 대한 문제제기가 가능하다.

5. 결론: 미중 경쟁 시대에서 한중 관계의 미래

한중 전략적 협력 동반자 관계를 진전시키는 데 있어, 가장 중요한 변수는 한미 동맹과 북중 관계에 대한 중국과 한국의 전략적인 의심을 해소하는 것이다. 이런 점에서 볼 때, 시진핑과 박근혜 정부의 등장 이후 신정부가 취하고 있는 대외정책은 한중 간 전략적인 협력 동반자 관계의 발전에 긍정적인 변화를 예고했다. 중국은 비록 대중 완충지대의 확보라는 지정학적인 전략적 가치를 우선시하는 한반도 정책의 기본 기조를 그대로 유지하고 있지만, 3차 핵 실험 이후 북핵 및 북한 문제에 대해 미국, 한국 등과 공조를 취하고 있다. 박근혜 정부 역시 한반도 신뢰 프로세스를 제기하면서 북한의 핵과 미사일 실험, 도발 행위에 대해서는 강경책을 취하지만, 동시에 대북 협력도 추진하는 투 트랙(Two Track) 정책을 표명하고 있어, 북한 및 북핵 문제를 둘러싼 한중 간의 협력에 대한 기대를 높였다.

또한 중국이나 한국의 대미정책 역시 한중 관계의 발전에 긍정적인 영향을 미칠 것으로 간주되었다. 중국의 신형 강대국 관계의 표명에도 불구하고, 중미 간 힘의 불균형이 여전히 존재하고, 미국의 헤징(hedging) 정책에 따라 중미 관계가 협력과 갈등을 지속해 나가겠지만, 3차 핵 실험 이후 중미 간의 대북정책에 대한 공조가 이루어지는 등 갈등 국면이 첨예하게 노출되지 않았다. 박근혜 정부 역시 미국과 중국 사이에서 어느 한 쪽을 선택하는 제로섬 외교가 아니라 균형 정책을 취할 것을 표명하고 있다. 이러한 상황은 한중 관계의 양호한 발전에 긍정적인 영향을 미칠 수 있을 것으로 기대되었다.

이러한 기대 속에서 현재 6월 한중 정상회담에서 합의된 부총리급 전략 대화와 국책연구기관의 전략 대화, 인문교류위원회의 구성 등 활발한 움직임이 진행되고 있다. 그리하여 외형상으로 볼 때 한중 관계는 매우 양호한 상황을 나타내는 것으로 보인다. 그러나 한중 양국의 전략적인 협력의 최대 과제인 북한 핵 문제에 있어, 6자회담의 조기 개최를 주장하는 중국과 비핵화를 위한 가시적인 조치를 우선해야 한다는 한·미 정부의 입장이 대립하면서 교착 상태에 빠져 있다. 또한 한국 정부의 미중에 대한 균형 정책에 대해서도, 한국 내에서는 한미 동맹의 약화를 초래해 대북 안보 위협을 초래할 수도 있다는 우려가 제기되고 있는가 하면, 중국 내에서는 한미 간 포괄적인 동맹의 전환을 여전히 중국을 견제하기 위한 동맹의 강화로 이해하고 있다.

이러한 딜레마는 중미 관계의 향방이 동아시아뿐만 아니라 한반도의 미래에 중요한 영향을 미치고 있기 때문이다. 따라서 중국 정부의 북중 동맹과 한중 전략적 협력 동반자 관계의 동시 발전 정책과 한국 정부의 한미 동맹과 한중 전략적인 협력 동반자 관계의 동시 발전 전략은 한중 양국 정부의 정책적인 의지 못지않게, 중미 간 동아시아 세력 전이라는 불안정한 상황의 직접적인 영향을 받고 있다. 따라서 세력 전이 과정에서 등장한 불확실성을 최소화하고 안정적인 한중 관계의 발전을 위해서는 다음과 같은 정책적인 노력이 행해져야 한다.

첫째, 한국이 점진적으로 미중 등 강대국이 개입할 수 있는 환경과 조건을 축소해 가는 한편, 한국의 전략적인 가치를 제고하고 외교의 유연성을 높여 갈 필요가 있다. 이를 위해서는 무엇보다도 북한 및 한반도 문제 해결에서 한국이 주도권을 쥘 수 있도록 해야 하고, 그 돌파구로 남북 관계의 개선을 위한 적극적인 노력이 요구된다고 본다. 남북 관계 개선은 한중 간 전략적 협력 관계의 발전을 위한 중요한 레버리지가 될 수 있기 때문이다.

둘째, 중국과 북한 및 북한 핵 문제 해결 과정에서 협력을 보다 거시적인 안목에 서서 북핵 문제의 해결 이후 등장할 한반도와 동아시아 질서 재편에 대한 구상 하에서 전략을 짜고 대응해 가야 한다고 본다. 중국은 북핵 및 한반도 문제의 해결을 중미 간의 동아시아 지역에서의 세력 경쟁이라는 구도 하에서 진행하고 있으며, 따라서 북핵 문제뿐만 아니라 통일 문제까지 안고 있는 한국 역시 동아시아 질서 재편의 틀에서 북핵 문제의 해결을 추구해 가야 한다.

셋째, 한중 간에 핵심적인 이익과 차이를 명확히 하고, 상호 간의 차이점을 인정하는 기초 하에서 상호 협력과 이익을 모색하는 화이부동(和而不同) 외교를 발전시켜야 한다. 이를 위해서는 한국은 북중의 특수 관계를, 중국은 한미의 특수 관계를 인정하는 바탕 위에서 한중 양국 관계의 평화적 발전을 도모해야 한다.

넷째, 한중 전략적 협력 동반자 관계와 한미 동맹을 동시에 강화할 뿐만 아니라, 한국의 외교적인 옵션을 극대화하기 위해서는 일본과 협력을 유지하고 러시아와도 소통과 교류를 강화하는 등 다차원적으로 상호 양자적 협력 관계를 강화해 나가는 방향으로 발전시켜 나가는 노력이 필요하다.

다섯째, 동아시아 질서의 재편 과정에서 미중 간의 경쟁에 따른 강요된 선택 상황을 막고 협력적인 동아시아 질서 모색을 위해 동아시아 지역에서 3자 형태의 소다자주의 협의체를 활성화하여 동아시아 안보 협력 구도가 정착하는 데 촉매제 역할을 하도록 하여, 장기적으로는 동아시아의 평화와 협력을 보장할 수 있는 다자 협력체를 건설할 수 있도록 해야 한다.

참고문헌

김경일. 2012. “한중 관계 20년 회고와 전망 -중국의 시각에서.” 『국방정책연구』 제28권 1호(통권 제95호).

김현욱. 2013. “박근혜 정부의 외교안보 정책 전망과 과제.” 『2013년 한국국제정치학회 기획 학술회의: 주요국의 한반도 정책과 새 정부의 대외정책 과제』(한국국제정치학회, 2013/2/28).

김한권. 2013. “실익을 챙긴 중국과 장기적 포석을 둔 한국: 한중 정상회담의 평가.” ISSUE BRIEF (by The Asan Institute for Policy Studies), No. 62(July 11).

김흥규. 2012. “한중 수교 20년과 한중 관계 평가.” 『세계지역연구논총』 제29집 3호.

김흥규. 2013. “북·중 관계 변화와 함의.” 『한반도 포커스』 제24호(경남대 극동문제연구소).

박창희. 2012. “한중수교 20년과 한중 군사 관계 발전: 회고와 전망.” 『중소연구』 제36권 1호(2012, 봄).

배명복. 2013. “변한 듯 안 변한 중국.” 『중앙일보』 2013/10/29.

신성호. 2012. “미국의 아시아 귀환과 동북아 정세.” 제17차 일민외교안보포럼 발표문(2012/2/17).

서진영. 2012. “한중 관계 20년 회고와 전망 -한국의 관점에서.” 『국방정책연구』 제28권 1호(통권 제95호).

신상진. 2013. “중국의 대북정책: 전술적 변화.” 『한반도 포커스』 제24호(경남대 극동문제연구소).

이영학. 2013. “중국 시진핑 체제의 출범과 대외정책 전망.” 『아태연구』(경희대 인류사회재건연구원), 제20권 1호.

이정남. 2009. “중국의 전략적 동반자 외교에 대한 이해와 한중 관계.” 『평화연구』 제17권 2호(2009년 가을).

이정남. 2013. “중미 관계에 대한 중국의 인식: ‘이익상관자’ ‘G2’ ‘신형 강대국 관계’를 중심으로.” 『현대중국연구』(현대중국학회) 제15집 1호(2013년 8월).

제18대 대통령직 인수위원회. 2013. 『박근혜 정부 국정비전 및 국정목표』(2013년 2월).

차대운. 2013. “중국, 안보리 대북제재 엄격 집행 지시.” 『연합뉴스』 2013/4/29.

차두현. 2013. “해빙무드 남북 관계의 빛과 그림자: 이제부터 진정한 수 싸움의 시작이다.”, ISSUE BRIEF (by The Asan Institute for Policy Studies), No. 70(Sept. 10).

최강. 2013. “북한의 대화국면 전환과 그 함의: 강요된 선택인가, 치밀한 전술적 노림수인가?” ISSUE BRIEF (by The Asan Institute for Policy Studies), No. 65(July 25).

최명해. 2013. "2013년 북·중 관계 동향과 향후 전망." 중국정치연구회 발표문(2013/11/16).
한·중 전문가 공동연구위원회 보고서. 2010. 『미래 공동 발전을 향한 한·중 전략적 협력 동반자 관계』(2010/4/23).
"퍼거슨, '한국 미중서 균형을' … 프리드먼 '한미 동맹' 강화해야." 『조선일보』 2012/2/13.
"10년간 전쟁했던 베트남까지 발판 삼아 …미, 중 전방위 압박." 『조선일보』 2011/11/19.
"동북아 거대한 '불확실성 게임' … 기선 제압 나선 美." 『조선일보』 2013/11/29.
"중국, 방공구역 고수 '시위' … 전투기 투입." 『연합뉴스』 2013/11/29.
"미, 중 방공 식별 구역 철회 요구 않고 일·중 대화 촉구." 『조선일보』 2013/12/4.
"대북·경제·공약실천 기대감 … 인사·소통·탕평은 실망." 『중앙일보』 2013/3/25.
"'중미, 한반도 비핵화 평화적 추진' 케리, 북 핵 포기 땐 MD 축소 시사." 『경향신문』 2013/5/20.
"'MD재조정' … 미, 중에 유화 제스처." 『문화일보』 2013/4/26.
"은혜를 돈으로 갚나, 중 초유의 반북시위 확산." 『조선일보』 2013/2/18.
"중 민간단체, 북이 또 핵 실험하면 보복 타격해야 한다 규탄 성명까지 충격." 『조선일보』 2013/2/21.
"북한, 미국 및 한국 모두 상대방을 겁먹게 할 수 있다는 환상을 버려야." 『环球时报』 2013/3/6 『e-중국이슈』(대한민국 외교부) 제22호(2013/3/25).
"중국, 대북제재 말 아닌 행동 나서." 『중앙일보』 2013/10/17.
"5년 하다 5년 멈춘 6자회담 … 왕이를 주목하라." 『중앙일보』 2013/11/6.
"박근혜 대통령 3·1절 담화." 『연합뉴스』 2013/3/1.
"한국전쟁 정전협정 60주년 기념 활동." 『연합뉴스』 2013/7/27.
"6자회담, 中 중재안에도 돌파구 마련 불투명 … 한미일, 비핵화 사전조치 없는 6자회담 재개 난색." 『연합뉴스』 2013/11/22.
"한미 동맹 밀월 1년 만에 관계 역전." 『중앙일보』 2013/11/22.

冯创志. 2013. "中国警告朝鲜, 不意味与美日抱成团." 『觀點中國』(2013. 4. 12), http://opinion.huanqiu.com/ opinion_world/2013-04/3824961.html (검색일: 2013/4/12).
袁名清. 2013. "美国经常对朝鲜实行'绥靖'政策." 『瀟湘晨報』(2013. 4. 6), http://news.rednet.cn/c/2013/04/06/2963168.htm (검색일: 2013/4/7).
张蕙智. 2013. "朴槿惠政府的东北亚外交政策的新构想." 2013 HK International Conference, East Sea Rim Network and Institutionalization, hosted Institutie of Global Affairs In Kyunghee University(14 November).
陈向阳. 2012. "中国周边环境新变化的战略思考." 『亚非纵横』 第1期, http://www.cicir.ac.cn/chinese/newsView.aspx?nid=3551 (검색일: 2012/2/5).
朱锋. 2012. "奥巴马政府'转身亚洲'战略与中美关系." 『现代国际关系』 2012年 第4期.
赵穗生. 2013. "中美应共同求世界权力天下新的均衡." 『人民论坛·学术前沿』 2013年 9月, 『共

识网』(검색일: 2013/11/20).
尚鸿. 2009. "金融危机对美国霸权地位的冲击."『现代国际关系』第4期.
朱锋. 2009. "金融危机与当前国际秩序的演变."『现代国际关系』第4期.
黄莹. 2009. "'金融危机周年座谈会'纪要."『现代国际关系』第11期.
郭宇立·林芯竹·楚树龙. 2009. "美国, 中国的发展变化与世界格局."『现代国际关系』第8期.
宫力. 2009. "国际金融危机与国际秩序的变革."『现代国际关系』第4期.
崔立如. 2009. "G20崛起与国际大变局."『现代国际关系』第11期.
林利民. 2011. "2011年国际战略形势评析."『环球军事』第12期(2011/12/21).
郑永年. 2011. "中美两国形成事实上的g2格局."『党政干部参考』3期.
刘鸣. 2009. "以世界体系理论与全球化理论解读国际体系转型."『现代国际关系』第1期.
何兰. 2009. "国际局势变化与中国话语权的提升."『现代国际关系』第11期.
门洪华. 2009. "世界转型与中国的战略取向."『现代国际关系』第11期.
蔡拓. 2009. "中国在国际秩序转型中要有所作为."『现代国际关系』第11期.
彭光谦. 2009. "全球金融危机对国际格局的影响."『现代国际关系』第4期.
秦亚青. 2009. "国际体系转型以及中国战略机遇i期的延续."『现代国际关系』第4期.
赵晓春. 2009. "国际金融危机与国际体系的变迁."『现代国际关系』第4期.
刘江永. 2009. "发展中国家兴起改变了时代与世界格局."『现代国际关系』第11期.
金灿荣. 2009. "国际金融危机的全球地缘政治影响."『现代国际关系』第4期.
陈向阳. 2012. "中国周边环境新变化的战略思考."『亚非纵横』第1期.
王缉思. 2011. "中美关系新趋势及其对东北亚安全的影响."『中国外交』9月.
戴秉国. 2010. "坚持走和平发展道路." http://www.fmprc.gov.cn/chn/gxh/tyb/zyxw/t774662.htm(2010/12/6 발표: 검색일 2010/12/8).
袁鹏. 2012. "关于构建中美新型大国关系的战略思考."『现代国际关系』第5期.
陈健. 2012. "试论新型大国关系."『国际问题研究』第6期.
吴心伯. 2011. "奥巴马亚太战略算盘."『东方朝报』2011/11/22.
邓聿文. 2013. "中国应该重估中朝关系."『共识网』(검색일: 2013/3/1).
刘波. 2013. "习奥会 - 中美关系寻求新定位."『共识网』(검색일: 2013/6/17).
高鹏. 2013. "中国对朝鲜半岛外交关系在新时代定调."『共识网』(검색일: 2013/10/22).
"已三次警告 朝鲜再挑衅将触动北京底线."『多微新闻』2013/4/16.
"'放弃朝鲜'的主张过于幼稚和极端."『环球时报』2013/4/12.
"外交部发言人洪磊主持例行记者会(2013/9/18)." http://www.fmprc.gov.cn/mfa_chn/fyrbt_602243/jzhsl_602247/t1078092.shtml (검색일: 2013/11/1).
"美智库:中国对朝鲜看法改变朝成中国战略负担."『共识网』(검색일: 2013/10/24).
"美:朝鲜第四次核试'准备就绪'因中国而迟疑."『新华网』2013/7/19.
"中国外交部警告美国:防空识别区不是纸老虎."『多微新闻』2013/11/27.

"中共十八大报告."『人民网』2012/11/19.

Browne, Andrew. 2013. "China Leader Gives Warning as Korean Tensions Rise." *Wall Street Journal*, April 8.

Clinton, Hillary. 2011. Secretary Clinton's Remarks on "Principle for Prosperity in the Asia-Pacific."(July 25, 2011) http://www.state.gov/secretary/rm/2011/07/169012.htm(검색일: 2012/3/5).

Green, Michael J. 2013. Victor Cha, Christopher K. Johnson, "North Korea: Defining the Danger and the Way Out." *CSIS Freeman Report,* Vol. 99(July).

Ikenberry, John G. 2008. "The Rise of China and the Future of the West." *Foreign Affairs*, Jan./Feb., Vol. 87, Issue 1.

Lee, Jung-Nam. 2012. "Dilemma of Korea-China Relations with the Emergence of the G2 Era." *The Korean Journal of International Studies(KAIS)*, Vol. 10, No. 2(December).

Landler, Mark. 2013. "Detecting Shift, U.S. Makes Case to China on North Korea." *New York Times*, April 5.

Nye Jr., Joseph S. 2011. "China's Rise Doesn't Mean War." *Foreign Policy*, Jan./Feb., Issue 184.

Swaine, Michael D. 2011."China's Assertive Behavior Part One; On Core Interests." *China Leadership Monitor,* No. 34.

Yan, Xuetong. 2006. "The Rise of China and its Power Status." *The Chinese Journal of International Politics*, Vol. 1.

Zhu, Feng. 2008. "China's rise will be peaceful." edited by Robert S. Ross and Zhu Feng, *China's Ascent: power, security, and the future of international politics* (Cornell University Press).

"UN Imposes Tough New Sanctions on DPRK." *Voice of America*(2013/3/7), http://www.voanews.com/content/united-nations-security-council-north-korea-sanctions/1617072.html(검색일: 2013/3/20).

"China says 'very firm' with North Korea on nuclear program: Kerry." *Reuters* July 1, 2013.

2장

국가 실패와 보호책임(R2P)의 북한 적용 가능성

이신화

1. 서론

국가 실패(state failure)란 국가 권위의 완전 혹은 부분 붕괴 상태를 의미한다. 한 국가가 내전이나 치안 부재로 인해 내부 통제력과 권위를 상실하였거나, 국민들의 기본 민생에 필요한 재화와 공공서비스도 제공하지 못할 경우, 혹은 독재와 부정부패 및 극심한 인권 침해로 국제사회의 비난을 받는 경우 발생한다. 특히 한 나라가 국가의 핵심 기능을 수행하지 못하고 국가 정체성을 유지하기 힘들어 붕괴 가능성이 높을 경우 '실패 중인 국가'(failing state) 또는 '실패 국가'(failed state)라고 지칭한다.[1] 어떤 특징의

---

* 이 글은 한국정치학회보 제46집 1호(2012년 12월)에 수록된 저자의 논문을 일부 수정한 것이다.

국가들이 실패한 국가이고 어떤 이유로 실패 국가의 낙인이 찍혔는지를 살펴보는 것은 피해 국민들과 관련된 인도적 문제에서 뿐 아니라 이들 국가들이 세계 평화와 안보에 심각한 위협이 되고 있기 때문이다. 2005년 코피 아난(Kofi Annan) 전 유엔 사무총장은 "실패한 국가들을 무시하면 이들 국가들의 문제가 역으로 다른 국가들에게 해를 입힐 수 있다."고 경고한 바 있다(Foreign Policy 2005).

국가 실패 현상은 유엔이 규정한 복합 위기(complex emergencies)와도 긴밀한 연관성을 지닌다. 복합 위기 상황이란 정치·사회·경제·인도적 문제들이 복잡하게 얽혀 다차원적으로 발생하는 인도적 위기 사태를 의미한다. 즉 한 국가가 무능력, 비효율성, 부정부패, 그리고 분쟁 및 재난 관리에 대한 의지나 능력 부족으로 인해 정치 불안, 경제난, 기근, 자연 재해, 사회 혼란, 인종 분쟁 등에 제대로 대비하거나 대처하지 못해 자국민의 안전과 복지를 보장하는 데 실패할 경우 발생하며, 이러한 상황은 국제사회의 지원이나 개입을 필요로 할 때가 많다. 더욱이 한 국가 내에서 대규모 인권 침해나 폭력 사태가 야기되면 인도적 개입(humanitarian intervention)의 필요성이 대두되는데, 이와 같이 인도주의를 기치로 내걸고 이루어지는 유엔을 비롯한 국제사회의 개입은 구호 활동이나 경제적 지원만 아니라 군사력과 같은 강제 수단을 사용한 대응도 포함한다. 하지만 인도적 개입의 합법성 문제와 무력 사용을 누가 어떻게 결정하느냐를 둘러싼 논란이 커지고, 강대국을 중심으로 한 선별적·일방적 개입이 문제시 되면서, '보호책

1_실패 국가에 대한 이론적 논의를 위해서는 Zartman(1995), Croater(2003), Rotberg(2004), Chomsky(2006), Diamond(2005), Andersen(2008), Rice and Patrick(2008), 이석수(2008)를 참고.

임'(R2P)이 정책적·학문적 관심을 끌게 되었다.

R2P란 '주권은 책임'이라는 대전제 하에 "자국민을 보호하지 않는 실패한 나라는 주권국가로서의 권리를 존중받을 수 없다."는 점을 강조하는 국제사회의 새로운 규범이자 원칙이다. 2001년 캐나다 정부의 후원으로 '주권과 개입에 관한 국제위원회'(ICISS)가 『보호책임(The Responsibility to Protect)』이라는 보고서를 발간하면서 처음 대두된 R2P는 자국민 보호의 일차적 책임은 그 해당 국가에 있음을 강조한다. 하지만 그 국가가 대규모 인권 유린 행위를 방치할 경우, 혹은 자국민에 대한 무차별 살상과 같은 인권 침해 행위를 할 경우 국제사회에 그 국민들을 보호할 책임이 있다는 개념이다(ICISS 2001). 2005년 유엔 세계정상회의에서 만장일치로 채택된 R2P는 그 적용 범위를 대량 학살(genocide), 인종 청소(ethnic cleansing), 전쟁 범죄(war crimes), 반인륜적 범죄(crime against humanity)에 국한하고 있다(UNGA 2005).

주목할 것은 ICISS 보고서가 "국가의 실질적 붕괴 내지 실패 혹은 천재지변 등으로 인한 급변 사태로 인해 민간인이 분쟁, 내란 또는 대규모 기아 사태에 직면한 경우"도 R2P 범주에 포함하고 있는 것에 비해, 유엔은 'R2P 범죄'를 4가지로만 국한시켰다는 점이다. 이렇듯 R2P 적용 범위를 협소하게 한정하는 것은 주권과 인권의 갈등 속에서 민간인 보호를 위한 실질적인 이행 방안을 도출해 내기 위한 고육지책이겠지만, 오늘날 지구촌의 다양한 인도적 위기와 국가 실패 사태로 인해 피해당하거나 보호받지 못하는 이들의 생존과 안전을 위해 적절한 것인가에 대해서는 논란의 여지가 많다.

이와 같은 맥락에서 이 글은 우선 국가 실패가 무엇인지에 대한 다양한 개념 정의 및 특징을 살펴보고, 이를 북한의 경우에 적용하여 실패 국가 여부에 관해 논해 보고자 한다. 일부 전문가들은 북한을 실패 국가로 진단한다.[2] 그러나 북한을 기본적인 국가 기능도 수행하지 못하는 완전한 실패 국가로 규정하는 데에는 무리가 있다. 특히 실패 국가의 요소 중 공권력 확보가 가장 중요하다는 하버드대 국제 분쟁 전문가인 로버트 로트버그(Robert Rotberg) 교수의 주장을 따를 경우, 북한 정권은 안보를 확실하게 장악하고 있기 때문에 아직까지 실패 국가라고 할 수 없다(Rotberg 2010). 하지만 정부 수행 능력(performance)이 아닌 억압(repression)에 의해 권력을 유지하고 있는 정권이 실패할 경우, 이미 문제시 되고 있는 실패 국가의 제반 요소들과 부정적 효과가 합쳐져 그 파장은 더욱 커질 수 있다는 점에서 북한의 상황은 여느 실패 국가들의 경우보다 훨씬 더 심각해질 수 있다(Rotberg 2010; Han 2010). 더욱이 김정일 국방위원장의 사망으로 경험이 적은 젊은 아들이 정권을 승계하면서 북한 체제의 불확실성이 높아졌는데, 김정은 체제가 안착되지 않은 상황에서 급변 사태가 발생하고 정세 안정을 명분으로 주변국들이 개입할 경우 한반도뿐 아니라 동북아 전역은 예측 불허의 소용돌이 속에 빠져 들 수 있을 것이다.

한편, 세습 독재와 군사 통치하의 인권 침해 및 심각한 경제난과 식량난에 처한 북한 주민들의 경우 '반인륜적 유린 상황 하의 민간인 보호'라는 명분으로 R2P를 적용할 수 있다는 입장도 있으나 신중한 접근이 필요하다. 현 북한 체제에 R2P의 개념을 확대 해석하여 적용하는 것도 거의 불가능하지만, 설사 급변 사태로 인해 4대 R2P 범죄에 해당하는 상황이 발생하더라도 북한의 미래에 대한 강대국의 복잡한 이해관계를 고려할 때 R2P의

2_미국 국제전략문제연구소(CSIS) 존 햄리 소장은 2011년 '코리아 글로벌 포럼'의 기조연설(2011년 9월 2일)에서 북한을 "이웃 국가를 협박하는 것밖에 할 수 없는 완전히 실패한 정권"이라고 비난하였다.

적용은 쉽지 않기 때문이다. 이와 같은 잠정적 가정을 토대로 이 글은 R2P 범주의 발전적인 적용 가능성 및 북한에 대한 함의를 살펴보고자 한다.

2. 국가 실패의 개념과 특성

국가란 일정한 영토를 차지하고 통치 조직을 가지며 대내외적으로 자주권을 행사하는 정치적 실체(entity)를 일컫는다. 국가는 영토, 국민, 주권이라는 3대 구성 요소에 의하여 정의되며, 니콜로 마키아벨리(Niccolò di Bernardo dei Machiavelli)의 『군주론』에서 국가를 일정한 영토에 거주하는 "사람들에 대하여 명령권을 갖고 있는 통치 영역으로 공화국이나 군주국 중 하나"로 정의 내린 이래 그 개념이 보편화되기 시작하였다(Machiavelli 2008).

일반적으로 국가의 기능은 외부 위협이나 침략으로부터 영토와 주권을 지키고 국민을 보호하는 가장 기본적인 역할을 포함하는 것은 물론 사회질서와 안전을 유지하는 치안 기능, 공공복지를 증진하기 위한 경제·사회적 서비스, 그리고 국민 개개인의 자유와 안전을 보장하는 것이다. 이를 위해 국가는 국민들로 하여금 세금을 징수하고 정부를 구성하여 군대와 경찰 및 행정 조직을 갖추고 공권력을 수단으로 국가 기능을 수행한다. 이렇듯 국가의 기능은 평화와 안정, 효율적인 거버넌스, 영토 지배, 경제적 지속성 등 서로 중첩되기도 하는 핵심 요소들을 수반한다(Wyler 2008).

이러한 국가의 역할이 제대로 이루어지지 않고 공권력이 약화될 때 국가 실패의 상황을 상정해 볼 수 있으며, 실패의 정도에 따라 취약 국가, 실패 중인 국가, 실패 국가, 붕괴 국가 등으로 나눌 수 있다. 국가 실패는 어떤 확정된 현상이 아닌 '과정'을 의미하기 때문에(Croter 2003), 국가 의지나 역량에 따라 실패 정도가 심화될 수도 있고 회복이나 재건의 방향으로 호전될 수도 있다. 국가 실패나 국가 붕괴에 대해 국제적으로 합의된 정의가 없는데, 그 과정을 설명하기 위해 취약 국가, 위기 국가, 실패한 국가 등에 대한 개념화 작업이 필요하다. 이를 위해 한 국가의 통치 효과(effectiveness)와 실적 성과(performance)를 평가하고, 이를 바탕으로 그 국가의 실패 여부 및 정도를 가늠할 수 있다(이석수 2008).

우선 취약 국가란 한 정부가 대다수의 자국민들을 위해 제 기능을 할 능력이 없거나 의지가 결여된 나라를 일컬으며, '나쁜 거버넌스'(bad governance)가 국가 취약성의 근본 원인이 되고, 역으로 국가 취약성은 범국가적 위협이 되고 있어 그 원인과 결과를 해결하기 위한 국제사회의 통합적 노력이 필요하다.[3] 영국의 위기국가연구센터(CSRC)에 따르면, 여러 가지 대내외 도전에 봉착하여 심각한 긴장 상태에 놓인 국가는 갈등과 충격을 해결할 통치 제도와 행정 능력이 결여된 '위기 국가'(crisis state)로 분류된다(CSRC 2005). 그러나 취약 국가, 실패중인 국가, 위기 국가라 불리는 국가 실패의 유형은 그 특성상 중복되는 측면이 많기 때문에, 그들 중 하나의 이름으로 포괄하여 일컬어도 무방할 것이다.

실패 국가에 대한 정의도 다양한데, 서론에서 언급한 로트버그는 국민국가의 유형을 강한(strong), 약한(weak), 실패한(failed), 붕괴한(collapsed) 국가의 범주로 분류하고 있다. 로트버그는 안전과 안보, 법치와 투명성, 참

3_Andersen "Fragile States on the International Agenda," Part I in Fragile Situations: Background papers, Danish Institute for International Studies, 2008년, http://www.gsdrc.org/go/display&type=Document&id=3321.

정권과 인권, 지속 가능한 경제 활동의 기회, 국민 복지 등 다섯 가지 공공재를 제시하고, 한 국가가 어떤 유형에 속하는지는 이러한 공공재에 대한 장악 능력과 국민들에게 이를 효과적으로 제공하는 국가 수행 역량에 달려 있다고 보았다. 국토방위에 실패하거나 범법자들에 대한 치안 능력을 잃은 나라를 약한 국가로 규정하였고, 국가 내부적으로 중앙권력에 도전하는 조직적 단체나 세력이 형성되어 내전, 폭동, 인종 분쟁, 종교 분규 등이 만연한 나라를 실패 국가라 하였다. 특히 국가의 능력과 성공 여부는 안보와 공권력 장악이므로, 설사 경제·사회적 공공재를 제공할 능력을 포함한 국가의 다른 기능들이 거의 없다 하더라도 국가가 폭력의 합법적 수단으로서 안보와 공권력을 충분히 장악하고 행사하고 있다면 실패 국가라 할 수 없다고 주장하였다(Rotberg 2004).

국가 실패의 가장 최악의 유형이 국가 붕괴(state collapse)이다.[4] 존스 홉킨스 대학교 아프리카 분쟁 전문가인 윌리엄 자트만(I. William Zartman) 교수는 국가 붕괴를 "구조, 국가 권위, 법률, 정치·사회 질서가 몰락 혹은 해체(disintegration)되어 어떠한 유형으로든 국가의 합법적 권위를 새로이 구축 또는 복원(restoration)해야 하는 상태"로 정의하였다(Zartman 1995). 국가 붕괴는 체제 붕괴(regime collapse)와 구분된다. 체제 붕괴란 국가를 통치하는 체제의 권위와 효과성이 무너지고 법과 정치질서가 와해되어 다른 형태의 체제로 재구축되어야 하는 상태를 일컫는데, 일반적으로 사회주의체제가 몰락하고 자유민주주의 시장경제체제로 이동하는 경우에 적용된

4_예를 들어 로트버그는 아프가니스탄, 앙골라, 부룬디, 콩고, 라이베리아, 시에라리온, 수단은 실패 국가인 반면, 소말리아는 국가 실패의 정도가 가장 높은 '붕괴한 국가' 부류에 속한다고 주장하였다(Rotberg 2004).

다(Brezis and Schnytzer 1998).

냉전기에는 이러한 국가들을 그 자체로서 보다는 강대국 간 갈등의 산물이라는 구조적 시각에서 평가한 반면, 1990년대 들어서면서 소말리아, 보스니아, 아이티 등에서 발생하는 민족 분쟁과 인도적 위기 상황을 계기로 실패 국가를 부패와 무능 및 독재 등 잘못된 지배 구조인 나쁜 거버넌스나 인도주의와 인권이라는 관점에서 보는 경향이 지배적이 되었다. 탈냉전기 실패 국가의 조건과 정의에 대해서는 다양한 학자적·정책적 논의가 있어 왔지만 국제적 합의는 부재한 상황이다. 앞서 언급한대로 자국 영토를 통제하지 못하거나 무력행사에 대한 합법적인 공권력을 결여한 국가를 실패 국가로 보는 견해가 있다. 그러나 통제와 공권력만이 실패 국가 여부를 결정하는 충분한 척도는 아니다. 어떤 국가는 재화와 공공서비스를 제공할 능력이 없으며, 어떤 국가는 지하경제에만 의존하여 세금도 제대로 거두어들이지 못하고, 생계 저항이든 체제 저항이든 대규모 반정부 시위가 벌어지는 국가도 있고, 외부 개입이 국가체제의 붕괴를 초래하는 경우도 있기 때문이다.

21세기 들어 국가 실패에 대한 개념화 작업뿐 아니라 실패 수준을 측정하는 지수 개발을 통해 실패 국가의 순위를 매기는 조사도 본격적으로 이루어지기 시작하였다. 대표적인 예로, 2005년 이래 미국 외교 전문지 『포린 폴리시(Foreign Policy)』는 평화기금(Fund for Peace)과 공동으로 매년 실패 국가 지수(Failed State Index: FSI)를 측정하여 가장 취약하고 실패한 국가들(world's most vulnerable nations)을 발표해 왔다. 인구 압력, 난민과 국내 유민의 대규모 이동, 그룹 불만 / 저항, 만성적이고 지속적인 주민 이탈, 불평등한 경제 개발, 경제 쇠퇴, 국가의 정당성 상실 / 불법 행위(delegitimization), 공공서비스의 결여, 인권 침해, '국가 내 국가'로서의 보안 조직체(security apparatus)의 존재, 파벌적 엘리트 집단, 외부 개입 / 위협 등 총 12개의 사회적, 정치적, 경제적 지표를 중심으로 불안 정도를 조사하고 계량화하여 가장 안정적(most stable), 안정적(stable), 경계선상(borderline), 위험(in danger), 치명적(critical)인 상태로 분류함으로써 성공적이고 안정된 국가로부터 붕괴에 가까워진 국가를 조사하였다. 이 조사에 의하면 불평등한 경제 개발이 실패 국가들의 가장 공통적인 특징인데, 가난보다 불평등이 국가를 더 불안하게 만드는 요인이라는 분석이다(Dickinson 2011).

2011년 FSI에 의하면 세계 177개 조사 대상국 가운데 소말리아가 지난 4년 연속 1위로 자리매김 되었다. 이 국가는 무정부 상태의 혼란 속에서 여러 분파로 갈라진 반정부 단체와 취약한 정부군 간 무력 충돌이 지속되면서 정치적 불안, 경제 파탄, 인권 유린 등이 점철된 복합적 위기 상황이 지속되고 있다. 뒤를 이어 차드, 수단, 콩고민주공화국, 아이티, 짐바브웨, 아프가니스탄, 중앙아프리카공화국, 이라크, 아이보리코스트 순으로 기록되었는데, 대부분이 사하라 이남의 아프리카 국가들이었다(FP 2011).[5]

이 밖에도 국가 실패 여부와 정도를 파악하기 위해 미국의 싱크탱크 브루킹스연구소(Brookings Institution)나 세계은행(World Bank)의 지표 등을 활용할 수 있다. 브루킹스의 국가 취약성 지표(Index of State Weakness: ISW)는 141개 개발도상국의 관리 및 통제 역량을 경제, 정치, 안보, 사회복지 등 4가지 분야에서 상대 평가하여 가장 취약한 국가들을 규명하고 있다.

5_반면 가장 성공적이고 안정된 국가로는 핀란드가 선정되었고, 다음으로 노르웨이, 스웨덴, 스위스, 덴마크, 뉴질랜드, 아일랜드, 룩셈부르크, 오스트리아, 캐나다, 호주의 순으로 주로 북구 유럽을 포함한 서방 국가들이었다.

2008년 조사 결과에 따르면, 소말리아, 아프가니스탄, 콩고가 실패 국가로 분류되었다(Rice and Patrick 2008). 세계은행의 전 세계 거버넌스 지표(Worldwide Governance Indicators: WGI)는 경제가 거버넌스에 중요한 영향을 끼친다는 전제 하에 각 정부의 경제적 통치 역량을 평가한 것이다. 참여와 책임성, 정치적 안정, 정부 효율성, 규제의 질, 법치, 부패 통제 등 6개 부문을 측정하여 정부 부문 통치 역량을 평가하고 있지만, 국가별 순위는 매기지 않았다(World Bank 2011).

한편, 유엔개발계획(UNDP)에서 한 국가 내 국민들의 평균 수명, 유아 사망률, 일인당 국민소득, 교육 수준 및 기간, 여성의 지위 등을 종합하여 삶의 질을 평가하는 인간 개발 지수(human development index: HDI)를 만들어 매년 연례 보고서를 통해 국가 순위를 밝히고 있다. 2010년 『인간개발보고서(Human Development Report)』에 따르면, 평가 대상국 187개 가운데 47개국이 매우 높은(very high) 수준, 47개국이 높은(high) 수준, 47개국이 중간(medium) 수준, 46개국이 낮은(low) 수준으로 평가되었다. 이 중 노르웨이가 HDI 순위에서 1위를 차지하였고, 호주, 네덜란드, 미국, 뉴질랜드, 캐나다 등이 그 뒤를 이었으며, 한국은 15위로 기록되었다. 반면 최하위는 중앙아프리카공화국이었고, 기니아, 에리트레아, 기니아 비소, 말리, 에티오피아, 짐바브웨, 아프가니스탄의 순으로 낮은 HDI 수준을 보였고, 북한과 소말리아 등은 조사 자료 부족으로 평가 대상국에서 제외되었다(UNDP 2011). HDI가 국가 실패 정도를 조사하는 지표는 아니지만, HDI 순위를 살펴보면 실패 국가 여부 관련 조사들의 결과와 상당 부분 일치함을 알 수 있다.

요약하면, 실패 국가 여부나 국가 실패 정도를 가늠하기 위해 정부의 통치 효과(통제와 공권력)만을 볼 것인가 아니면 실적 성과(경제·사회 안정성)도 포함하여 볼 것인가에 대한 학문적·정책적 합의를 이루는 것은 쉽지 않은 일이다. 그러나 어떠한 기준으로 취약 국가나 실패 국가를 규정하는 것 못지않게 실패 국가의 원인과 실패 과정을 진단하고 대처해 나가기 위해서는 복합적인 요인들을 동시에 고려하는 노력이 중요하다. 즉 공권력 부재, 공공서비스 제공 능력 결여, 독재나 인권 침해와 같은 국가의 불법 행위, 내전이나 국가 불안정 사태로 인한 외부의 개입 등 여러 가지 상호 연계된 요인들로 인해 국가 정체성의 유지가 어렵고 국가의 핵심 기능 수행이 힘들어 붕괴 가능성이 높은 국가를 실패 국가나 실패 중인 국가의 범주에 두고 국제적인 관심과 관리에 노력을 기울일 필요가 있다.

전 세계적으로 이러한 유형의 국가들에 거주하고 있는 사람들은 약 20억 명으로 추산된다. 이들은 폭력 갈등의 위협, 인권 유린, 극심한 빈곤, 불평등한 경제·사회 구조 등 다양한 위협과 위기 상황에 노출된 채 매우 불안정하고 궁핍한 생활을 영위하고 있다(Rice and Patrick 2008). 이들 국가들은 자국 내에서만 많은 문제를 가지고 있는 것이 아니라 대량 난민 유출이나 인접 국가와의 끊임없는 분쟁으로 지역 전체를 불안정하게 할 수 있다. 뿐만 아니라, 9·11 테러를 통해 알 수 있듯이 국제 테러리스트의 온상이 되고 마약이나 대량 살상 무기를 수출함으로써 지구촌 전역의 우려거리가 될 수도 있다(Fukuyama 2004). 따라서 어떠한 기준으로 취약 국가나 실패 국가를 규정하는 것 못지않게 이들 국가들이 가져 올 지역적·세계적 차원의 파급 효과를 파악하는 것이 중요하다.

3. 북한의 국가 실패 여부에 관한 논의

실패 국가를 정치적 권위나 법치를 실행할 능력이 거의 없고, 기본 민생 제공과 치안 유지와 같은 핵심 기능을 수행할 역량을 결여한 나라로 정의하는 경우, 현재의 북한을 실패 국가로 규정하기엔 무리가 있다. 하지만, 김정은 정권이 어떠한 이유에서든 붕괴(체제 붕괴)되거나 급변 사태가 발생할 경우, 군부 내 분열 및 충돌, 핵무기 통제권의 불안정성, 대량 탈북 사태 등 심각한 실패 국가의 양상을 띠게 될 것이고, 그 지역적 파장도 클 수밖에 없을 것이다. 따라서 북한의 실패 국가 혹은 그 가능성에 관한 검토는 평상적인 시기의 북한과 급변 사태 하에서의 실패 국가로 나누어 살펴볼 필요가 있다.

1) 현재의 북한: '실패 중인 국가'

북한의 생화학무기와 핵무기 개발 및 탄도미사일로 인한 군사적 위협은 탈냉전기 동북아시아뿐 아니라 전 지구적 차원에서도 가장 우려할만한 안보 문제 중 하나이다. 이와 더불어 북한 내부의 식량난 및 강제수용소 운영과 같은 인권 유린 실태와 재외 탈북자(특히 재중 탈북자) 문제 등 비전통적·비군사적 안보 영역도 심각한 상태이다.

식량난은 현재 북한이 직면하고 있는 가장 즉각적이고 중대한 인도적 문제이다. 빈번한 자연 재해, 화학비료의 지속적 사용으로 인한 토지 피폐화, 중국과 구소련을 비롯한 과거 공산권 국가들과의 호의적인 무역 관계 붕괴, 중앙집권적 계획경제의 비효율성, 재난 대응에 대한 정부의 구호 능력 결여 등 여러 문제들이 복잡하게 얽혀 만성적인 경제난과 식량 위기 상태에 놓이게 되었다. 1990년대 중반 이래 북한은 유엔식량농업기구(FAO), 세계식량기구(WFP), 유니세프(UNICEF) 등 국제기구에 의해 식량 부족 국으로 분류되어 왔다. 2011년 12월 FAO는 북한의 식량 생산량이 2010년 대비 8.5% 정도 증가하였지만, 2012년 300만 명의 취약계층을 위해 12만 톤의 외부 식량 지원이 필요하다고 전망하였다(FAO 2011). 이러한 경제난과 식량 문제는 북한 주민 탈출의 직접적인 원인이 되어 왔다. 지뢰와 삼엄한 경비를 뚫고 군사분계선을 넘거나 해상 탈출을 통해 한국으로 들어오는 것이 현실적으로 쉽지 않은 상황에서 탈북자들은 많은 경우 중국행을 선택해 왔다. 탈북자 사태는 인도적 사안이지만, 중국이나 제3국으로 입국하는 과정에서 난민 지위를 부여받지 못해 강제 송환의 두려움이나 중국 내에서 매매혼이나 노동 착취와 같은 심각한 인권 침해 상황에 처하는 경우가 많다. 더욱이 북송된 탈북자들은 불법 월경죄, 조국 배신죄, 민족 반역죄 등의 혐의로 정치범 수용소로 끌려가거나 극형을 감수해야 하는 것으로 알려져 있다(Lee 2003).

이렇듯 북한은 기본 민생도 제공하지 못하여 국민들의 '안전 보장자'로서 실패했을 뿐 아니라 독재와 광범위한 인권 유린으로 '안보 가해자'로서 국제사회의 지탄을 받는 국가로 분류되기도 한다. 2005년 이래 해마다 실패 국가 순위를 집계해 온 포린 폴리시와 평화재단의 조사에서 북한은 2005년 13위, 2006년 14위, 2007년 13위, 2008년 15위, 2009년 17위, 2010년 19위로 아프리카의 최빈국 다음으로 매년 10~20위권에 포함되어 왔고, 2011년에는 22위를 기록하였다. 2008년 이후 순위가 다소 낮아진 것은 북한의 사정이 개선되어서라기보다는 아프리카 국가들의 실패 국가 지수가 상대적으로 더 악화된 때문으로 예측된다. 12개의 FSI 지표 중 북한의 국가 정당성 상실과 불법성은 최악의 실패 정도(10점)에 근접한 9.8~9.9에 달하고, 경제 쇠퇴 상황, 인권 유린 사태, 공공서비스 악화 등도 평균 9.5점 이상으로 매우 심각한 상태로 조사되었다. 이에 비해 만성적이고 지속적인 주민 이탈은 평균 5점 정도,[6] 난민과 국내 유민의 대규모 이동은 2005~2009년까지 6점을 유지하다가 2010년부터 5점대를 기록하였다. 외부의 개입은 2005년 3점이었으나 2006년 7.5점으로 증가하고 2000년부터 8점대를 웃돌고 있다(〈표 2-1〉 참조, FP 2010). 이러한 결과는 북한 내 공권력 강화로 주민 이탈이나 탈북 현상이 주춤하고 있기 때문인 것으로 판단된다. 또한 2006년 이후 국제사회의 인도적 지원뿐 아니라 핵무기 개발이나 인권 문제 등을 둘러싸고 미국, 중국을 비롯한 국제사회의 대북 제재나 의견 대립이 가시화되면서 외부 개입 지수가 높아졌다. 한편, 브루킹스연구소의 국가 취약성 지표(ISW)를 토대로 조사된 결과에서도 북한은 세계에서 15번째로 취약한 국가로 분류되어 '심각하게 취약한 국가'(critically weak state)군에 속한다(Rice and Patrick 2008).

오랫동안 북한의 위기 수준과 내구력을 진단하는 연구를 진행해 온 국내 학자들이나 연구기관들은 북한의 실패 국가 여부를 평가하지는 않았지만, 북한 체제가 위기의 임계점을 넘었고 북한 정권의 변화나 붕괴 가능성이 있다는 전제 하에 한반도 통일과 관련한 시나리오 작성에 주력해 왔다. 즉 한국이 북한을 점진적으로 흡수하는 '소프트 랜딩'(soft landing)인지 북한의 급작스런 붕괴로 인한 '하드 랜딩'(hard landing)에 의한 통일인지에 대한 가능성을 진단한 것이다.

6_전대 미문한 식량난으로 주민 이탈 등이 심한 것으로 추정된 2005년에만 8.1점을 기록하고 2006~2010년 조사는 모두 5점으로 기록됨(Dickinson 2011).

표 2-1 | 북한 실패 국가 지수(2005~2010년)

	2005	2006	2007	2008	2009	2010	2011
사회적 지표							
I-1	8	8	8	8.2	8.5	8.5	8.2
I-2	6	6	6	6	6	5.6	5.3
I-3	7.2	7.2	7.2	7.2	7.2	7.2	6.9
I-4	8.1	5	5	5	5	5	4.7
경제적 지표							
I-5	9	9	8.8	8.8	8.8	8.8	8.5
I-6	9.6	9.5	9.6	9.6	9.6	9.6	9.2
정치적 지표							
I-7	9.8	9.8	9.8	9.8	9.8	9.9	9.9
I-8	9.7	9.5	9.5	9.5	9.6	9.6	9.3
I-9	9	9.5	9.7	9.7	9.5	9.5	9.5
I-10	8.3	8.3	8.3	8.3	8.3	8.1	8.1
I-11	8	8	7.9	7.9	7.8	7.8	7.4
I-12	3	7.5	7.9	7.9	8.2	8.2	8.6
종합	95.7	97.3	97.7	97.9	98.3	97.8	95.6
랭킹	13	14	13	15	17	19	22

출처: Elizabeth Dickinson. 2011. Postcards from Hell, 2011; "Images from the World' s Most Failed States," Foreign Policy, June 20; The Fund for Peace, "The Failed States Index 2011," http://www.foreignpolicy.com/articles/2011/06/17/2011_failed_states_index_interactive_map_and_rankings; 2005년부터 2011년까지의 The Failed Staes Index 참조.

주: 사회적 지표: I-1. 인구 압력, I-2. 난민과 국내 유민의 대규모 이동, I-3. 그룹 불만 / 저항,
I-4. 만성적이고 지속적인 주민 이탈(human flight)
경제적 지표: I-5. 불편등한 경제 개발, I-6. 경제 쇠퇴
정치적 지표: 1-7. 국가의 정당성 상실 / 불법 행위, I-8. 공공서비스의 결여, I-9. 인권 침해,
I-10. '국가 내 국가'로서의 보안 조직체의 존재, I-11. 파벌적 엘리트 집단, I-12. 외부 개입 / 위협

1996년 통일연구원은 『북한 사회주의체제의 위기 수준 평가 및 내구력 전망』이란 보고서를 통해 2001~2008년 사이 북한 체제는 변화할 가능성이 높다고 주장하였다. 이 보고서는 사회주의체제의 위기 수준 측정을 위해 1987년 개발된 브레진스키 지표(Brezinski Index)를 수정·보완하여 북한 체제 위기 수준 측정 지표를 개발하였고, 탈북자들과의 면담 및 통계자료도 활용하였다(Brezinski 1989). 그 측정 지표는 ① 공식 이념의 기능이나 미래에 비전을 주는 이념의 역할, ② 엘리트의 응집력이나 갈등 수준, ③ 사적 경제

영역이나 대외 경제 관계, ④ 주민 생활수준 등의 경제 수준, 사회 통제, 정치적 반대 등에 대한 통제력, ⑤ 외부 정보 유입이나 인권 문제 비난과 관련한 대외 관계로 구성되어 있다(김승권 외 2009). 이 보고서에 따르면, 1986~1995년까지 10년 동안 북한의 위기 지수가 해마다 증가하였고, 1992년 이미 북한 정권은 체제 변혁 위기 임계점을 넘어섰다(정영태 외 1996).

이 보고서는 북한 체제의 위협 요소로 국제사회와의 경제 협력 관계 부족, 국제적인 도덕성 불인정, 유류와 곡물자원 확보의 어려움 등을 꼽았고, 체제의 강점으로 상의하달 식 관료적 침투력과 엘리트 집단의 강력한 응집력을 들었다. 이러한 평가는 1990년대 중반 이후 지속되고 있는 식량난 및 국제사회에서의 북한 인권 문제나 정권의 불법성에 대한 비판 증가를 제대로 예측한 것으로 보인다. 또한 이 보고서는 북한에 체제 변혁이 일어나도 그것이 국가 자체의 붕괴로 이어지지 않을 수도 있다고 전망하였는데, 실제로 1995년 이래 경제나 대외 관계에 있어 위기 지수가 크게 증가했음에도 불구하고, 붕괴는커녕 체제 변혁도 일어나지 않았다. 북한을 실패 국가라고 속단하기에는 북한 내 실정이나 역학이 매우 복잡한 것이다. 결과적으로 북한이 언제, 어떻게 몰락할 것인가라는 기존의 연구보다는 북한 체제가 어떻게 지속될 수 있었는가에 더 큰 관심이 쏠리게 되면서, 사회복지나 경제, 민주적 체제 등 실패 국가를 측정하는 지표가 형편없다 하더라도 확실한 공권력을 장악하여 치안과 안보를 유지하고 있는 경우는 실패 국가라 할 수 없다는 로트버그 교수의 주장이 점점 더 설득력을 지니게 되었다(Rotberg 2010).

2011년 3월 통일부도 브루킹스연구소의 국가 취약성 지수와 평화기금의 국가 실패 지수를 토대로 2010년 7월 이래 북한의 정세 지수 개발을 진행하여 유사한 조사 결과를 발표하였다. 정치·외교, 군사, 경제, 사회·문화 등 4개 분야 26개 세부 지표로 구분한 후 100여 개 항목 이상을 지수화 하여 이루어진 조사에 따르면 2009년과 비교하여 2010년 북한은 식량난, 경제난, 화폐 개혁의 실패 등으로 인해 북한 인구 2,400만 명 중 2,000만 명이 당국 통제가 제대로 이루어지지 않는 장마당(시장)에서 식량 문제를 해결하는 상황이 야기되는 등 체제 전반의 '불안정 지수'(특히 경제 분야)가 상당히 올라간 것으로 알려졌다. 다만, 세습 체계를 다지기 위해 주민 통제 및 탈북자 단속과 처벌을 강화하고, 간부들에 대한 비리 조사 그리고 인민 내무군을 김정일 일가를 보위할 친위 부대로 재편하는 등 공권력 장악과 같은 '통제 역량 지수'도 상승하였기 때문에 북한이 붕괴 수준에 이른 것은 아니라고 지적하였다.[7]

이상과 같은 조사 결과를 종합해 보면, 북한의 경제 불안정성은 매우 높으나 정부의 통치 성과(통제력)가 높아 정치 안정성이 유지되어 온 것으로 보인다. 2011년 12월 김정일 위원장의 급서로 불확실성이 증대되었지만, 아직까지는 대내외적 안보 위협이 심각하지 않은 상황이다. 반면, 사회보장 측면에서는 국가가 인민의 교육과 의료 등 사회복지를 책임지는 제도는 존재하나, 경제난과 그릇된 거버넌스 구조로 인해 공공서비스가 제대로 이루어지지 않아 제도와 현실의 괴리가 큰 실정이다. 한 마디로 북한은 실패 중인 국가라 할 수 있다.

7_"북 불안정지수, 통제지수 모두 치솟았다," 『조선일보』 2011년 3월 5일, http://news.chosun.com/site/data/html_dir/2011/03/05/2011030500138.html. 북한 정세지수는 북한 반발 등을 우려하여 비밀리에 개발되었고, 전 현인택 통일부 장관이 국회 외교통상통일위원회에 비공개로 보고하였다.

2) 북한의 실패 국가 가능성

김정은 체제의 공고화 작업이 순탄치 않아 군부 쿠데타나 주민들의 대규모 소요 사태가 일어나거나 극심한 경제난·식량난으로 내부 정세가 혼돈과 불안에 빠지고 대규모 난민 사태가 발생한다면 북한이 실패 국가로 전락할 가능성이 높아질 것이다. 물론 강압적 수단과 철저한 세뇌 교육 등을 통한 주민 통제로 인해 아래로부터의 저항이 가시화되기 힘들고, 군과 당 간부 간 '공생'을 위한 이해관계가 맞아 떨어지기 때문에 권력 핵심부의 분열이 쉽게 이루어지지 않을 것이라 보는 시각도 많다. 하지만, 지난 몇 년 사이 화폐 개혁 실패의 후유증, 경제적 어려움, 외부 정보 침투의 확산, 우상화 작업이나 공권력을 통한 주민 통제의 한계, 3대 세습에 따른 북한 정권의 취약성과 국제사회의 비난 등으로 인해 북한 체제의 위기나 급변 사태의 가능성 및 내구력 약화와 관련된 추측과 전망이 늘고 있다.

2002년 북한 당국은 '7·1 경제 관리 개선 조치'를 통해 사회주의의 표상인 배급제를 폐지하고 중앙정부가 인위적으로 통제하던 물가도 일정 정도 시장의 힘에 맡기기 시작하였다. 하지만 그 결과 물가상승으로 빈부격차가 커지고, 매점매석·독과점 등의 문제가 생기고, 대중국 경제 의존도가 커지고, 장마당 활성화로 외부 사조가 유입되고 자본주의적 가치관이 확산되어 북한의 근간인 사회주의체제 자체가 위험에 빠지게 되었다. 이에 따라 2005년 10월 김정일은 주민 동원 기능과 북한 체제를 유지하는 물적 기반이었던 배급제 부활을 지시하였다(란코프 2009). 또한 2009년 11월 계획경제를 되살리고 배급제를 정상화하고자 화폐 개혁을 단행하였다. 그러나 한 번 붕괴된 배급제를 복원하는 것은 쉬운 일이 아니었고, 화폐 개혁도 3개월 만에 대실패로 돌아가 민심 수습을 위해 경제책임자들만 숙청되거나 물갈이되었다.[8] 화폐 개혁의 부작용은 북한 정권으로 하여금 시장의 순기능에 반하는 경제정책을 무리하게 시행하기는 어렵다는 교훈을 주었는데, 이는 역설적으로 사회주의식 경제 통제의 약화를 가져 온다.[9]

한편, 아버지의 사망과 더불어 김정은은 후계자로서의 입지를 대내외적으로 구축하기 위해 '조문 정치'에 이어 우상화 작업에 박차를 가하고 있다. 2011년 1월 9일 북한 인민군의 충성 결의 대회에서 '김일성 민족, 김정일 조선'이라는 구호가 등장하고, 김정은의 호칭도 '당과 인민의 최고지도자'로 불리는 등 김 씨 일가의 세습체제 공고화는 별 문제 없이 진척되고 있는 듯 보인다. 하지만 2008년 여름 김정일의 건강 악화를 계기로 불과 2년 남짓 급속하게 진행되었던 20대 청년 김정은으로의 권력 세습 과정은 그

8_북한의 2009년 화폐 개혁은 5번째로 기존 화폐 대비 액면가를 1:100의 비율로 낮추었다. 기존 화폐를 새 화폐로 교환하는 것을 정부 차원에서 제한함으로써 북한의 중소 자본가들이 축적해 온 돈(돈은 곧 권력을 상징)을 견제하여 '시장세력'을 제거하고, 주민들에게 실질임금 인상이라는 효과를 통해 당에 대한 충성심을 제고하려는 목적을 가지고 있었다. 하지만 개혁 의도가 달성되기는커녕 북한 경제가 더욱 힘들어지게 되자, 민심 수습을 위해 박남기 계획재정부장에게 모든 책임을 돌리고 '계획적 국가경제 파탄죄'를 씌워 반혁명분자로 몰아 공개 총살한 것으로 알려졌다. 또한 화폐 개혁 실무를 담당하지 않은 문일봉 전 재정상도 민심이 워낙 나빠지자 처형했다는 보도가 있다; "대북소식통 '북한 박남기 총살당해 - 화폐 개혁 책임," 『연합뉴스』 2010년 3월 18일, http://www.yonhapnews.co.kr/bulletin/2010/03/18/0200000000AKR20100318059400014.HTML; "장관 3명 처형, 평양은 숙청 중," 『조선일보』 2011년 4월 4일, A1면.

9_식량난으로 인해 이미 오래 전에 일반 주민들에 대한 배급은 중단되었고, 계층에 따라 중앙공급 및 일반 공급 대상자들을 나누고, 대도시와 지방도시 및 농어촌 등으로 구별하여 차등 배급을 부분적으로 실시해 왔다. 그러나 계속 악화되는 식량 문제와 화폐 개혁의 실패로 이런 배급 방식마저 제대로 이어지지 않게 되자 북한 주민들은 장마당에서 생필품과 식량을 구해야 하는 시장경제 방식에 의존하고 있는 것으로 알려졌다. "북 보위부·보안부 초급 간부도 배급 중단," 『서울경제』 2011년 4월 1일, http://economy.hankooki.com/lpage/politics/201103/e2011033111073493140.htm.

조건이나 구조의 불안정성이 매우 클 수밖에 없다. 김정일의 세습 과정에서는 김형직, 김일성, 김정일을 '만경대 3대 위인'으로 떠받들며 우상화 작업을 오랫동안 지속해 왔기 때문에 이에 대한 반발이 표면화되지 않았었다 (Becker 2005).[10]

반면 김정은의 경우 '초고속 졸속' 권력 승계라는 점에서 북한 내 권력 엘리트의 분열 가능성도 배제할 수 없다. 특히 선군정치를 강조해 온 김정일 정권 하에서 군부의 위상과 군 엘리트 파워가 강화됐었는데, 김정은 체제 구축을 위한 대대적인 인사 개혁은 군 내부의 반발이나 분열을 가져 올 수 있다(세종연구소 2011). 이를 우려한 김정일은 세습 체계 구축을 위해 어느 누구에게도 절대적 권한을 주지 않는 힘의 구조를 만들고자, 김정은을 후계자로 공식화한 2010년 9월 제3차 당 대표자 회의에서 고모 김경희와 고모부 장성택에게 최고 권력층의 직위를 주지 않았었다(Huji 2011).[11] 김정일 사후 얼마 되지 않아 장성택이 인민군 대장 계급을 달았고 김경희의 위상도 점점 높아지는 등 김정은도 핏줄을 후견 그룹으로 포진하고 권력 승계를 공고화하려는 전형적인 독재자의 모습을 보이게 되었지만, 그 성공

10_김정일은 아버지 김일성으로부터 권력을 이양받기 위해 후계자 지위 확보기(1964~73년), 후계자 내정과 권력 장악기(1973~1980년), 후계자 공식 추대와 완성기(1980~1994년) 등 30년간의 세습 권력 준비 과정 및 신격화 기간을 거쳤으며 아버지와 혁명 1세들의 전폭적인 지지를 받았었다. 1994년 김일성 사후에도 일정 시간이 흐른 후 1998년 헌법을 개정하고 국방위원회 위원장을 맡으며 국가 최고 통치자가 되었다.

11_제3차 당 대표자 회의에서 그간 유명무실했던 당 중앙군사위가 핵심 조직으로 떠오르면서 김정은의 측근 리영호가 부위원장을 맡은 반면, 김정은에게 실질적으로 영향력을 행사할 수 있는 김경희와 장성택은 최고 권력층의 직위를 받지 못하였다. 당시 군사 경험이 전혀 없는 김경희를 4성 대장에 임명한 것도 남편 장성택의 권력욕을 일정 정도 견제하려는 의도였다는 시각도 있다(Huji 2011).

여부는 불투명하다.[12] 더욱이 김정일의 장남 김정남이 3대 세습을 탐탁지 않게 여기는 발언을 한 것으로 알려지고 있다. 김정남이 신변 위협에도 불구하고 이러한 발언을 한 것은 김정은 체제에 반기를 들어 도전하려는 의도였다기보다는 김정은 정권의 성공 가능성이 낮다고 판단하여 미리 '거리두기'를 하려는 시도라는 시각도 있다(김용훈 2012).

김정일의 세습이 이루어지던 시기는 동서 냉전기로 소련과 동구권이라는 대외적 안정성이 북한 체제 및 경제를 뒷받침해 주고 있었다. 그러나 현재의 북한은 경제위기 악화와 국제사회와의 갈등 심화로 누가 권력을 승계하든 정당성과 효율성 문제에 부딪힐 수밖에 없는 상황이다. 예를 들어, 2011년 4월 북한체제의 근간이 되어 온 국가안전보위부(비밀경찰 및 정보기관)와 인민보안부(경찰) 초급 간부들에게도 생필품과 식량 배급이 중단되었다고 알려졌고, 국가 고위층에 대한 배급도 힘들어질 수 있다는 전망이 나오고 있다. 이러한 상황이 지속된다면, 한편으로는 그간 횡행했던 간부들의 대(對)주민 검열 활동을 통한 뇌물 수탈 행위가 더욱 빈번해지고, 다른 한편으로는 당에 대한 간부들의 충성심이 약화되어 체제에 위협이 될 공산이 있다.[13]

더욱이 북한 당국의 심한 통제에도 불구하고 인터넷이나 방송 매체를 통해 외부 세계의 정보가 북한 내로 스며들고 있고, 개인 위주나 물질 중심의 가치관도 전반적으로 증가하고 있기 때문에 당과 수령, 국가의 충성심에만 의지해 온 주민들이 3대 세습을 용인하는 데에는 한계가 있을 수밖에

12_"장성택, 김경희 일선 복귀는 김정은 통치술 과시: 탈북 기자 분석 - '핏줄'도 내 맘대로 … 권력 자신감 대내외 과시," 『데일리 NK』 2011년 12월 26일.

13_"북 보위부·보안부 초급 간부도 배급 중단," 『서울경제』 2011년 4월 1일, http://economy.hankooki.com/lpage/ politics/201103/e2011033111073493140.htm.

없다. 특히 북한 당국의 철저한 내부 단속에도 불구하고 주민들의 외부와의 접촉이나 바깥소식을 전해들을 기회가 조금씩 늘고 있는 것도 중요한 변화이다. 대표적인 예로 지식인 출신 탈북자들이 스텔스 전투기처럼 '적(북한)의 레이더망(세관)'을 피해 북한에 밀반입되도록 만든 '스텔스 USB' 수백 개를 2010년 한 해 동안 북한 내부로 유포시킨 사건이 있다.[14]

피터슨 국제경제연구소(Peterson Institute for International Economics)의 마커스 놀랜드(Marcus Norland) 연구원도 『포린 폴리시』의 기고문에서 북한 정권의 정보 통제 체제가 빠른 속도로 무너지고 있으며, 북한 주민들이 외국 소식을 접하는 기회나 규모가 커지고 있다고 주장하였다(Norland 2010). 이러한 변화가 중동에서와 같이 민중혁명으로 이어질 가능성은 북한의 정권 구조 및 이동과 통신의 자유가 없는 사회 통제 등을 감안할 때 매우 적다. 지난 1년간 중동 민주화 바람으로 리비아의 무아마르 가다피(Muammar Gaddafi)를 포함한 독재자들이 잇따라 무너지자 북한 당국은 입국하는 외국인들에게 휴대폰 대여를 금지하는 등 외부 정보가 북한 내로 유입되는 것을 적극 차단하는 한편, 주민들에 대한 사상 교육을 강화하고 내부 소요 사태를 사전 대비하기 위해 인민보안부 내에 폭동 진압용 특수 기동대를 조직하는 등 주민 통제와 감시를 대폭 강화해 왔다.[15] 더욱이 김

14_탈북자 출신 김흥광 NK지식인연대 대표가 2011년 2월 23일 연합뉴스와의 인터뷰에서 처음 공개한 내용에 따르면, 한류 드라마가 북한 주민들 사이에 인기가 높으며, 앞으로도 드라마뿐 아니라 자유민주주의와 중동 민주화를 촉발시킨 재스민 혁명의 과정이나 의의를 알리는 영상물을 제작하여 배포할 계획이다. "'스텔스 USB' 북 세관망 뚫고 널리 유포," 『연합뉴스』 2011년 2월 23일, http://news.naver.com/main/read.nhn? mode=LSD&mid=sec&sid1=102&oid=001&aid=0004927326.

15_"미 전문가, '중동 민주화 바람' 북한 정권엔 영향 없다," 『중앙일보』 2011년 2월 17일.

정일 애도 행사 불참자는 강도 높은 처벌을 받고, 3대 세습을 비난하다 적발되면 교화 형에 처하거나 정치범 수용소에 감금하는 방법으로 주민 단속을 철저히 하고 있지만,[16] 국민들의 빈곤·기아 문제를 제대로 해결하지 못하는 독재정권은 결국 내부 분열이나 주민 저항에 직면할 수밖에 없을 것이다. 실제로도 지난 1~2년 사이 북한 내 생계형 범죄나 저항 사례들이 여러 건 보도되었다.[17]

결론적으로 김정은 정권의 붕괴 및 북한의 실패 국가 가능성 여부는 주민 지지도, 경제 상황, 권력 엘리트 결속과 같은 국내 요인과 중국을 비롯한 국제사회의 지원 정도에 따라 결정될 것이다.[18] 김정일 급서 이후 북한 정권의 붕괴와 관련한 논의나 주장들이 더 늘어나고 있는데, 만약 북한에 통제 불가능한 급변 사태가 발생한다면 한반도와 동아시아 지역은 엄청나게 불확실하고 불안정한 상황에 빠져들 수밖에 없을 것이다. 북한 국제 문제 대기자 후나바시 요이치 아사히신문 주필도 북한이 붕괴한다면 질서도

16_"北 추모행사 불참자 단련대行 … 도강자 '공개 재판' 주민들 '어린 놈(김정은)이 사람 잡는다' 반응 … 김정은 위대성 선전 강화," 『데일리 NK』 2012년 1월 10일.

17_2011년 1월 함경북도 연사군에서 극심한 생활고를 견디지 못한 주민들이 땔감을 회수한 공무원 3명을 살해하였고, 2월 초 함경북도 청진시에서는 주민들 사이에 악명 높던 전직 보안서장이 돌팔매질로 피살되었으며, 김정일 위원장의 생일을 이틀 앞둔 2월 14일에는 평안북도 정주, 선천, 용천 등지에서 전기와 쌀을 요구하는 주민들의 소동이 일어났다고 미국 자유아시아방송(RFA)이 보도하였다. "북한 공권력 흔들 … 보안서장 주민들 돌팔매에 숨져," 『중앙일보』 2011년 2월 23일, http://article.joinsmsn.com/news/article/article.asp?total_id=5098910&cloc=olink|article|default.

18_한반도를 비롯한 동북아 지역 안정이 자국의 안정 및 발전과 직결되어 있다고 판단한 중국은 김정은 후계 세습을 즉각적으로 지지하고 나섰다. 중국의 대북 영향력 확대가 북한의 점진적 개혁개방을 유도할 것이라는 낙관적 전망도 있지만, 북한의 개방이 제대로 이루어지지 않아 중국의 경제적 부담만 증대한다면 무한정 북한을 지원할 수는 없을 것이다.

없고 전례도 없기 때문에 동아시아 전체가 위험한 상태에 빠질 수 있다고 경고한 바 있다.[19] 특히 가장 위험한 실패 국가는 통제력을 잃은 핵 무장 국가일 수 있다는 점에서도 북한의 급변 상황 발생이나 국가 실패는 심각한 국제사회의 안보 문제가 될 것이다. 북한 정권이 불안정해지거나 통제력을 잃을 경우 핵무기와 대량 살상 무기를 둘러싼 약탈 세력과 방어 세력 간의 갈등이 불가피하여 핵 안전을 담보하는 것이 힘들 수 있기 때문이다.[20]

4. 보호책임의 북한 적용 가능성

1) 보호책임의 개념과 범위

탈냉전기 안보의 개념은 군사적 위협에 대비·대응하여 국가의 영토와 주권을 수호하는 것뿐 아니라 인간 삶을 위협하는 환경 파괴, 인권 유린, 경제위기와 같은 비군사적 문제들을 포괄하게 되었다. 더욱이 기근, 인종 갈등, 정치적 박해 등으로 인해 한 국가 내 국민들의 안전과 복지가 훼손되

19_"중국의 북한 보호는 한계 달해, 북은 완충 국가 기대 버려야," 후나바시-김영희 대기자 긴급대담, 『중앙선데이』 2010년 5월 16일, http://sunday.joins.com/article/view.asp?aid=17292.

20_"통제력 잃은 핵 국가 가장 위험 - 미 포린 폴리시지 '실패국' 60개국 분석 내부 갈등 정도 순위화 - 개입 신중해야," 『조선일보』 2005년 6월 19일, http://www.chosun.com/international/news/200506/200506190343.html.

는 일이 잦아지면서 공포로부터의 자유(freedom from fear)와 궁핍으로부터의 자유(freedom from want)를 표방하는 인간 안보가 국제사회의 주요 담론이자 정책 과제로 자리매김하였다.

한편, 어떤 국가가 자국민을 보호하기는커녕 오히려 국민들에게 대규모의 고통과 죽음을 초래하는 경우, 이를 중지할 목적으로 해당 정부의 동의 없이 군사력을 행사하는 인도적 개입의 필요성이 대두되었다. 그러나 주권 불가침의 원칙이 여전히 유효한 국제관계에서 인도주의를 내세워 특정 국가에 대한 무력 개입을 할 수 있는가에 대한 합법성과 정당성 논란이 끊이지 않고 있다. 특히 분쟁 지역에서 인도적 기준이나 유엔의 역할에 대한 국제적 합의가 제대로 이루어지지 않아 주권과 내정 불간섭을 옹호하는 입장과 인도적 위기에 대한 국제사회의 책임을 강조하는 입장이 대립하여 왔다. 더욱이 자신들의 전략적 이해관계에 따라 개입 여부를 결정하는 강대국들의 '선별성'이 문제가 되면서 인도적 개입에 대한 반발의 목소리도 높아졌다(Lobel and Ratner 2000; Weiss 2007).[21]

보다 효율적이고 정당한 개입을 위한 유엔 회원국들 간 합의를 촉구하는 과정에서 보호책임(R2P)이 인도적 개입을 대체할 새로운 국제 규범으로 부상하였다. R2P 개념은 주권을 권리라기보다는 책임이라고 규정하고 (Deng et al. 1996) 자국민 보호의 일차적 책임은 그 당사국에 있음을 강조한다. 하지만 해당 국가가 대규모 인권 유린 행위를 방치하거나 자국민에 대한 무차별 살상과 같은 반인륜적 행위를 저지를 경우 국제사회에 보호책무가 있음을 규정한 개념이다. 2005년 유엔 세계정상회의에서 191개국 지

21_인도적 개입에 관한 쟁점은 Weiss (2007), Holzgrefe and Keohane (2003), 이신화 (2010a)를 참조할 것.

도자들은 R2P를 만장일치로 채택하였고(UNGA 2005), 이후 R2P 이행 전략을 마련하는 것이 유엔의 주요 과제가 되었다.

주목할 것은, 앞에서 언급한 바와 같이 2001년 ICISS가 상정한 R2P 대상이 되는 인권 침해 상황은 대량 학살이나 인종 청소뿐 아니라 국가의 실질적인 붕괴 내지 실패 상황이 발생하여 그 국민이 내란이나 대규모 기아 사태에 직면한 경우, 그리고 자연 재해나 환경 파괴로 중대한 인명 피해가 생겼음에도 불구하고 해당 국가가 대처할 의지나 역량이 없고 그에 대한 지원 요청을 거부할 경우를 포함한다(ICISS 2001). 그러나 2005년 유엔에서 채택된 R2P의 범주는 대량 학살, 인종 청소, 전쟁 범죄, 반인도적 범죄만을 R2P 범죄로 한정하고 있다(UNGA 2005). 4가지 범죄에 국한된 협의의 R2P 개념을 전임자로부터 물려받은 반기문 현 유엔 사무총장은 2009년 1월『R2P 이행(Implementing the Responsibility to Protect)』이라는 보고서를 통해 R2P의 효과적이고 정당하고 일관성 있는 이행을 위해 예방 책임, 대응 책임, 재건 책임을 역설하였다. 또한 같은 해 7월 유엔 총회를 통해 회원국들의 지지를 모으면서 2005년 합의된 R2P 원칙을 행동으로 옮길 것을 촉구하였다(UNGA 2009). 이어 반 총장은 2010년 '조기 경보와 R2P', 2011년 'R2P 이행을 위한 유엔과 지역 협력'과 관련한 유엔 총회 보고서를 각각 발표하였는데, 이 보고서들도 협의의 R2P만을 대상으로 하고 있다(UNGA 2010; UNGA 2011).[22]

유엔의 R2P 범위를 확대할 경우 이행 과정에서 주관적이고 모호한 개입을 초래할 가능성이 커질 수 있어 R2P 원칙 자체가 인도적 개입의 경우

22_R2P에 관한 국내 학자들의 논의는 박흥순(2010), 이신화(2010a, 2010b), 조동준(2011), 조정현(2011a, 2011b) 등을 참고.

와 마찬가지로 비판에 처할 수 있다. 따라서 4대 R2P 범죄에 한정하여 국제사회가 합의하고 실천에 옮길 수 있는 이행 전략을 마련하는 것이 현실적이다. 2011년 3월 미국, 프랑스, 영국, 이탈리아를 중심으로 한 유엔 연합군이 안보리 결의안 1973호에 의거한 정당한 절차에 따라 '리비아 국민 보호'를 위해 군사 개입을 감행하였다(UNSC 2011). 독재자 가다피의 42년간 철권통치에 대항하여 반정부 시위를 벌이다가 무차별 살상을 당하고 있는 리비아 국민들을 보호하기 위한 목적으로 시작된 대(對)리비아 군사 공격은 국제사회가 R2P 개념을 실제 상황에 적용한 첫 번째 사례이다.[23] 리비아 사태가 R2P의 명분을 가지고 있다는 데 대해서는 국제사회의 합의가 이루어졌지만, 서방 주도 다국적군의 실제 공습에 대해서는 아랍연맹, 아프리카연합, 니카라과, 이란, 북한뿐 아니라, 안보리 결의안 표결 당시 거부권 행사 대신 기권을 택했던 중국과 러시아의 맹렬한 비난이 이어졌다.[24]

이러한 비난을 반영하듯, 2011년 10월 반정부 민주화 시위대에 수개월째 무자비한 탄압과 학살을 자행해 온 시리아의 바샤르 알 아사드(Bashar al-Assad) 정권을 경고하기 위한 안보리 결의 초안이 러시아와 중국의 반대로 통과되지 못하였다.[25] 이후 시리아에서는 정부군과 반정부군 사이 유혈

23_반기문 사무총장은 유엔 안보리 결의안 1973호를 환영하며 리비아 사태가 R2P 적용 첫 번째 사례라고 밝혔다(UN News Center 2011). 하지만 이 결의안은 중국, 러시아, 독일, 인도, 브라질이 기권한 것이라 국제사회의 합의가 이루어진 것이 아니라고 보는 시각도 있다.

24_"Arab League, African Union criticize Western Strikes on Lybia," *Hyrriyet Daily News*, March 21, 2011, http://www.hurriyetdailynews.com/n.php?n=moussa-putin-criticize-western-strikes-o-libya-2011-03-21.

25_"China, Russia Vetoes thwart U.N. Security Council Resolution on Syria," *CNN U.S.* October 4, 2011, http://articles.cnn.com/2011-10-04/middleeast/world_meast_syria-unrest_1_bashar-ja-afari-president-bashar-security-council?_s=PM:MIDDLEEAST.

사태가 계속되었고, 12월까지 5,000명 이상이 사망하였다. 반 총장은 이 사태를 더 이상 좌시할 수 없다고 국제사회의 행동을 촉구했고, 러시아는 시리아에서의 모든 형태의 폭력이 중단되어야 한다는 안보리 결의안을 이례적으로 발의하였다.[26] 하지만 2012년 2월 알 아사드 대통령의 퇴진을 촉구하는 시리아 결의안이 15개 안보리 상임이사국 중 13개국이 찬성했음에도 불구하고, '시리아의 주권 존중'을 명분으로 내세운 중국과 러시아의 거부권 행사로 최종 부결되었다.[27] 동맹국 시리아의 전략적 가치 및 경제적 이해관계를 고려한 러시아의 결정과 서방 국가들의 개입이 무력적 정권 변화를 도모한다는 중국의 주장에 대한 국제사회의 비판이 확산되고 있지만, 인권 보호를 앞세운 주권국가에 대한 국제사회의 개입 범위를 어디까지 허용할 것인가는 앞으로도 끊임없는 논란의 소지가 될 것으로 보인다.

한편, 오늘날 국제사회에 만연한 복합 위기 사태로 인해 고통받거나 생존을 위협받는 사람들을 협의의 R2P만으로 어떻게 보호할 것인가라는 문제도 국제적 논의 대상이 되고 있다. 복합 위기는 취약 국가, 실패 국가, 붕괴 국가에 처한 경우 나타날 확률이 높기 때문에, 많은 경우 해당국의 자체적 사태 해결이 힘들다. 따라서 국제사회의 체계적이고 대폭적인 인도적 지원이나 민간인 보호를 위한 개입을 필요로 한다. 대표적인 예로 2008년 5월 미얀마의 사이클론으로 수백만 명의 피해자가 생긴 상황에서 군부정권이 정

26_"러시아, 시리아 규탄 유엔 결의안 이례적 발의," 유엔본부 AP/AFP - 『연합뉴스』 2011년 12월 16일; "UN Chief Urges Security Council to Act on Syria," *The Vancouver Sun*, January 16, 2012, http://www.vancouversun.com/news/chief+urges+Security+Council+Syria/6002567/story.html.

27_"Russia, China Veto U.N. Action on Syria: Opposition Group Calls for Strike," *CNN*, February 5, 2012, http://edition.cnn.com/2012/02/04/world/meast/syria-unrest/.

치적 이유로 국제사회의 원조를 거부 또는 선별 수용해 사태가 더욱 심각해졌다. 당시 이재민 방치를 반인도적 범죄로 규정하여 R2P를 적용하여 개입해야 한다는 주장이 있었지만,[28] 자연 재해에 개입하는 것은 'R2P 원칙의 오용'(misapplication)이라는 비판에 막혀 적용되지 않았다(Luck 2008).

짐바브웨의 경우, 30년가량 독재자로 군림한 로버트 무가베(Robert Gabriel Mugabe) 대통령의 실정으로 부정부패가 들끓고 살인적인 물가상승률과 실업률 폭등으로 국가경제가 붕괴 직전에 처했고, 정치적 탄압과 민간인에 대한 폭력도 난무하였다. 그러나 무가베는 2008년 물러난다는 약속을 어기고 또 다시 대선에 출마해 편법으로 승리를 거두었다. 짐바브웨는 포린 폴리시의 실패 국가 지수(FSI) 평가에서 2010년에는 4위, 2011년에는 6위로 자리매김 되는 등 국가 실패 상태에 빠진 나라였다(FP 2011). 유엔은 짐바브웨의 심각한 인권 침해 상황과 경제난을 예의주시하면서도, 사회경제적인 국가 실패 사태가 R2P 영역에 들어갈 수 없다는 반대 여론에 밀려 개입하지 않았다(ICRtoP 2010).

코트디부아르에서는 2010년 11월 대선에서 야권 후보 알라산 와타라(Alassane Ouattara)가 대통령에 당선되었지만, 로랑 그바그보(Laurent Gbagbo) 대통령이 선거 결과에 불복하면서 내전이 벌어져 학살과 대량 난민 사태가 벌어졌다. 이에 대해 국제사회는 외교적·경제적 제재를 통해 그바그보 정권을 옥죄었고, 유엔 평화유지군(UNOCI)과 프랑스군이 군사 개입에 나서고 와타라 군대가 대통령 관저를 공격해 그바그보 일가를 체포함으로써 유혈 사태가 종결되었다. 2011년 11월 그바그보는 4대 R2P 범죄

28_"The UN and Humanitarian Intervention to Protect Sovereignty, or to Protect Lives?" *The Economist*, May 15, 2008, http://www.eis-world.com/iza/080517.html.

중 하나인 반인륜적 범죄 행위로 국제사법재판소(ICC)에 기소되어 헤이그로 송치되었다.[29] 하지만 그바그보 측만이 아니라 국제사회가 인정한 와타라 측 군대도 집단 학살을 자행했던 것으로 밝혀질 경우, 코트디부아르 전후 수습 과정에서 와타라 진영은 물론이거니와 유엔도 비난받을 가능성이 높다(McGovern 2011).

인도적 개입의 국제법적, 국제정치적 논란을 완화시키고 민간인 보호를 위한 효과적이고 정당한 원칙과 규범 수립을 위해 R2P가 등장한 것이라면, 복합 위기 상황을 예방하거나 대처할 방안이 R2P의 공식적인 적용 가능 여부와 관계없이 마련되어야 한다. 따라서 유엔이 지정한 협의의 R2P 범주를 개입의 행동 원칙으로 삼되, 자연 재해나 국가 실패 등으로 인해 고통받는 민간인 보호를 위한 국제사회의 원조 및 구호 정책, 그리고 해당 정부에 대한 국제사회의 압력 방안을 체계적으로 확립해야 한다. 이를 위해 서구·비서구, 선진국·개도국을 아우르는 국가 간 이해와 합의 마련이 중요할 것이다(이신화 2010b).

2) 보호책임의 북한 적용 여부

유엔이 승인한 다국적군의 리비아 공습 이후 북한에 대한 R2P 적용 문제가 공론화되면서 3대 세습 독재, 국제 지원 식량의 군수용 전환, 각종 인권 침해 등을 반인륜적 범죄로 규정하여 '범죄 정권하 국민보호'라는 명분

29_"Ivory Coast Profile," *BBC News Africa,* December 21, 2011, http://www.bbc.co.uk/news/world-africa-13287216.

으로 R2P를 적용해야 한다는 주장이 있다.[30] 사실, 리비아 사태 이전부터 북한의 반인도적 범죄 근절과 김정일을 국제형사재판소(ICC)에 제소하기 위한 노력이 국내외적으로 이어져 왔다. 한 예로 2007년 한국에서 출범한 반인도 범죄 조사위원회(ACIC)는 북한 정권에 'ICC에 관한 로마조약' 제7조가 규정한 반인도 범죄를 적용해야 한다고 주장해 왔다.[31]

앞서 논의한 2011년 포린 폴리시의 실패 국가 지수에 따르면, 북한은 아주 특별한 범주의 국가로 분류된다. 지도자가 공권력을 강력하게 장악하고 사회와 주민들을 통제한다는 면에서는 국가 기능을 효과적으로 수행하고 있지만, 이 기능을 제외한 다른 분야들, 즉 경제 발전, 인권 보호, 인간 안보, 경제·사회적 투명성, 법에 의한 지배는 기준치를 훨씬 밑돌고 있다. 이에 더해 정치범 수용소의 참혹한 실정과 공개 처형 및 아사 문제는 북한 정권이 국가로서 국민을 보호할 책임을 포기했을 뿐 아니라 자국민을 대상으로 반인륜적 범죄를 자행한 것이므로 국제사회가 개입해 이를 억제할 수 있다는 R2P의 근거가 될 수 있다는 주장도 일리는 있다. 왜냐하면, 4대 R2P 범죄 중 인종 청소를 제외한 모든 범죄가 ICC의 관할 대상 범죄이므로, 국제사회의 비판거리가 되고 있는 북한의 인권 유린 사태도 국가에 대

30_"리비아 공습, '범죄 정권 밑 국민 보호' 명분 앞세운 새로운 전쟁," 『경향신문』 2011년 3월 20일, http://news.khan.co.kr/kh_news/khan_art_view.html?artid=201103201927295&code=970209; "Suffering in North Korea Must be Brought to Light," *The Korea Times*, December 6, 2009, http://www.koreatimes.co.kr/www/news/opinion/2009/12/137_56743.html.

31_로마조약이 규정하는 반인도 범죄에는 살해, 노예, 강제 이주, 구금, 고문, 강간, 강제 실종 등이 포함된다(ICC 1988); "김정일의 인권 유린 범죄 응당한 대가 있어야," Korean National Security(KONAS) Net, 2009년 10월 27일, http://www.konas.net/article/article. asp?idx=19330.

한 집단적 강제 조치와 개별 지도자에 대한 국제적 형사 책임의 문제가 될 수 있다는 근거에서이다(조정현 2011a). 또한 국제인권법, 국제인도법, 난민법 등과 관련된 국제협약을 토대로 북한에의 R2P 적용 여부를 가늠해 볼 수도 있을 것이다(박기갑 외 2010; 조정현 2011b).

하지만, R2P를 북한에 확대 적용하는 것은 매우 조심스런 접근을 필요로 한다. 우선 무엇보다도 2005년 유엔에서 만장일치로 합의된 협의의 R2P 범주로는 현재의 북한 상황에 개입할 명분이 없다. 앞서 언급한 국제법적 근거들이 북한 상황과 일정 정도 관련은 있지만, 4대 R2P 범죄 중 하나로 단언하기는 힘들다. 설령 북한이 실패 국가로 전락하더라도 그 자체가 R2P 대상이 되지는 않는다. 북한이 중앙권력과 정치적 통제가 약화된 실패 국가가 되어 경제와 사회 전반에 걸쳐 극심한 인도적 위기가 발생할 경우라도 국제 개입은 쉽지 않다. 물론 이런 상황을 실패 국가와 자연 재해로 인한 문제를 포함한 ICISS가 규정한 R2P의 본래적 개념에 기반을 두어 "적절한 외교적 수단과 인도적 방법 및 기타 평화적 방법을 최대한 사용한 후 여의치 않으면 무력을 행사한다."는 원칙 하에 국제사회가 북한의 위기 사태에 개입하는 방안을 고려해 볼 수도 있을 것이다. 왜냐하면 앞서 논의한 바와 같이 R2P를 적용하는 것이 반드시 무력 개입을 의미하는 것은 아니기 때문이다. 유엔이 강조하는 R2P는 예방, 대응, 재건의 책임이라는 3단계로 나누어져 있고, 그 일차적 책임은 해당 국가에 있다. 하지만 실패한 국가가 반인도적 범죄를 저지른다면, 국제사회가 해당국 국민을 보호할 공동 책임을 갖는다는 원칙 하에 유엔을 통한 외교적 압력, 경제 봉쇄, 유엔 총회의 결의, 그리고 최후의 수단으로 유엔 안보리 결의에 따른 무력 사용 허가 등 단계적으로 신중하게 고려할 수 있다. 하지만, 이러한 단계를 밟는다 하더라도 북한 주민 보호를 위해 R2P를 토대로 한 국제사회의 합의를 이끌어 내는 것은 결코 간단한 문제가 아니다.

만약 북한 내에서 지도부 간 권력투쟁, 쿠데타, 혹은 내부 소요나 민중봉기가 일어나고, 그 진압 과정에서 김정은과 그 측근들이 주민들을 강제 진압하고 대량 살상하는 일이 발생한다면, R2P를 토대로 한 국제사회의 명분 개입이 생길 수 있다. 하지만, 북한의 미래와 관련한 여러 가지 안팎의 상황과 지정학적 역학을 고려할 때 R2P를 적용할 가능성은 희박하다. 우선, 한반도를 둘러싼 강대국들의 복잡한 이해관계가 맞물려 있기 때문에 리비아에서와 같은 개입은 어려울 것이다. 또한 시리아 제재안이 무산된 것에서 알 수 있듯이, 안보리 상임이사국 중국과 러시아가 개입을 허용할 리 만무하다. 설사 리비아 사태처럼 '세계 민심'에 밀려 이 두 강대국이 결의안 투표에 기권하여 북한 사태에 R2P가 적용되더라도, 북한 정권은 이를 빌미로 대량 살상 무기 위협을 가하거나 실제로 한국이나 일본에 대해 미사일 발사와 같은 무력 도발을 감행할 수도 있을 것이다(Saeed and Przystup 2011).

또한, 국민 보호와 정권 교체의 목적을 어떻게 구분하여 개입 남용 논란에서 벗어날 수 있는가도 문제이다. 예를 들어 북한 독재정권하 주민 보호를 목적으로 R2P가 적용되어 인도주의적 군사 개입이 수행되고 있는 가운데, 예기치 않게 북한 정권이 몰락하여 실패 국가나 무정부 상태에 빠진 경우 북한 내 핵과 대량 살상 무기의 처리 및 한반도 통일 문제가 수면 위로 급부상할 것이다(Saeed and Przystup 2011). 하지만 이 경우 R2P를 토대로 한 개입이 다른 임무로 전환되는 것은 쉽지 않다. 왜냐하면, 힘 있는 나라들이 인도주의적 목적이 아닌 자신들의 전략적 이해관계를 위해 R2P를 오용하고 있다는 우려와 비난이 커지고 있는 현 시점에서, 다른 임무로의 전환을 위한 어떠한 시도도 정권 제거나 체제 변환을 위한 시도이자 주권 침해 금지 원칙과도 상충된다는 비판을 받을 확률이 높기 때문이다.

요약하면, 실패 국가나 복합 위기 상황에 R2P를 적용할 수 있는지, 그리고 R2P 적용이 비참한 북한 주민들을 실질적으로 보호하고 도울 수 있는지를 판단하는 것은 아주 민감한 사안이다. 따라서 북한에 대한 직접적인 R2P 적용은 현재의 상황에서만이 아니라 앞으로도 쉬운 일이 아닐 것이다.

5. 결론: R2P의 북한 적용 한계 및 전략적 사고

국가 실패를 규명하고 그 정도를 측정하기 위한 다양한 학문적·정책적 노력을 분석해 보면, 국가 실패의 수준은 한 국가가 국민에게 영토 안보, 정치 안정, 경제 발전, 사회복지를 제공할 수 있느냐에 따라 평가할 수 있다. 국가 실패에 관한 국내외 연구소나 정책기관 및 학자들의 연구 결과를 살펴보면 모두 국가 내부의 불안정성이나 갈등 여부에 따라 성공적이고 안정된 국가이냐 붕괴 수준에 이른 국가이냐를 판가름하고 있다. 특히, 로트버그는 공권력 장악 여부를 실패 국가 판단의 가장 중요한 기준으로 삼고 있다.

북한의 경우, 경제와 사회복지 영역에서 국가 기능을 제대로 수행하지 못하고 있음에도 불구하고, 철권통치하 3대 세습체제를 구축하고 있기 때문에 실패 국가로 간주하기는 힘들다. 중동 지역의 민주화 전환 도미노 현상과 가다피의 몰락은 민생 문제를 해결하지 못하고 폭압적 독재를 일삼는 정권은 국민들의 손에 의해 붕괴된다는 교훈을 남기며 전 세계 독재자들에게 경종을 울렸다. 또한 리비아 사태를 계기로 '주권보다 인권 우선'이라는 국제사회의 새로운 규범이 가시화되고, 국민 안전을 위협하는 독재국가나 실패 국가에 대한 국제사회의 감시와 개입이 향후 점점 더 적극적으로 이루어질 가능성이 높아졌다. 하지만 북한은 중동 사태를 계기로 주민 통제와 감시를 더욱 강화하는 한편, 리비아가 공격당한 것은 핵을 포기했기 때문이라 주장하며 핵·선군정치 강화의 구실로 악용하고 있다. 미국을 중심으로 하는 서방 국가가 안전 담보와 관계 개선이라는 속임수로 리비아를 무장 해제시킨 후 군사 공격을 감행한 것이기 때문에 핵 무장을 통한 군사력 강화만이 한반도의 평화와 안정을 유지할 수 있다는 것이다.[32]

한편, 강제수용소와 공개 처형과 같은 극단적인 인권 탄압, 경제난과 식량난에 의한 주민들의 고충에도 불구하고, 북한 정권이 건재하는 한 국제사회가 R2P를 내세워 북한 문제에 개입할 명분이나 원칙은 없다. 하지만 김정은 체제가 어떠한 요인으로든 실각하거나 급변 사태가 발발할 경우 지구상 어느 실패 국가보다도 훨씬 더 중대한 위기 상황에 처할 수 있다. 북한의 몰락은 한반도의 위기, 동북아시아 전체의 불안정으로 이어질 수 있기 때문에 더욱 심각한 문제이다. 따라서 북한의 급변 사태나 국가 실패의 가능성을 다양한 측면에서 예측해 볼 필요가 있다.

북한의 급변 상황은 크게 3가지로 나누어 볼 수 있다. 첫째, 김정은 체제 구축에 문제가 생길 경우, 핵심 엘리트들 간 권력투쟁이나 군부 쿠데타가 생길 수 있고, 반정부 조직 활동이나 주민들의 산발적 혹은 대규모 소요가 있을 수 있으며, 최악의 경우 무정부 상태, 대량 탈북, 내전, 혹은 무력을 수반한 외부 개입이 발생할 수 있다. 둘째, 공산주의체제에서 민주주의체제 혹은 다른 체제로의 변환이 나타날 수 있다. 체제 변환은 북한 지도층의 정책 변화 등을 통해 점진적이고 평화적으로 이루어질 수도 있지만, 그 가

32_"가다피 몰락 원인을 거꾸로 읽어 핵 공갈하는 북," 『문화일보』 2011년 3월 23일, http://www.munhwa.com/news/view.html?no=2011032301033937018002.

능성보다는 북한 체제의 변환으로 기득권 상실을 우려하는 중국이 북한 정권의 요청에 의해 개입할 확률이 더 클 것으로 예상된다. 이 경우 핵심 권력층이 분열되면 중국과 손을 잡지 못한 군부나 당 엘리트들이 러시아나 한국 측과의 제휴를 모색할 가능성도 있다. 셋째, 국가 붕괴, 즉 조선인민민주주의공화국이 몰락할 경우, 중국의 개입, 미국의 개입, 북한의 핵과 대량 살상 무기 처리 문제, 한반도의 미래에 대한 한국과 주변국들의 입장, 유엔을 통한 국가 재건이나 인도적 지원(혹은 개입) 문제 등이 얽혀 복잡한 양상을 띠게 될 것이다.[33]

정권 몰락이든 국가 자체의 붕괴이든 북한의 급변 사태가 한반도 통일로 직결될 확률은 낮고, 오히려 향후 체제 변환 혹은 국가 재건을 둘러싼 주변 강대국들의 갈등이 확대될 가능성이 높다. 무엇보다도 북한에 대한 영향력을 유지·확대하려는 중국의 입장이 바뀌지 않는 한, 한국이 북한 문제 해결과 한반도 통일 문제에 주도권을 잡는 것은 힘들 수밖에 없다(Kim 2012). 또한, 급변 사태 발생 시 북한이 내부 문제나 갈등을 외부로 돌리기 위해 대남 무력 도발을 감행한다거나, 미국과 중국의 한반도를 둘러싼 세력 다툼이 가시화될 경우 한반도 분단과 갈등이 고착화될 가능성도 커질 것이다. 따라서 한국, 미국, 중국 등이 개별적으로 사태 해결에 나서는 것은 더 큰 혼란을 초래할 수 있고, 한미연합사가 개입한다면 중국이나 러시아가 좌시하지 않을 것이다. 유엔의 주도 하에 범세계적 대표성과 합법성을 토대로 북한 문제에 대응하는 것이 대안으로 고려될 수 있으나, 안보리

33_북한 급변 사태와 관련한 연구는 김성한(2011), 박관용(2010), 이춘근, 박상봉(2011), Center for U.S. - Korea Policy(2009), Koh(2010), Stares, Vessey and Wit(2009) 등을 참고.

강대국들의 거부권 행사로 개입이나 재건의 적절한 시기를 놓칠 수 있다는 한계가 있다. 또한 누가, 어떤 형태로 주도권을 획득할 것인지를 두고 논란이 커질 수 있는데, 그 경우 강대국들의 의사대로 해결안이 마련되어 자칫 한반도 문제의 당사자인 한국이 '주변화'될 우려가 있다. 따라서 유엔 주도의 개입이 가시화될 경우, 한국은 유엔 회원국들이 반대할 수 없는 명분과 규범을 마련하고 유관 국가들과의 긴밀한 협력과 설득 노력을 통해 입장을 조율할 필요가 있다.

덧붙여 주목할 것은 사담 후세인(Saddam Hussein)을 제거한 후에도 계속 미궁 속으로 빠져 들어간 이라크 사례나 가다피 사후 리비아 정국이 예측 불허의 상황으로 접어든 것에서 볼 수 있듯이, '개입 이후 재건'도 매우 어려운 문제이다. 국제사회의 무력 개입이 국제법적으로 문제가 없고 광범위한 지지를 받는다 하더라도 군사 행동이 성공적으로 마무리되지 않을 수 있고, 성공적인 무력 개입 이후라도 전후 복구 및 국가 재건 문제로 이해당사자국들이 주도권 경쟁을 벌일 수 있기 때문이다.

결론적으로 북한에 R2P를 적용하는 문제는 북한 상황이 국제사회가 공인하는 R2P 범주인가를 판단해야 하는 원론적인 문제에서부터 R2P를 토대로 한 개입이 초래할 국제정치학적 문제까지 고려해서 이행해야 하는 매우 복잡하고 민감한 이슈이다. 따라서 인권의 사각지대에서 고통받는 북한 주민을 보호하기 위해 R2P 적용이 필요하다는 주장이나 서구 강대국 중심의 사고에서 비롯된 것이므로 실행해서는 안 된다는 주장 모두 신중한 접근을 필요로 한다. 특히 그 적용 문제 여부에 가장 직접적인 영향을 받을 수밖에 없는 한국의 경우, 국제 규범과 인도주의 원칙, 남북 관계 및 동북아 힘의 역학 등을 총체적으로 고려한 전략적 사고가 절실히 필요하다.

참고문헌

김성한. 2011. "북한 급변사태 시 한미공조의 방향." 『신아세아』 제18권 4호(겨울).

김승권, 장경섭, 김호기. 2009. 『한국의 사회위기 지표 개발과 위기수준 측정 연구』 2009-16. 서울: 한국보건사회연구원.

란코프, 안드레이. 2009. 『북한 워크아웃』. 서울: 시대정신.

박관용. 2010. 『북한의 급변사태와 우리의 대응』. 서울: 한울.

박기갑, 박진아, 임예준 공저. 2010. 『국제법상 보호책임』. 서울: 삼우사.

박홍순. 2010. "인도적 위기와 보호책임(R2P): 주요 사례와 함의." 『국제기구저널』 제5집 1호.

세종연구소 북한연구센터 편. 2011. 『북한의 당·국가기구·군대』. 서울: 세종연구소.

신범철. 2008. "안보적 관점에서 본 북한 급변사태의 법적 문제." 『서울국제법연구』 제15권 1호(통권 28호, 6월).

이석수. 2008. "국가 실패의 특성과 원인: 북한사례." 『통일문제연구』 통권 제49호, 1-33.

이신화. 2010. "유엔과 보호책임(Responsibility to Protect)." 『국제문제연구』 제13권 2호(여름호).

이신화. 2010. "보호책임(R2P)의 원칙과 이행: 발전적 적용의 가능성 및 동아시아의 관점." 『국제기구저널』 제5집 1호.

이춘근, 박상봉. 2011. 『북한 급변사태와 한국의 대응전략』. 서울: 한국경제연구원(1월).

정영태, 김성철, 오승렬, 이헌경, 이기동 공저. 1996. 『북한 사회주의체제의 위기수준 평가 및 내구력 전망』. 서울: 통일연구원.

조동준. 2011. "신데렐라처럼 등장한 보호의무 개념과 개입." 『국제정치논총』 제51집 2호(6월).

조정현. 2011a. "리비아 사태와 보호책임, 그리고 한반도." Online Series CO 11-28. 서울: 통일연구원.

조정현. 2011b. "리비아 사태와 국제법, 그리고 한반도에의 함의." 『국제법평론』 통권 제33호(1월), pp. 53-69.

Becker, Jasper. 2005. *Rouge Regime: Kim Jong Il and the Looming Threat of North Korea*. New York and Oxford: Oxford University Press.

Brezinski, Zbigniew. 1989. *The Grand Failure: the Birth and Death of Communism in the Twentieth Century*. New York: Charles Scribener's Sons.

Brezis, Elise S. and Adi Schnytzer. 1998. "Communist Regime Collapse: Output and the Rate of Repression." *Eastern Economic Journal*, Vol. 24, No. 4.

Center for U.S.-Korea Policy. 2009. "North Korea Contingency Planning and U.S.-ROK Cooperation." Asia Foundation. September.

Chomsky, Noam. 2006. *Failed States: The Abuse of Power and the Assault on Democracy*. New York: Owl Book.

Croter. Chester A. 2003. "Engaging Failing States." *Foreign Affairs*, Vol. 82, No. 5.

Deng, Francis M, Sadikiel Kimaro, Terrence Lyons, Donald Rothchild, I. William Zartman. 1996. *Sovereignty as Responsibility: Conflict Management in Africa*. Washington, D.C. The Brookings Institution.

Diamond, Jared. 2005. *Collapse: How Societies Choose to Fail or Succeed*. London: Penguin Group.

Dickinson, Elizabeth. 2011. "Postcards from Hell, 2011; Images from the Worl's Most Failed States." *Foreign Policy*, June 20.

Food and Agriculture Organization of the United Nations (FAO). 2011. "Crop Prospects and Food Situation." No. 4.

Foreign Policy. 2005. "The Failed States Index." *Foreign Policy*, July/August.

Fukuyama, Francis. 2004. *State Building: Governance and World Order in the 21st Century*. Ithaca: Cornell University Press.

Fund for Peace (FFP). 2011. "The Failed States Index." The Fund for Peace. http://www.fundforpeace.org/global/?q=fsi-grid2011.

Han, Young-Sup. 2010. "Politico-Military Repercussions of North Korean Crisis." Working Paper Series. Ilmin International Relations Institute (IIRI), No. 4.

Holzgrefe, J. L. and Robert O. Keohane. 2003. *Humanitarian Intervention: Ethical, Legal, and Political Dilemmas*, eds. Cambridge: Cambridge University Press.

Huji, Jhao. 2010. "The 3rd Part Congress of North Korean Workers Party and Possibilities of Domestic and Foreign Policies." 제21차 동북아시아 협력대화(NEACD) 회의 발표 논문, 10월 18~19일, 서울: 외교안보연구원.

International Commission on Intervention and State Sovereignty (ICISS). 2001. *The Responsibility to Protect. Ottawa: International Commission on Intervention and State Sovereignty*.

Kim, Heungkyu. 2012. "China's View on the Potential Instability in North Korea: The Implications for South Korea." Working Paper Series. Ilmin International Relations Institute (IIRI), No. 12.

Koh, Jae-hong. 2010. "Kim Jong-il's Absence and North Korean Contingency." Working Paper Series. Ilmin International Relations Institute (IIRI), No. 4.

Lee, Shin-wha. 2003. "International Engagement in North Korea's Humanitarian Crisis:

The Role of State and Non-State Actors." *East Asia: An International Quarterly*, Vol. 20, No. 2.

Machiavelli, Niccolo 저 · 강정인 역. 2008. 니콜로 마키아벨리 저. 『군주론』. 서울: 까치.

McGovern, Mike. 2011. *Making War in Côte d'Ivoire*. Chicago: The University of Chicago Press.

Norland, Marcus. 2010. "They're Not Brainwashed, They're Just Miserable: What North Koreans Really Want." *Foreign Policy*. March 30.

Putzel, James. 2005. "War, State Collapse and Reconstruction: Phase 2 of the Crisis States Programme." Crisis States Research Centre (CSRC) Working Paper, No. 2.

Rice, Susan E. and Stewart Patrick. 2008. "Index of State Weakness in the Developing World." Washington, D.C. Brookings Institution.

Rotberg, Robert I. 2004. *When States Fail: Causes and Consequences*, eds. Princeton: Princeton University Press.

Rotberg, Robert I. 2010. "State Failure and North Korea: A Conceptual Framework." Working Paper Series. Ilmin International Relations Institute (IIRI), No. 1.

Saeed, Ferial Ara and James J. Przystup. 2011. *Korean Futures: Challenges to U.S. Diplomacy of North Korean Regime Collapse*. Institute for National Strategic Studies Strategic Perspectives, No. 7.

Stares, Paul B. John W. Vessey, and Joel S. Wit. 2009. *Preparing for Sudden Change in North Korea*. Council Special Report, No. 42.

United Nations Development Programme(UNDP). 2011. "Human Development Index and Its Components." Human Development Report 2011. New York: UNDP.

United Nations General Assembly (UNGA). A/RES/60/1. 2005. "Resolution adopted by the General Assembly, 2005 World Summit Outcome." October 24. http://www.un.org/summit2005/presskit/fact_sheet.df.

United Nations News Center. 2011. "Libya: Ban Welcome Security Council Authorization of Measures to Protect Civilians." March 18. http://www.un.org /apps/news/story.asp?NewsID=37809&Cr=libya&Cr1.

United States Agency for International Development (USAID). 2011. "Complex Emergencies." http://www.usaid.gov/our_work/global_health/nut/techareas/complex.html.

The World Bank Group. 2011. "Worldwide Governance Indicators." http://info.world bank.org/governance/wgi/index.asp.

Weiss, Thomas G. 2007. *Humanitarian Intervention: Ideas in Action*. Malden. M.A.:

Polity Press.

Wyler, Liana Sunler. "Weak and Failing States: Evolving Security Threats and U.S. Policy." CRS Report for Congress, Washington, D.C. August 28.

Zartman, William. 1995. *Collapsed States: The Disintegration and Restoration of Legitimate Authority Boulder,* eds.: Lynne Rienner.

3장

핵 안보와 동북아 지역 거버넌스를 위한 한국의 역할

손기영

1. 서론

핵 안보 정상회의(Nuclear Security Summit)는 2009년 4월 버락 오바마 미국 대통령이 프라하 연설에서 4년 내 모든 취약 핵물질을 방호(secure)하자는 목표를 제시하면서 "핵 없는 세상"(world without nuclear weapons) 구상을 제창한 이후 하나의 실천 방안으로 시작되었다(Bunn 2010; 전성훈 2010; 안문석 2011). 첫 회의는 오바마 대통령의 초청으로 이명박 대통령 등 47개국 정상과 유엔, 국제원자력기구(IAEA), 유럽연합(EU) 등 3개 국제기구 대표가 참석한 가운데 2010년 4월 12일부터 13일까지 워싱턴에서 개최

* 이 글은 『국제문제연구』 제12권 2호(2012년 여름)에 게재된 필자의 논문을 가필, 수정한 것이다.

되었다. 제2차 정상회의는 53개국과 4개 국제기구 대표가 참석해 2012년 3월 26일에서 27일까지 서울에서 열렸으며, 3차 회의는 네덜란드 헤이그에서 2014년 3월 24일에서 25일까지 53개국 대표와 4개 국제기구 수장이 참석한 가운데 열렸다. 헤이그 회의에서는 2년 전 '서울 선언'을 계승해 핵 테러 방지와 핵 안보 협력 강화를 위해 국제사회의 역량을 결집하기로 하는 '헤이그 코뮈니케'를 채택하고 폐막했다. 회의 시작과 함께 아베 신조(安倍晋三) 일본 총리가 핵폭탄 40발에 해당하는 플루토늄 331kg과 고농축 우라늄(HEU)을 미국에 반납하는 데 합의했다고 밝힘으로써 일정 부분 진전을 보았다. 다음 회의는 2016년 미국에서 열릴 예정이다. 이렇게 진행되고 있는 핵 안보 정상회의 프로세스가 무엇이며, 무엇을 목표로 하는가는 사실 전문가에 따라 나뉜다. 먼저, 핵 안보 정상회의가 기존의 핵 관련 국제 레짐으로는 핵 안보 문제에 적절히 대응할 수 없기 때문에 새로운 안보 레짐을 만드는 작업이라는 시각이 있다(한용섭 2012; 전진호 2012). 한편으로는 정상회의 프로세스가 레짐 형성을 위한 것인지 글로벌 거버넌스를 도모하기 위한 것인지의 개념적 분석에 초점을 맞추지 않고 이슈 중심으로 서술한 경우가 있다(황지환 2011; 전봉근 2011). 이와는 별도로 기존의 다양한 핵 안보 레짐을 통합해 하나의 핵 안보 거버넌스나 아키텍처(architecture)를 만들자는 시각도 있다(Arguello 2011). 이에 대해 이 글은 핵 안보 정상회의가 새로운 국제 레짐(international regime)을 만드는 것이 목표가 아니라 이미 존재하는 몇 개의 "미완의" 레짐들을 강화하고 새로운 다층적 프로세스를 도입함으로써 종국적으로는 핵 테러를 막기 위해 핵물질의 전 세계적 관리를 용이하게 할 수 있는 글로벌 거버넌스(global governance)를 모색하는 것이라고 본다. 정상회의 프로세스가 새로운 레짐을 만드는 것이 목표가 아니라는 것은 워싱턴 회의 이래 여러 차례 공식적으로 천명된 바 있다.[1]

이 글은 국제 레짐의 관점에서 서울 핵 안보 정상회의의 성과를 종합적으로 분석한 후, 핵 안보라는 명제는 국가 간의 레짐의 범위를 넘어서 글로벌 거버넌스의 일환으로 다루어져야 하는 측면을 강조한다. 즉, 핵 안보 프로세스의 현실적, 이론적 이해를 동반할 때 이 프로세스의 주도 국가 가운데 하나로 부상한 한국의 역할이 보다 분명히 보일 것이다. 이에 따라 이 글은 먼저 핵 안보 정상회의와 기존의 핵 안보 레짐들의 상관관계를 설명하면서 서울 회의의 결과를 점검해 본다. 사실 서울 회의는 2010년의 워싱턴 회의에서 시작된 프로세스를 이어 가면서 핵 안보를 위한 제반 조치를 강화했다는 측면에서 일단 어느 정도 성공을 거두었다고 평가할 수 있다.

하지만 보다 근본적으로 핵 안보는 테러 집단과 같은 비국가 행위자(non-state actor)가 국가 안보에 미칠 영향에 관한 문제이면서, 핵물질 규제를 위해서는 의료, 과학 활동 등에 연관이 있는 다양한 기업과 시민사회 등의 비국가 행위자의 동참이 있어야 한다는 점에 주목할 필요가 있다. 바로 이것이 주로 국가 간의 관계를 다루는 국제 레짐적 접근과 아울러 세계화가 진전된 시대에 걸맞은 글로벌 거버넌스 차원의 해법이 긴요한 이유이다(Scholte 2000). 국제 비확산 레짐(non-proliferation regime)이 레짐으로 자리를 잡은 이유 중의 하나는 주로 국가 간 핵무기의 비확산이라는 명백한 목표가 있었기 때문이다. 그러나 핵 안보는 국가 행위자와 비국가 행위자를 포함하고, 비확산 레짐에 비해서는 훨씬 복잡하고 중층적인 문제 해결 과정을 수반하므로 글로벌 거버넌스라는 차원에서 좀 더 심도 있게 검토해

1_핵 안보 정상회의 교섭대표인 김봉현 외교통상부 다자외교 조정관은 서울 회의를 앞두고 여러 차례의 국제회의에서 각국의 교섭대표들이 정한 원칙으로서 정상회의가 새로운 레짐을 만들 계획이 없다는 것을 천명한 바 있다.

봐야 되는 것이다.

둘째, 핵 안보 프로세스의 과거와 현재의 분석을 근거로 미래에 한국이 해야 할 역할에 대해서 조망한다. 현재 핵 안보 프로세스의 핵심적 국가로 부상한 한국은 중견국가(middle power)로서 국제사회에서 국력에 걸맞은 역할을 해야 한다(Cooper, Higgott and Nossal 1993). 전 세계적 핵 안보에 대한 공헌도 현재 한국이 하고 있는 유엔 평화 유지 활동이나 공적 개발 원조(ODA: Official Development Assistance)의 확충과 더불어 국제사회에 기여할 수 있는 좋은 방법이다(Son 2011b). 특히, 동북아 지역은 지리적 근접성, 중국과 일부 국가들의 대규모 원전 건설 계획, 그리고 일본의 후쿠시마 원전 방사능 물질 누출 사태의 심각성을 감안할 때 국가 간의 정보 교환과 상호 협력이 절실한 실정이다.

마지막으로 이 글은 핵 안보 정상회의 밖에서 일련의 양자 정상회담을 통해 해결하고자 했던 한반도 문제에 대한 한국의 노력에 대해서도 분석해 본다. 특히 서울 회의는 북한의 장거리 미사일 실험 계획을 목전에 두고 열렸다는 데서 한국의 외교력을 실험대에 올렸다. 결과는 기대 이상이었다. 미·중·러 정상들은 3월 26일 서울에서 열린 이명박 대통령과의 양자 정상회담을 통해, 일제히 북한의 장거리 로켓 발사 실험 중단을 촉구했다. 북한의 미사일 발사 중단을 강력히 촉구해 온 일본을 포함하면, 6자회담 당사국 중 북한을 제외한 모든 국가가 한목소리로 북한의 태도 변화를 요구한 것이다.

2. 서울 핵 안보 정상회의의 평가

서울 회의에서 채택된 정상들의 합의문인 「서울 코뮤니케」는 2년 전 워싱턴에서 시작된 핵 안보 정상회의의 프로세스를 실천의 단계로 끌어 올렸다는 데 의미가 있다. 특히 2013년 말까지 고농축 우라늄의 이용을 최소화하는 조치를 자발적으로 발표키로 한 것과 핵 안보 관련 국제협약 가입, 2014년까지 개정 핵물질 방호 협약(CPPNM)의 발효 추진, 핵 안보 교육훈련센터(Center of Excellence) 설립 등은 구체적이고 가시적인 성과로 평가된다(2012 Seoul Nuclear Security Summit, Seoul Communique 2012/3/27). 또 워싱턴 회의에서 논의된 핵물질 및 원자력 시설에 대한 방호와 불법 거래 대응 문제뿐 아니라 원자력 안전(Nuclear Safety)과 핵 안보(Nuclear Security)간 상호관계(interface), 방사성물질의 방호 등에 대해서도 논의함으로써 핵 안보 이슈에 대한 통합적 접근을 시도했다는 것도 성과이다.

〈표 3-1〉에서 정리된 것처럼 현재 세계적으로 핵무기를 포함하여 핵물질의 재고량은 HEU 1440톤, 분리 플루토늄(separated Pu) 500톤으로 추정되며, 이 중에 반은 군수용으로 반은 민수용으로 사용되고 있다.

이렇게 산재한 핵물질을 줄이고 통제하는 것은 어려운 일이지만, 워싱턴 정상회의 이후 서울 회의까지의 가장 큰 성과 중의 하나는 8개국에서 약 480kg의 HEU를 제거했다는 것인데, 이는 핵무기 약 19개를 제조할 수 있는 분량이다(2012 Seoul Nuclear Security Summit, Seoul Communique 2012/3/27). 〈표 3-2〉는 워싱턴 회의 이후 서울 코뮤니케가 발표된 2012년 정상회의까지 각국이 보고한 주요 성과다.

표 3-1 | 핵물질의 재고량

	HEU (톤)	무기급 Pu (톤)	원자로급 Pu (톤)
러시아	737	128	48.4
미국	610	91.9	0
프랑스	30.6	6	56.0
중국	16	1.8	0.01
영국	21.2	7.6	87.7
파키스탄	2.75	0.14	0
인도	2.0	0.5	0.24
이스라엘	0.3	0.82	-
북한		0.03	-
독일		-	7.6
일본		-	44.9
스위스		-	0.05
벨기에		-	0.05
기타	20.0	-	10.7
계	1440	241	256

출처: http://www.fissilematerials.org (검색일: 2012/4/25)

표 3-2 | 서울 회의까지의 주요 성과

미국, 러시아	- 2년 동안 핵무기 3,000개 분량의 군사용 HEU를 LEU로 전환 - 진행 중인 플루토늄 처분 협정이 이행되면 핵무기 17,000개에 해당하는 플루토늄이 처분될 예정
우크라이나, 멕시코	- 보유하고 있던 HEU 전량을 원 공급처인 러시아, 미국으로 반납
카자흐스탄	- 핵무기 수백 개를 만들 수 있는 HEU와 Pu가 포함된 사용 후 핵연료를 안전한 장기 보관소로 이송
체코, 멕시코, 베트남	- HEU를 사용하던 연구용 원자로를 LEU로 전환
한국, 미국, 프랑스, 벨기에	- HEU연료를 사용하는 고성능 연구용 원자로를 LEU 사용 시설로 대체할 수 있는 고밀도 LEU연료의 성능 확인을 위한 공동 협력 사업 발표
미국, 프랑스, 벨기에, 네덜란드	- 의료용 방사성 동위원소 몰리브덴-99 생산 원자로에 사용하는 HEU 타깃(target)을 2015년까지 LEU 타깃으로 대체하기 위한 협력 사업 발표
한국, 중국, 일본, 인도, 이태리, 카자흐스탄	- 핵 안보 교육훈련센터 설립 중
벨기에, 캐나다, 덴마크, 프랑스 일본, 한국, 노르웨이, 네덜란드, 영국	- IAEA 핵 안보기금에 기여를 서약
미국	- 2012년 말 핵 안보에 관한 국제 규제자 회의 개최 계획 발표
프랑스	- 2012년 중 안보리 결의 1540 이행 지원을 위한 국제회의 개최
스웨덴	- 핵, 방사성물질 불법 거래 방지를 위한 회의 인터폴과 공동 개최
멕시코	- 2013년도 세계 핵 테러 방지 구상(GICNT) 총회 주최

출처: 외교통상부 2012.

1) 핵 안보 정상회의와 레짐 이론

국제 레짐은 코헤인(Robert Keohane)과 나이(Joseph Nye)에 의해 행동을 규율하고, 효과를 통제하는 규칙, 규범, 절차를 포함하는 통치체제(governing arrangements)라고 정의된 바 있다(Keohane and Nye 1997, 19). 보다 널리 쓰이는 정의로서 크래스너(Stephen D. Krasner)는 국제 레짐을 "국제관계의 어떤 분야에서 행위자들의 기대가 일치하는 암묵적이거나 명시적인 원칙, 규범, 규칙 및 의사 결정 과정 등의 조합"(sets of implicit or explicit principles, norms, rules, and decision-making procedures around which actors' expectations converge in a given area of international relations)이라고 주장했다(Krasner 1982, 186). 여기서 규범(norm)이라 함은 국제 레짐(international regime)의 형성 요인의 역할을 하는 "어떤 행위자 그룹의 공통된 행동의 기준"을 말한다(Finnemore and Sikkink 1998). 이와 같은 규범, 원칙, 규칙 및 의사 결정 과정이 복합적으로 작용하면서 성숙되면 레짐이 만들어진다. 대표적 국제 레짐으로는 유엔 기후변화협약과 관련된 교토 의정서(Kyoto Protocol), 국가 간 핵 확산 방지를 위한 비확산(non-proliferation) 레짐 등이 있다.

핵 안보 정상회의는 미국의 오바마 대통령이 핵 테러의 가능성을 안보 문제화(securitization)시키면서 추진했다고 볼 때, 동등한 국가 간의 레짐이라기보다는 패권국가라고 할 수 있는 미국이 주도하는 국제 레짐이라고 보는 시각이 옳을 것이다(Buzan, Wæver, and de Wilde 1998; Pandza 2011). 패권(hegemony)이 국제 레짐의 형성에 미치는 영향은 현실주의(realism) 이론의 패권 안정 이론(hegemonic stability theory)의 틀 속에서 널리 논의되었다(Gilpin 2005). 즉 국제 레짐은 패권국가의 주도력이 있을 때 보다 쉽게 만들어 질 수 있다는 것이다. 예를 들어 2차 세계대전 후 국제통화기금(IMF)과 세계은행(World Bank)을 탄생시킨 브레튼 우즈 체제(Bretton Woods system)도 사실상 전승국인 미국의 주도 하에 만들어진 레짐인 것이다(Haas 1980). 이상에서처럼 레짐은 국가 간 협의의 틀이라는 성격이 짙다.

국제적으로 성공적 사례이지만, 현재 인도와 파키스탄의 핵 무장, 그리고 북한의 핵 개발로 위협을 받고 있는 국제 비확산 레짐은 1970년에 체결된 핵 비확산 조약(NPT: Treaty on the Non-Proliferation of Nuclear Weapons)에 근거를 두고 있다. 비확산 레짐은 원자력의 안보(security), 안전(safety), 안전 조치(safeguards)를 규정하고 있는데, 조약 당사국과 IAEA는 그 가운데 주로 핵물질의 전용을 규제하는 안전 조치와 원자력 사고에 대처하는 안전에 주력한 반면, 핵 테러에 대처하는 안보는 미흡한 측면이 있었다.

하지만 2011년의 테러 사건 이후 테러리스트에 의한 핵 테러가 현실적인 위험으로 부상하면서, 이를 방지하고 대처할 국제적 협력이 절실한 과제로 떠올랐다(Kim 2011). 오바마 대통령이 주도한 핵 안보 정상회담은 비교적 순조로운 출발을 보였다. 미국 정부가 워싱턴 회의 참석자들에게 핵물질에 대한 안보 또는 불법 핵 거래 방지를 위한 새로운 조치의 형태로 자발적 공약(national commitment 또는 house gift)의 도출을 종용한 결과, 32개국이 70여 개의 공약을 내놓는 외교적 성과를 거두었다. IAEA에 30만 달러를 기여한다거나 이미 계획 또는 시행 중인 조치를 기록한 경우가 많았지만, 중국에 핵 안보 교육훈련센터(Center of Excellence on Nuclear Security)를 설립하는 등 새로운 종류의 조치도 있었다. 서울 회의에서 이 공약들의 이행 여부를 점검한 결과, 거의 대부분이 이행된 것으로 확인되었다(외교통상부 2012).

제1차 핵 안보 정상회의에서는 당초 제2차 회의를 모스크바에서 개최

토록 추진하였으나 러시아가 이를 고사함에 따라, 한국이 개최국의 의무를 지게 되었다. 한국이 선택된 이유는 대규모 국제 행사 개최 경험 및 수용 능력, 원자력의 평화적 이용 모범 사례, 핵 안보 증진을 위한 비핵국의 협조 확보 희망 및 개도국에의 핵 안보 문화 전파 역할에 대한 기대 등이라고 볼 수 있다. 이명박 대통령은 서울 회의를 성공적으로 개최함으로써, 국제사회의 기대에 부응하고 국가 브랜드의 가치를 고양하는 효과를 기대했다.

서울 회의를 준비하는 과정에서 발생된 일련의 사건들은 핵 안보 프로세스에서 새로운 환경을 형성하였다. 첫째, 후쿠시마 원전 사고는 자연 재해에 대한 기존의 안전 체제가 매우 취약한 실정임을 일깨워 주었다. 아울러 잠재적 테러리스트에게는 사용 후 핵연료 수조나 냉각 장치에 대한 공격이 엄청난 인명과 재산의 피해를 야기할 수 있다는 사실을 인지하게 만들었다(김봉현 2011). 둘째, 중동 지역인 튀니지, 이집트 및 리비아에서 반정부 시위가 일어나 정부가 교체되었고, 바레인, 요르단, 시리아, 예멘 및 모로코에서도 국내적 분쟁이 발생했다. 이러한 국내적 분쟁의 발생은 핵발전소를 운영하고 있는 국가에게 핵 안보를 심각하게 저해할 수 있는 사건이 일어날 우려를 증대시켰다. 셋째, 2011년 5월 1일 오사마 빈 라덴의 사살 이후 새로운 전략적 환경을 면밀히 분석하고 효율적으로 대처할 수 있는 국제적 협력 방안을 마련해야 하는 과제가 주어졌다. 넷째, 한국과 그 주변국들에게는 2011년 12월 17일 김정일 사망에 따른 북한 내부 및 대외 동향과 그 추이를 예의주시하고 첩보 수집 및 분석 활동을 강화하여 앞으로 북한이 국제 핵 테러 문제와 관련하여 취할 태도와 그에 대한 효과적 대처 방안 등을 사전에 마련해 놓아야 할 필요성이 제기되었다.

핵 안보 정상회의는 아직도 많은 미비점을 가지고 있다. 첫째, 서울 코뮤니케는 워싱턴 코뮤니케와 마찬가지로 법적 구속력이 없기 때문에 각국이 아무런 조치를 취하지 않아도 제재를 가할 수 있는 규정이 없다. 둘째, 회의 방식에서 50여 개의 다양한 국가와 국제기구가 전원 합의(consensus) 방식으로 회의를 진행하고 합의를 추진하는 것에 대한 유효성의 문제가 있다. 이에 대한 대안은 참가국의 2/3 또는 3/4 찬성의 절대 다수결에 의한 코뮤니케 및 작업 계획의 채택이다. 물론 어느 경우나 구속력이 없음은 마찬가지이며 정치적 권고의 효과마저도 각국에 따라 천차만별일 것이다. 그러나 일부 반대에도 불구하고 더 나은 기준을 설정한 코뮤니케가 전원 합의에 의한 느슨한 선언보다 양호할 것이다. 이렇게 구속력이 있는 규칙, 규범, 그리고 의사 결정 과정을 마련하지 못하고 있는 핵 안보 정상회의 프로세스는 아직도 어떤 방향으로 발전할 수 있을지 미래를 가늠하기는 힘들다. 장기적으로는 하우스 기프트 이행 여부를 점검하면서, 자발적 참여를 추가적으로 이끌어 내도록 노력함과 아울러 의무적 이행을 강조한 "내부 규범"(in-house norm)의 개념으로 발전시킬 필요가 있다.

여기서 규범이라 함은 국제 체제(international regime)의 형성 요인으로서의 역할을 하는 "어떤 행위자 그룹의 공통된 행동의 기준"을 말한다(Finnemore and Sikkink 1998). 종국적으로는 이와 같은 규범, 원칙, 규칙 및 의사 결정 과정이 복합적으로 작용하면서 성숙된 레짐이 만들어진다. 즉, 핵 안보를 위한 몇 개의 느슨한 국가 간 레짐이 존재하지만, 전체적으로 봐서는 핵 안보는 아직 국제적 규제가 불가능한 담론(discourse)적 성격이 강하다. 동조국(同調國; like-minded states)을 규제하거나 이들을 뛰어 넘어 비참가국에게까지 영향을 미칠 수 있도록 작동하는 이행과 규제에 대한 체제가 없다. 핵 안보라는 명제는 사실 그 복잡성과 다층성으로 인해 통합된 국제 레짐의 수준까지 성장하기에는 무리가 있다고 본다. 게다가 핵 안보 정상회의에서 논의된 하우스 기프트나 자발적 공약은 행동을 제약하는 낮은 수준의 규범을 형성하는 초기 단계라고 할 수 있다. 물론 하우스 기프트를 참가국 모두가 제출하도록 의무화하는 것으로 하나의 규범이 될 수도 있지만, 참가국 간의 성숙한 규범이 되려면 좀 더 강제성이 있는 조치가 필요하다(이상현 2012). 예를 들어 공약을 할 때 그 구속력과 효율성을 높이고 과거에 취한 조치나 예정된 조치를 마치 새로운 조치인양 포장하는 것을 막기 위해, 공약에 특정한 형식(form)과 내용(content)을 포함하도록 유도하는 것도 하나의 방법이다. 이런 조치가 참가국들이 공유할 수 있는 판단 기준이 될 때 내부 규범이 형성된다고 볼 수 있다.

2) 핵 안보 관련 국제 레짐들

핵 안보 정상회의의 실제적인 역할 중의 하나는 이미 형성되었거나, 형성되고 있는 국제 레짐들에 대한 협의를 촉발시켜 이것들이 전체적으로 핵 안보 프로세스에 기여하도록 하는 것이다. 사실 NPT와 비교해 아래에 예시한 핵 안보 관련 국제 레짐들은 아직 초보적 단계의 레짐들이고 그나마도 비준 국가의 부족으로 아직 발효되지 못하고 있는 것도 있다. 레짐의 구성 요소에서 원칙(principles)과 규범(norms)이라는 측면에서는 어느 정도 모양새를 갖추었으나, 규칙(rules)과 의사 결정 과정(decision-making procedures) 등 실천적 측면에서는 부족함이 많다. 즉 NPT처럼 구속력이 있는 레짐들이 아니라 서로 간의 관계가 느슨한 규범적 수준의 레짐들인 것이다. 이러한 초보적 레짐들을 묶어서 하나의 구속력이 있는 핵 안보 레짐을 구성하는 것이 미래의 과제가 될 것이다.

(1) 세계 핵 테러 방지 구상(GICNT: Global Initiative to Combat Nuclear Terrorism)

GICNT는 2006년 7월 G8 정상회의에서 미국과 러시아 대통령 간의 합의에 따라 핵물질 불법 거래의 방지와 핵 테러 대응 역량의 강화를 목적으로 결성되었으며, 동년 11월 13개 원 회원국 및 IAEA의 GICNT 원칙 선언문(SOP: Statement of Principles) 채택을 통해 공식 출범했다. GICNT 가입에 따른 별다른 법적 의무 또는 재정적 부담은 없으며 회원국들은 각국 관할권 내에서 핵물질 및 시설의 보호와 안전을 위해 핵물질 절취 및 유출 방지, 민간 핵시설 보안 조치 등을 강구하고 국제 훈련, 워크숍 등을 통해 핵 테러 대응 역량의 강화를 도모하고 정보 교환을 촉진한다. 워싱턴 정상회의에서의 공약에 의해 아르헨티나, 멕시코, 필리핀, 싱가포르, 태국, 베트남이 추가 가입하여 현재 참가국은 82개국이 되었다(외교통상부 2012).

(2) 유엔 안보리 결의 1540호(UNSCR 1540: UN Security Council Resolution 1540)

2004년 4월 28일 채택된 안보리 결의 '1540호'는 유엔 헌장 7장에 근거해 비국가 행위자에 의한 대량 살상 무기 취득을 금지하고, 유엔 회원국에 이를 위한 국내 입법 등의 조치를 의무화하고 있다. 2003년 북한 등을 겨냥해 대량 살상 무기 확산 방지 구상(PSI: Proliferation Security Initiative)을 제안한 조지 부시 행정부는 당시 테러리스트의 손에 대량 살상 무기가 들어가는 것을 막을 목적으로, 이 결의안을 제출해 만장일치로 통과시켰다(한겨레 2006/7/16). 서울 회의에서는 핵 안보를 위한 유엔의 역할을 강조하면서 동 결의안의 효력 연장을 환영했다(2012 Seoul Nuclear Security Summit, Seoul Communique 2012/3/27).

(3) 핵 테러 억제 협약(ICSANT : International Convention for the Suppression of Acts of Nuclear Terrorism)

1994년 12월 유엔 총회 시 '국제 테러리즘 근절 조치에 관한 선언'(Declaration on Measures to Eliminate International Terrorism)이 채택된 이후 1996년 유엔 산하에 설치된 국제 테러리즘 억제 특별위원회 내의 협약안 토의를 거쳐 115개국이 서명하였고 2007년 7월 발효되었으며 2012년 3월 현재 총 79개국이 비준하였다. 한국은 2005년 9월 서명하였는데 현재 협약 비준을 위한 국내 절차를 진행 중이다. 주요 내용은 인명 살상, 재산·환경 파괴를 목적으로 한 핵물질·방사성물질 및 장치의 제조·보유·사용 행위, 핵·방사성물질을 방출시키는 방법으로 핵시설 사용·손상시키는 행위를 협약상 범죄로 규정하고, 이를 국내법상 형사 범죄로 처벌토록 한 것이다(http://www.seoulnss.go.kr/info/trend.jsp).

(4) 개정된 핵물질 방호 협약(CPPNM Amendment: Amendment to the Convention on Physical Protection of Nuclear Materials)

이 협약은 핵·방사성물질의 분실·불법 거래를 막기 위한 실질적 조치로 꼽힌다. 핵물질의 불법 거래를 방지하기 위해 IAEA가 제안한 국제협약으로 1980년에 채택되어 1987년에 발효되었다. 2005년 7월에는 협약 개정 회의가 개최되어 협약의 적용 범위를 국가 간 운반 중인 핵물질에서 국내 소재 핵물질 및 원자력 시설에 대한 물리적 방호까지 확대시킨 개정안이 채택되었다. 현재 이 협약은 핵물질 보호·이동·저장은 물론이고 테러 행위로부터의 핵시설 보호로까지 적용 범위를 넓히고 있다. 다만, 협약 발효에 97개국 이상의 비준 동의가 필요한데 2012년 3월 현재까지 55개국이 비준한 상태이다(조선일보 2012/3/27). 서울 회의에서는 2014년까지 개정안의 발효를 위해 참가국들에게 국내 절차를 가속화할 것을 촉구했다(2012 Seoul Nuclear Security Summit, Seoul Communique 2012/3/27).

(5) 핵물질 방호에 관한 지침(INFCIRC/225: Physical Protection of Nuclear Material)

이 지침은 1970년대 핵물질의 국제적 운송이 활발해짐에 따라 핵물질 방호에 대한 관심이 증대되자 1972년 IAEA 주도로 핵물질 방호에 관한 전문가 회의가 개최되어 작성되었으며, 1975년 동 문서가 일부 수정되어 INFCIRC(IAEA 문서번호)/225로 공식 발간되었다. 주요 내용은 위협 평가에 근거한 방호 체계 수립, 핵물질 및 원자력 시설에 대한 회원국의 물리적 방호 체계 요소, 사용 및 저장 중인 핵물질의 불법 이전 방호 조치, 사용 및 저장 중인 핵물질 및 원자력 시설의 사보타지에 대한 방호 조치, 운송 중 핵물질의 불법 이전 및 사보타지에 대한 방호 조치 등을 규정하고 있다(http://www.seoulnss.go.kr/info/trend.jsp).

3) 핵 안보 정상회의와 글로벌 거버넌스

레짐 이론을 주장하는 학자들은 비록 국제기구나 다국적 기업의 역할을 강조하지만, 기본적으로는 국민국가(nation states)의 수준에서 문제를 접근하는 시각을 가진 신자유제도주의자(neo-liberal institutionalists)가 많다. 하지만, 탈냉전 이후의 초국가적 이동의 증가와 세계화로 핵 안보를 국민국가를 중심으로 하는 전통적 국제정치의 범위 안에서만 다루기에는 문제가 많다고 할 수 있다. 여기에서 시민사회를 포함하고, 좀 더 많은 국가, 비국가 행위자를 상정하면서 중층적 프로세스를 강조하는 글로벌 거버넌스 개념이 등장했다. 냉전의 종식과 더불어 세계화가 진전되었지만, 아직 세계정부(World Government)는 존재하지 않는다. 이 시점에서 "정부 없는 거버넌스"(Governance without Government)의 가능 여부가 글로벌 거버넌스를 연구하는 학자들의 주요한 관심이다(Rosenau and Czempiel 1992). 글로벌 거버넌스에 대해서는 다양한 정의가 있지만 널리 쓰이는 정의가 "전지국적인 차원에서 집단적 이해가 개진되고, 권리와 의무가 형성되며, 차이가 조정되는, 국가, 시장, 시민 그리고 국가 간 조직과 비정부기구(NGO) 간의 공식, 비공식적 조직, 메커니즘, 관계, 그리고 프로세스의 복합체"(the complex of formal and informal institutions, mechanisms, relationships, and processes between and among States, markets, citizens and organizations, both inter- and non-governmental, through which collective interests on the global plane are articulated, rights and obligations are established, and differences are mediated)이다(Thakur and Van Langenhove 2008)이다.

물론 핵물질의 보관과 사용에 대해 정부가 일차적으로 책임을 지고 있지만, 현재 전 세계에는 약 12만 6,500개의 핵무기를 만들 수 있는 것으로 평가되는 약 1,440톤의 고농축 우라늄(HEU)과 약 500톤의 플루토늄(Pu)이 산재해 있다(http://www.fissilematerials.org). 이러한 핵물질이 테러리스트의 손에 들어가면 상상하기 힘든 재앙이 초래될 수 있다. 당장의 피해뿐만 아니라, 정치·사회·환경·심리적 영향은 상당 기간 지속될 것이다. 기본적인 핵무기 또는 핵폭발 장치는 고농축 우라늄의 경우 25kg 정도가 필요하고, 플루토늄의 경우 8kg을 가지면 만들 수 있는 것으로 알려져 있다. 따라서 이 두 가지 핵물질이 탈취되어 핵무기 제조에 사용되는 것을 미연에 방지하는 것이 핵 안보 거버넌스의 목적이다. 하지만 이러한 고농축 우라늄이나 플루토늄의 양적 통제와 이동을 관리하기는 쉬운 일이 아니다. 특히 고농축 우라늄은 의료용, 과학용으로도 널리 사용되기 때문에, 서울 회의에서 7개국 정상들은 구체적인 양을 언급하지는 않았지만 민수용 HEU의 제거 또는 감축 계획을 밝혔을 뿐이다(중앙일보 2012/3/28). 아울러 서울 코뮤니케는 HEU의 사용을 줄이는 대신 저농축 우라늄(LEU: low enriched uranium)의 사용을 장려하면서 연구용과 실험용 원자로에 고밀도 LEU를 사용을 위한 국제 협력을 강조했다(2012 Seoul Nuclear Security Summit, Seoul Communique 2012/3/27).

현재 플루토늄과 HEU뿐만 아니라 방사성물질 등 여타 핵 안보 요소로 의제를 확장하자는 데는 대다수의 참가국 간에 합의가 이루어져 있다. 연구용 및 의료용으로 사용되는 방사성물질은 대부분 민수용이기 때문에 그 위치, 재고량, 이동 경로 등을 실시간 파악하기 어렵다. 또한 엄청난 인명과 재산의 손실이 예상되는 급조 핵장치(IND: Improvised Nuclear Device)[2]

2_보통 '급조형 핵장치'라고 부르며, 핵폭탄의 위력에 미치지는 못하나 핵분열을 일으킬 수 있도록 고안된 일종의 사제 폭발물이다.

나 "더러운 폭탄"(dirty bomb)[3]을 이용한 테러 행위에 대한 국제적 대비책의 마련도 시급한 과제다. 실제 IAEA의 불법 핵 거래 데이터베이스(ITDB: Illicit Trafficking Database)에 따르면 1993년 이후 핵·방사성물질의 분실·불법 거래 사고는 2,000여 건에 달하고 소량이지만 고농축 우라늄과 플루토늄의 분실·도난도 20여 건 발생했다(조선일보 2012/4/29). 서울 코뮤니케는 참가국들에게 IAEA 데이터베이스 프로그램에의 참가를 독려하면서 핵과 방사능 물질의 역외 수송에 대한 정보를 IAEA와 공유할 것을 강조했다(2012 Seoul Nuclear Security Summit, Seoul Communique 2012/3/27).

결국 한국이 핵 안보를 위한 글로벌 거버넌스에 앞장서야 되는 이유는 단지 미국과의 동맹 관계를 유지하고 국격을 높이기 위해서만은 아니다. 한국은 이미 전 세계를 대상으로 하는 무역 국가이면서 투자국이다. 국민의 생명과 재산을 보호한다는 측면에서 핵 안보는 핵 테러의 직접적 위협을 받는 일부 선진국들의 문제만이 아니다. 한국은 이미 해외 여행객이 1,200만 명을 넘고, 재외동포가 700만 명에 이르며, 경제의 대외의존도가 110%를 넘어서는 세계 최고 수준의 개방 통상 국가이다(한국일보 2012/3/12).

국가 간의 핵 안보 프로세스뿐만 아니라 민간의 참여를 독려하기 위해 정상회의 개최 3일 전인 3월 23일 세계 주요 핵 안보기관의 책임자와 전문가가 참석하는 '2012 서울 핵 안보 심포지엄'(SNSS: Seoul Nuclear Security Symposium)이 서울에서 개최되었다. 이 심포지엄에는 역대 최대 규모인 46개국 270명의 핵 안보 전문가가 참석하여 핵 테러 억제를 위한 대안과

3_공식 명칭은 '방사성물질 비산 장치'(Radiological Dispersion Device)로서 재래식 폭탄에 방사성물질을 결합시켜서 제조하며, 핵폭탄의 위력에는 미치지 못하지만 방사성물질이 연구소, 병원 등에서 널리 사용되고 있어 접근이 용이하므로 취약성이 크다.

비전을 논의했다. 같은 날 세계 원자력업계 최고경영자(CEO)들이 서울로 집결, "원자력 안전 운영 및 구축"에 대해 논의한 '2012 서울 원자력 인더스트리 서밋'도 열렸다. 이 회의에서는 원전 안전 운영 및 핵 안보를 위해 국제 원자력업계가 국제 민간 협의체를 구성, HEU를 줄이고 LEU 사용을 활성화하자는 등 총 9개항으로 구성된 공동 합의문을 채택했다(파이낸셜뉴스 2012/3/23).

민간과 정부 간의 협조도 중요한 반면 핵 안보 정상회의 후속 조치로 글로벌 거버넌스 차원에서 기존의 국가 간 거버넌스 체제를 이용하는 것도 바람직하다. 그 대표적인 예가 2002년의 G8 정상회담에서 시작된 G8 글로벌 파트너십(GP: G8 Global Partnership Against the Spread of Weapons and Materials of Mass Destruction)이다. 현재 국가 또는 비국가 행위자에 대한 대량 살상 무기의 확산을 막기 위해 24개국이 210억 달러를 전 세계에 배정할 정도로 GP 프로세스는 발전해 왔다(U.S. Department of State 2012). 원래 10년 한시적인 기구였으나 2011년의 프랑스 도빌 G8 정상회의에서는 GP를 2012년 이후에도 존속시키기로 합의했다. 한국은 2005년부터 GP에 참여해 2011년까지 550만 달러를 기여했다(이상현 2012).

3. 핵 안보와 한국의 역할

한국은 중견국가로서 국제사회의 역할을 증대할 필요성이 있는데, 특히 강대국과 개발도상국 간의 관계를 조정하고, 새로운 의제를 제시하는 기능을 할 수 있다(김성배, 신성호, 이상현, 전재성, 전진호 2012). 즉 협상의 축진자(facilitator)와 의제 설정자(agenda-setter)의 역할을 할 수 있을 것이라고 본다. 흔히 중견국가로서 국제적 기여에 성공한 사례로서 캐나다나 호주가 거론된다. 특히 캐나다는 유엔 평화 유지 활동을 주창하는 등 강대국의 틈바구니에서 새로운 아이디어와 추진력으로 국가의 위상을 제고한 경우다(Pratt 1990). 현재, 한국도 유엔 평화 유지 활동에의 적극적 참여와 공적 개발 원조의 확충을 통해 국제적 기여를 증가시키고 있지만 한국적 특색을 갖춘 기여 모델을 만들 필요가 있다(Son 2011b).

1) 동북아에서의 역할: 협상 촉진자(facilitator)

동북아시아는 다자안보 협력을 추구하는 제도와 기구가 부재한 대표적인 지역 가운데 하나이다(Haggard and Marcus Noland 2009; Son 2011a). 국제사회가 워싱턴 회의를 통한 합의를 포함하여 원자력 안전과 핵 안보를 위한 지역적·다자적 접근을 촉구하고 있으나, 유럽 원자력 공동체(EURATOM: European Atomic Energy Community)가 존재하는 유럽을 제외하면 실제로 추진된 사례가 없기 때문에 동북아 지역에서 이와 같은 협력이 성사된다면 역사적인 성공 사례가 될 수 있다(전봉근 2011, 19). 특히 후쿠시마 원전 사고를 계기로 동북아의 역내 원자력 안전 협력의 필요성이 대두된 가운데, 한국은 원자력 안전과 더불어 핵 안보 의식의 제고를 위한 지역 협력 체제를 구축하는 방안을 검토할 필요가 있다. 예를 들면, 동북아 지역에서 한·중·일 3국이 핵 안보 교육훈련센터의 설립을 약속하였으므로 3국 간 그리고 타 지역에서 유사한 센터의 설립을 약속한 러시아, 인도 등과 더불어 효율적인 운영 방안, 역할 분담 등에 관한 공동 협의가 기대된다.

구체적으로 동북아는 이미 원전과 핵물질의 밀집도가 높은 지역일 뿐만 아니라, 중국의 경우 2030년까지 약 100개의 원전 건설 및 가동 계획을 갖고 있어 원자력 안전 및 핵 안보에 대한 위험도 또한 높으므로 역내 공동 대응책의 하나로 동북아 원자력 안전·안보 체제의 구축을 검토할 수 있다(김성배, 신성호, 이상현, 전재성, 전진호 2012). 동 체제는 역내 각국의 민수용 원자력 시설 및 핵물질의 안전과 안보를 보장하기 위한 협의 체제와 조기 경보 · 공동 감시 체제로 구성할 수 있을 것이다. 북한에 건설 중인 원자로 및 기타 원자력 시설의 안전과 안보에 대한 우려가 후쿠시마 원전 사고 이후 제기되고 있는 상황 하에서 북한의 참여도 필요하다. 특히 최소한 서해 연안에 위치한 중국 원자력발전소의 안전을 확보하기 위해서라도, 한국원자력협력재단(KONICOF: Korea Nuclear International Cooperation Foundation)이 주도하는 한·중·일 원자력 안전 규제자 포럼(Northeast Asian Regulators Forum on Nuclear Safety)을 "동북아 지역 책임 그룹"(regional accountability group in Northeast Asia)으로 확대·개편할 필요가 있다.

전통적으로 핵 안보와 원자력 안전의 국가 책임 원칙에 따라 국제 협력이 제한적인데다, 후쿠시마 원전 사고에서 보듯이 일본이 역내 국가의 개입과 협력을 사실상 거부하였고, 중국도 평소 원자력의 독자성을 유지하려는 입장이 강해 이 구상의 실천에는 적지 않은 난관이 예상된다. 중국은 기본적으로 오바마 대통령의 비전과 핵 군축에 동의하지만 현재의 핵 안보 프로세스의 효용성에 대해 부정적 입장을 보여 왔다(Hui 2010). 결국 서울 회의는 중국의 지역적 역할을 다시 한 번 상기시키는 계기가 되었고, 이 같은 국제사회의 압력에 중국 정부가 어떻게 대응할 것인지는 앞으로 면밀히 지켜봐야 할 과제이다. 이것은 중국 정부가 스스로의 국제적 위상을 어떻게 정립할 것인가에 달려 있다. 개도국이라는 정체성을 내세워 국제적 비용 분담에 소극적인 자세를 견지할 수도 있고 다른 한편으로 변화하는 중국의 국제적 위상을 반영하여 좀 더 주도적 지위를 확보하려는 노력을 기울일 수도 있기 때문이다.

근본적으로 한국은 동북아 공동체 형성의 촉진자(facilitator)로서 역할을 해야 한다. 동북아 지역 각국의 지리적 근접성과 활발한 원전 계획에 비추어 상호 협력의 필요성이 절실하며, 2011년 5월 도쿄 한·중·일 정상회의에서 3국 간 원자력 안전 협력 추진에 합의하였기 때문에, 우선 서울에 본부를 두고 있는 3국 협력 사무국을 통해 3국 공동 연구를 조기에 개시해야 할 것이다. 이 연구를 통해 한·중·일 3국 간에 원자력 안전과 핵 안보 논의의 외연을 확대하고 관련 문제를 공동으로 진단하여 해결할 수 있는 계기가 마련될 것이다. 후쿠시마 원전 사고 이후 일본은 원자력 발전을 줄이기 위해 노력하고 있지만, 중국과 한국에서는 원전 밀집도가 앞으로 더욱 증가할 것으로 예측되는 상황에서 3국 간 협력의 확대는 원자력 안전과 핵 안보라는 목표를 위해 필연적이다.

2) 국제적 역할: 의제 설정자(agenda-setter)

핵 테러 예방 조치와 핵물질 안보 조치 완성의 목표 연도인 2014년에 제3차 핵 안보 정상회의가 네덜란드 헤이그에서 3월 개최되었다. 한국과 미국은 네덜란드와 함께 트로이카(NSS Troika)를 구성하여 서울 회의 후속 조치 및 제3차 회의 준비를 위한 협력을 강화했다. 서울 회의를 포함해 3차에 걸쳐 열린 핵 안보 정상회의는 중장기적으로 미국의 세계적 지도력과 직접적으로 관계가 있다. 오마바 대통령의 주도로 추진되어 온 핵 안보 정상회의의 성공 여부가 국제질서 주도국으로서 미국의 위상에 심대한 영향을 미치게 될 것이기 때문이다. 미국을 정점으로 한 단극 체제는 탈냉전 이후 중국 등의 부상으로 심각한 도전에 처해 있으며, 핵 안보 구상은 핵 테러에 초점을 맞추고 있기 때문에 핵 테러가 실제로 발생하지 않는 한 그 수명에 한계가 있을 수 있다. 그러므로 장차 어느 시점에서 출구전략(exit strategy)에 돌입해야 할 가능성에 대해 핵 안보 정상회의의 핵심 주도국 간에 긴밀하게 논의해 왔다.

즉, 비확산 체제로부터 분리되어 국제적 주의를 환기시킨 핵 안보 프로세스를 다시 핵 안보를 포함하는 포괄적 비확산 체제로 복귀시키는 작업이 필요하다. 서울 회의에서도 핵 안보를 위한 IAEA의 중심적 역할(central role)을 강조했다(2012 Seoul Nuclear Security Summit, Seoul Communique 2012/3/27). 그러나 비확산 체제가 지금까지 국가 간의 비확산에 초점을 맞추었다면 미래에는 주권국가와 비국가 행위자를 포괄하는 복합적 체제로 진화하여야 할 것이다. 아울러 IAEA도 비확산을 위한 감시견(watchdog)의 역할을 넘어 핵 안보와 원자력 안전에 대한 포괄적 의무를 지는 국제기구로 변모할 필요가 있다(Luongo 2010). 지난 서울 회의에서는 원자력업계에 대해 IAEA의 핵 안보 기금(Nuclear Security Fund)에 자발적인 기여를 촉구했다(2012 Seoul Nuclear Security Summit, Seoul Communique 2012/3/27). 이는 IAEA의 정체성 변화를 의미하는바, 전통적으로 친미적, 친서방적 성향이라는 비판의 대상이 되어 온 IAEA가 신흥국들의 정당한 발언권을 인정함으로써 전 세계적 도덕성과 공신력을 갖춘 기구로 성장하도록 모든 회원국이 힘을 합쳐야 한다는 주장이 국제적으로 힘을 얻게 될 것으로 전망된다.

한국이 전 세계적 핵 거버넌스 구축의 선도적 지위를 확보하기 위한 방안의 하나로 IAEA에서의 역할을 강화할 필요가 있다. 한국은 그동안

IAEA에 대한 기여를 꾸준히 증대하여 왔고 이사국도 여러 차례 역임한 바 있다. 뿐만 아니라 IAEA는 한국인 전문 직원이 유엔본부 사무국 다음으로 최다수가 근무하는 국제기구로서, 현재는 그 가운데 대부분이 사찰관이기는 하나 앞으로 각 분야별 진출 인원을 대폭 늘림으로써 영향력을 지속적으로 확대할 수 있을 것이다.

IAEA의 핵 안보 업무는 원자력 안전국에서 담당해 왔는데 산하에 핵 안보과가 설치되고 2011년 핵 안보 업무와 원자력 안전 업무를 조정하는 부국장 직이 신설되었다. 오바마 대통령은 IAEA 핵 안보 사업에 대한 미국의 재정적 기여를 획기적으로 증대할 것을 공약하였다. 한국도 핵 안보 분야에 대해 재정적 기여를 확대함으로써 발언권을 강화하는 계기를 마련할 수 있을 것이다. 또한 유엔 사무국과 군축국의 핵 안보 분야에 대한 관심의 증대에 편승하여 유엔 및 여타 국제기구와의 협조를 강화함으로써 글로벌 거버넌스 구축을 위한 선도적 역할도 할 수 있을 것이다.

서울 회의에서는 워싱턴 회의에서와는 달리 핵 문제 전반에 관한 종합적인 논의가 이루어졌고, 이 같은 기조가 제3차 정상회의까지 이어짐으로써, 사실상 전 세계적, 지역적 원자력 안전·안보 협의 체제가 형성되고 있다. 특히 서울 코뮤니케가 작업 계획을 포함한 단일 문서로서 핵 테러뿐만 아니라 방사성 테러, 핵물질의 불법 거래 방지, 원자력 시설의 방호 및 안전 문제 등 광범위한 내용을 망라함으로써, 각국 정부와 민간 부문 및 국제기구가 다양한 협의체를 구성하여 이를 이행하기 위한 상호 제휴 및 협조 관계를 발전시켜 나갈 것이다.

서울 회의에서는 핵 안보와 원자력 안전 간의 연결 부분뿐만 아니라 핵 안보와 비확산 간의 연결 부분도 거론되었다. 앞으로도 한국은 의제 설정자(agenda-setter)로서 포괄적인 핵 안보 프로세스를 구축하고 핵 안보 문화

(nuclear security culture)를 확산시키는 데 중심 역할을 해야 한다. 한국은 전자, 통신, 과학수사 등의 분야에서 세계적으로 앞선 과학·기술력을 보유하고 있으므로, 이를 활용하여 핵 감식, 사이버 테러 예방, 수출입 통제, 출입국 관리 등에서의 국제적 협력에 기여해야 한다. 한국은 독자적으로 또는 우방국과의 협력을 통해 개발한 위성 위치 확인 체제(GPS: Global Positioning System)를 이용하여 핵물질 및 방사성물질의 이동 경로를 실시간 파악하는 기술과 핵 감식 기술을 개도국에 지원함으로써 핵 안보 강화를 위한 주도적 역할을 수행할 수 있을 것으로 기대된다. 현재, 한국은 베트남에 IAEA와 협력으로 GPS 기술을 이용한 방사성물질 위치 추적 시스템을 구축하기 위한 시범 사업을 추진 중이다. 또한 고밀도 분말 LEU 생산 기술 및 아직 논란이 있지만 파이로프로세싱(pyroprocessing) 등 확산 저항(proliferation-resistant) 기술을 지속적으로 개발하여 독립국가연합(CIS: Commonwealth of Independent States), 동남아시아 등지에 보급함으로써 핵 안보, 비확산 및 원자력의 평화적 이용에 지속적으로 기여할 수 있을 것이다. 예를 들어 한국이 미국과 공동 연구에 합의한 파이로프로세싱 기술은 사용 후 핵연료(spent fuel)의 부피를 20분의 1로 감축시킬 수 있다. 한국은 또한 연구용 원자로에서 HEU 대신 사용되는 LEU를 분말로 만드는 기술도 보유하고 있으므로 지원 역할의 범위가 확대될 전망이다.

3) 핵 안보와 한반도 관련 문제

한국이 핵 안보 프로세스에서 주도적 역할을 담당하는 것은 사실 핵 안보 프로세스를 넘어 한국의 핵 주권에도 영향을 미칠 가능성이 높다. 물론 한국은 핵 무장을 포기하는 대신 원자력 에너지의 평화로운 이용과 핵의 비확산 부분에 일정한 역할을 계속할 것이다. 하지만, 한국은 핵연료의 안정적인 확보를 위해 한미 원자력 협정에 의해 제한되고 있는 핵연료의 농축 및 재처리 활동 등을 포함한 독자적인 핵연료 주기 완성을 위한 노력을 계속하고 있다(조선일보 2009/5/5). 현재, 핵 안보 문화의 확산은 2014년을 목표로 진행 중인 한미 원자력 협정 개정 협상에 한국에게 불리한 여건을 안겨 줄 수 있다. 한미 원자력 협정에 따르면 한국은 핵연료를 자체 조달하지 못하고 사용 후 핵연료의 평화적 이용 기술도 원천적으로 접근이 금지되어 있다.

한국은 이 문제를 우회하기 위해 자체 개발한 파이로프로세싱이라는 기술이 일반적인 퓨렉스(PUREX: plutonium-uranium extraction)와는 달리 무기급 플루토늄을 생산하지 않아 재처리(reprocessing)가 아니라고 주장해 왔다. 하지만 미국은 여기에도 제동을 걸고 나왔다. 2011년 미 국무성의 원자력 협력 담당관 리차드 스트레트포드(Richard Stratford)는 워싱턴의 한 회의에서 한국이 개발한 파이로프로세싱도 일종의 재처리("pyroprocessing is reprocessing")라는 결론을 내렸다고 한다(Horner 2011). 현재 양국 정부는 사용 후 핵연료를 처리하기 위한 파이로프로세싱을 포함한 여러 기술에 대한 타당성 조사를 10년간 실시하기로 MOU를 체결한 상황이다(Horner 2011).

미국은 동맹 관계임에도 불구하고 과거의 한국의 핵 개발 계획 등을 이유로 한국을 충분히 신뢰하지 못하고 있다. 사실 일본에게 용인해 준 선·후행 핵연료 주기 개발을 같은 동맹국인 한국에 허용하지 못한다는 것은 근본적으로 미국 정부의 정치적 고려가 작용하고 있는 것이다. 그러므로 한국의 핵 안보 프로세스에의 적극적인 참가와 주도적 행동은 한미 원자력 협정의 개정을 통해 일본 정도의 핵연료 주기 개발의 길을 열어 줄지도 모른다.

한편 북한 핵 문제와 관련해서도 한국이 일정 부분 핵 안보 프로세스에서 기여할 부분이 있다. 비확산 문제는 기본적으로 핵 안보 프로세스의 의제는 아니지만, 북한이 원자력 에너지 개발에 관심을 계속 갖고 있는 한 북한에서 발생할 수 있는 핵 사고는 한국의 안보와 직결되는 문제이다. 위에서 언급한 한·중·일 3국의 핵 안보 교육훈련센터에서 북한의 기술자들을 훈련시킬 수 있다면 북한의 원자력 안전도를 제고하는 방법이 될 것이다. 아울러 북한에 의한 국가 간 핵 확산은 비확산 레짐의 문제이지만, 테러 그룹이나 비국가 행위자에 대한 핵물질과 기술의 이전 가능성도 있기 때문에, 이 경우는 핵 안보 프로세스를 통한 억제 수단을 강구해야 한다.

핵 안보 프로세스는 파키스탄 핵무기 개발의 아버지 압둘 카디르 칸 박사의 핵 거래 네트워크와 같은 핵 보유국 정부와 연계된 지하 네트워크의 소재를 조기에 포착하고 차단할 필요성을 강조해 왔다(Albright, Brannan and Scheel-Stricker 2010). 아울러 테러리스트에 의한 핵물질 및 핵무기 제조 기술의 탈취나 구매를 통한 핵 확산 가능성에 대한 경각심을 일깨우고 이에 대응하는 국제적 협력이 더욱 강화될 것이다. 사실 핵 안보를 위해 열리는 정상회담이지만, 핵 비확산이나 대량 살상 무기의 확산을 도외시할 수는 없는 상황이었다. 결국, 서울 회의에서 북한 핵 문제와 미사일 문제는 비록 정상회의의 주제는 아니었지만, 양자 간 정상회담에서는 중심 의제가 되었다. 오마바 대통령은 이명박 대통령과의 양자 정상회담 후 가진 기자회견에서 "내가 중국에 하고 싶은 말은 중국이 북한에 대해 자국의 우려를 전달하는 방식에 관한 것으로, 지난 수십 년간 취해 왔던 접근 방식이 평양의 행동에서 근본적인 변화를 초래하지 못했다는 점을 아마도 앞으로 반영해야 한다는 것"이라고 말했다(조선일보 2012/4/25). 이에 대해 중국의 관영 신화통신은 서울 핵 안보 정상회의에 참가하는 세계 지도자들이 북한 핵 문제 공론화를 통해 핵 안보 정상회의의 본래의 취지에서 이탈하지 말도록 촉구하면서 6자회담의 유용성을 재차 언급했다(연합뉴스 2012/3/25). 하지만, 후진타오(胡錦濤) 중국 주석은 청와대에서 열린 한중 정상회담에서 북한의 미사일 실험에 대해 "북한의 위성 발사는 옳지 않다."며 "중국 지도부는 북한의 위성 발사 계획을 포기시키고자 노력하고 있다."고 밝혔다(조선일보 2012/3/27). 중국의 최고 지도자가 분명하게 북한 장거리 미사일 발사 계획의 중단을 요구한 것은 의미 있는 일이며, 한반도 문제의 관리라는 측면에서 미·중이 공동보조를 취하고 있다는 사실은 상당히 고무적이다.

4. 결론

이 글은 핵 안보 정상회의에 대해 다면적으로 분석하고, 핵 안보 레짐의 강화와 동북아 지역의 핵 거버넌스의 가능성에 대해 조망했다. 이 글은 핵 안보에 관한 제반 기술적인 요건들의 미시적 분석을 시도하지는 않았다. 대신 오바마 대통령의 "핵 없는 세상"이라는 비전에서 시작된 핵 안보 프로세스를 역사적, 제도적, 이론적 관점에서 분석하고 한국이 중견국으로서 할 수 있는 역할에 대해 검토해 보았다. 3S라고 불리지만 핵 안보 프로세스는 핵 비확산 및 원자력 안전 프로세스보다 뒤늦게 시작된 것이므로 독자적인 위상을 정립함과 동시에 핵 비확산과 원자력 안전 간의 삼각 연결고리를 구축해 시너지 효과를 내는 것이 중요하다.

한국은 2010년의 G20 정상회의를 개최하고 2011년에는 세계개발원조 총회를 주관함으로써 명실상부한 중견국의 지위를 확보했다. 핵 안보 정상회담 프로세스는 한국의 국민적 관심과 역량에 따라 G20나 세계개발원조 총회보다는 의제의 개발이나 협의 과정에서 더 큰 중심적 역할을 할 수 있는 여지가 있다. 특히 강대국과 강대국, 혹은 강대국과 약소국의 갈등 관계를 조정하고, 새로운 의제를 제시함으로써 기존의 갈등을 변환시키는 등 한국의 외교를 새로운 차원으로 발전시킬 계기로 삼을 수도 있다. 즉 한국은 핵 안보 프로세스의 촉진자(facilitator)와 의제 설정자(agenda-setter)의 역할을 해야 한다.

아울러 이 글은 핵 안보 정상회의 밖의 양자 정상회담을 통하여 한국이 얻어 낸 성과를 분석하고, 한국의 전략에 대해 조망했다. 서울 회의는 핵 안보라는 주제를 갖고 열린 정상회의이지만 정상회의의 틀 밖에서 이명박 대통령은 모두 24차례의 양자 회담을 소화했다. 특히 미·중·러를 포함해 주요국 정상들과의 연쇄 회담에서 북한의 미사일 문제와 핵 문제에 대해서도 어느 정도 공감대를 형성하는 계기를 마련하였다.

핵 안보 프로세스의 주도적 지위를 이용해 한국은 국제사회에 기여하는 동시에, 핵 테러로 야기될 수 있는 직간접적 위해로부터 스스로를 보호할 수 있는 방안을 다각도로 모색해야 한다. 먼저, 북한 핵과 미사일 문제를 직접적으로 핵 안보 프로세스에서 제기하는 것에는 무리가 따르지만, 앞으로 강화될 비확산 규범이나 IAEA의 규정의 개정 작업에 적극적으로 참여함으로써 이 문제에 대한 다자적 접근을 도모해야 한다. 둘째, 핵의 평화적 이용이라는 원칙에서 한국에게 불리한 한미 원자력 협정의 개정을 통해 핵연료의 자체 조달과 사용 후 핵연료의 평화적 이용 기술을 확보해야 한다. 이러한 요구는 한국이 국제사회에서 핵 비확산과 원자력 안전, 그리고 핵 안보 분야에서 어느 정도 독자적인 역할을 할 때, 또 이러한 역할이 미국을 포함해 국제사회의 신뢰를 얻을 때 실현될 것이다.

서울 코뮤니케에서 강조된 사항 중의 하나는 인적 자원 개발에 대한 투자인데, 이것은 장기적으로 핵 안보 문화(nuclear security culture)를 전파하고 강화하기 위한 필요 요건이 될 것이다. 미국의 주도적 리더십도 중요하지만 한국과 같은 중견국가가 창의력과 협상력으로 참가국들 사이에 공감대를 형성시키면서 동북아 지역의 핵 거버넌스를 강화하고 전 세계적 핵 안보 프로세스를 견인해 나가야 할 것이다.

참고문헌

김봉현. 2011. “2012년 서울 핵 안보 정상회의의 개최 의의와 우리의 역할.” 『외교』 제98호(7월), pp. 5-11.

김성배, 신성호, 이상현, 전재성, 전진호. 2012. “글로벌 거버넌스와 핵 안보 정상회의.” 동아시아연구원(2월).

김영호. 2011. “2012년 핵 안보 정상회의 핵 안보 솔선수범 확인시키자.” 『통일한국』 제330호(6월), pp. 40-41.

서울 핵 안보 정상회의 준비기획단. 2012. “서울 코뮤니케.” http://www.seoulnss.go.kr/userfiles/s1.pdf (검색일: 2012/4/25).

서울 핵 안보 정상회의 준비기획단. 2012. “서울 핵 안보 정상회의에 관한 Key Facts.” http://www.seoulnss. go.kr/userfiles/s2.pdf (검색일: 2012/4/25).

서울 핵 안보 정상회의 준비기획단. 2012. “서울 핵 안보 정상회의 참가국 주요 공약 사항.” http://www.seoulnss.go.kr/userfiles/s3.pdf (검색일: 2012/4/25).

서울 핵 안보 정상회의 준비기획단. 2012. “워싱턴 코뮤니케.” http://www.seoulnss.go.kr/common/images/fla/Releases_kr.pdf (검색일: 2012/4/22).

안문석. 2011. “국제정치이론 관점에서 본 오바마 행정부의 외교안보정책.” 『국제정치논총』 제51집 3호, pp. 79-104.

외교통상부. 2012. “서울 핵 안보 정상회의에 관한 Key Facts.” 3월 27일.

유호식. 2011. “핵 안보 개념과 핵 안보 정상회의 개최.” Korea Policy 6(6월).

이상현. 2012. “외교부 당국자 입장에서 본 핵 안보 정상회의.” 『EAI논평』 제27호(3월 28일).

전봉근. 2011. “2012 서울 핵 안보 정상회의 개최 의미와 핵 안보 쟁점.” 『주요국제문제분석』, 외교안보연구원(7월 19일), pp. 1-20.

전성훈. 2010. “핵 안보 정상회의 핵물질 통제 국제 협력 강화 모색.” 『통일한국』 제316호(4월), pp. 35-37.

전진호. 2012. “원자력 안전 결합된 ‘포괄적 핵 안보 개념’ 정립해야.” 『통일한국안보현안분석』 제339호(3월), pp. 16-17.

조현. 2011. “핵 안보 정상회의 개최 의의 및 준비방향.” 『외교』 제96호(1월), pp. 56-62.

한용섭. 2012. “핵 안보 정상회의의 의의와 전망.” 『안보현안분석』 제68권(2월 29일), pp. 1-4

황지환. 2011. “핵 안보 시대 국제 비확산 체제의 글로벌 거버넌스와 한국의 외교.” 『국제문제연구』 제11권 4호(겨울), pp. 1-30.

Albright, David, Paul Brannan and Andrea Scheel-Stricker. 2010. "Detecting and Disrupting Illicit Nuclear Trade after A. Q. Khan." *The Washington Quarterly* 33, No. 2. pp. 85-106.

Arguello, Irma. 2011. "Achieving a New Nuclear Security Architecture." Conference on the 2012 Nuclear Security Summit and Next Generation Nuclear Security, Seoul, September 2.

Biden, Joe. 2010, "The President's Nuclear Vision." *The Wall Street Journal*, January 29.

Bunn, Matthew. 2010. *Securing the Bomb 2010*. Cambridge, Mass: Harvard Kennedy School and Nuclear Threat Initiative.

Barry Buzan, Ole Wæver, and Jaap de Wilde. 1998. Security: *A New Framework for Analysis*. Boulder, CO: Lynne Rienner.

Cooper, Andrew F., Richard A. Higgott, and Kim Richard Nossal. 1993. *Relocating Middle Powers: Australia and Canada in a Changing World Order*. Vancouver: University of British Columbia Press.

Finnemore, Martha, and Kathryn Sikkink. 1998. "International Norm Dynamics and Political Change." *International Organization* 52, No. 1. pp. 887-918.

Gilpin, Robert. 1987. *The Political Economy of International Relations*. Princeton: Princeton University Press.

Goldstein, Joshua S. 2005. *International Relations*. New York: Pearson-Longman.

Haas, Ernst B. 1980. "Why Collaborate?: Issue-Linkage and International Regimes." *World Politics* 32, No. 3. pp. 357-405.

Haggard, Stephan and Marcus Noland. 2009. "A Security and Peace Mechanism for Northeast Asia: The Economic Dimension." *The Pacific Review* 22, No. 2. pp. 119-37.

Horner, Daniel. 2011. "Pyroprocessing Is Reprocessing: U.S. Official." *Arms Control Today*. April.

Keohane, Robert, and Joseph Nye. 1997. *Power and Interdependence*. Boston: Little, Brown.

Kim, Sung-hwan. 2011. "Nuclear Summit: Beyond Security toward Peace." *Korea Times*, December 13.

Krasner, Stephen D. 1982. "Structural Causes and Regime Consequences: Regimes as Intervening Variables." *International Organization* 36, No. 2. pp. 185-205.

Luongo, Kenneth. 2010. "Making the Nuclear Security Summit Matter: An Agenda for Action." *Arms Control Today*, January/February.

Luongo, Kenneth. 2011. "The Urgent Need for a Seoul Declaration: A Road Map for the 2012 Nuclear Security Summit and Beyond." *Arms Control Today*. April.

Luongo, Kenneth. 2011. "Utilizing the NSS to Create a New Generation Nuclear Material Security Regime." Conference on the 2012 Seoul Nuclear Security Summit and Next Generation Nuclear Security, Seoul, November 2.

Pandza, Jasper. 2011. "Managing the Consequences of Nuclear Terrorism." *Survival* 53, No. 5(October/November). pp. 129-142.

Pratt, Cranford. ed. 1990. *Middle Power Internationalism: The North-South Dimension*. Kingston and Montreal: McGill-Queen's University Press.

Rosenau, James and Ernst-Otto Czempiel, eds. 1992. *Governance without Government: Order and Change in World Politics*. Cambridge: Cambridge University Press.

Scholte, Jan Aart. 2000. *Globalization: A Critical Introduction*. London: MacMillan.

Son, Key-young. 2011a. "From a Fault Line to a Catalyst: An Emerging Korean Confederation and the Contour of a Northeast Asian Security Community?" Bernhard Seliger and Werner Pascha. eds. *Towards a Northeast Asian Security Community: Implications for Korea's Growth and Economic Development*. New York: Springer. pp. 13-26.

Son, Key-young. 2011b. "From a Garrison State to a Humanitarian Power?: Security Identities, Constitutive Norms and South Korea's Overseas Troop Dispatches." *Korean Journal of Defense Analysis* 23, No. 4. pp. 557-73.

Stiglitz, Joseph. 2002. *Globalization and Its Discontents*. New York: Norton.

Thakur, Ramesh and Luk Van Langenhove. 2008. "Enhancing Global Governance through Regional Integration." Andrew F. Cooper, Christopher W. Hughes and Philippe De Lombaerde, eds. *Regionalisation and Global Governance, The Taming of Globalisation?* London: Routledge. p. 20.

Zhang, Hui. 2010. "China's Perspective on a Nuclear-Free World." *The Washington Quarterly* 33, No. 2. pp. 139-155.

4장

지역 안보 복합체(RSC) 이론과 동북아시아 지역 연구

이동준

1. 서론

주권국가의 경계를 넘어서는 '지역'(地域, region)을 안전 보장(security, 이하 '안보'로 약기)의 관점에서 어떻게 이론적으로 이해할 수 있을까. 이는 언뜻 평이한 질문으로 보이지만 기존의 주류 국제정치학(혹은 국제관계학)에서는 오랫동안 등한시해 온 주제였다. 특히 주권국가를 분석 단위로 삼으면서, 다른 한편으로 진영 논리에 몰입되기 일쑤였던 냉전기의 국제정치학은 지역을 오히려 성가신 대상으로 간주하기 일쑤였다. 이 같은 지역 홀

---

* 이 글은 2013년 6월 서울대 국제대학원 국제학연구소 『國際地域硏究』 제22권 2호에 게재된 졸고 「지역 안보 복합체(RSC) 이론과 동북아시아 지역 연구」를 가필, 수정한 것이다.

대는 20세기 중·후반기 한국의 국제정치학에서도 예외가 아니었다.

그러나 세계적 수준의 냉전이 종언을 고한 이후 지역은 생존 공간으로서만이 아니라 새로운 가능성의 공간으로서 그 진면목을 드러냈다. 세계화가 급진전하면서 이를 견제 혹은 보완하기 위한 지역화 혹은 지역주의 논의가 본격적으로 전개된 가운데 특히 유럽에서는 지역 통합의 제도화가 현실화했다. 다른 한편으로 오랫동안 주권국가가 독점해 온 안보의 범주도 확장을 거듭해 국가의 영역 안에서는 감당할 수 없는 다양한 지역적 위협이 속출했다. 안보를 지역 수준에서 재구성하기 위한 시도가 탈냉전 후 특히 유럽 학계를 중심으로 활발하게 전개된 배경이다.

이 글은 지역을 안보의 측면에서 조망하기 위한 일단의 이론적 시각을 제공한 것으로 평가받는 '지역 안보 복합체'(Regional Security Complex, 이하 'RSC'로 약기) 이론을 검토하고, 이 이론의 동북아시아 적용 가능성을 타진하고자 한다. RSC 이론의 장점은 안보상의 위협 혹은 우려에 의해 긴밀히 연관된 국가군(complex)에 주목했다는 것이다. 이 이론을 최초로 제창한 부잔(Barry Buzan)의 정의에 따르면, RSC는 "안보에 대한 주요한 우려가 상호 긴밀하게 연결되어 있기 때문에 분리할 경우 해당 국가들의 안보를 실질적으로 이해할 수 없는 국가군"을 의미한다.[1] RSC 개념은 위협과 지리적 거리 간에 상관성이 있다는(위협은 거리가 가까울수록 영향을 미친다) 자명한 전제 하에 주권국가의 영역을 넘어서는 '상상의 공동체'로서의 지역에

1_상기한 RSC의 정의는 부잔이 관련된 초기 저서를 통해 제시한 것으로, 이후 안보 문제화 개념과 결부되면서 대폭 수정된다(각주 6 참조). 인용문의 원문은 다음과 같다. "A group of states whose primary security concerns link together sufficiently closely that their national securities cannot realistically be considered apart from one another"(Buzan 1991, 190).

대한 사회구성적 고찰을 강조한다. 이처럼 지역과 안보를 매개하는 다면적 논의를 시도하고 있다는 점에서 RSC 이론은 주권국가의 틀에 갇혀 지역 연구의 한계를 노정할 수밖에 없었던 기존 국제정치학 연구에 중요한 시사점을 제시하고 있다.

이 글은 우선 기존 지역 연구가 노정한 이론적 결함을 살펴본 후 국제관계의 분석 수준으로서의 지역 안보 연구의 중요성을 지적하고자 한다. 이어 지금껏 산발적으로 원용되면서도 체계적 검토가 충분히 이뤄지지 않았던 RSC 이론의 '진화' 과정을 살펴보고, 이 이론이 현대의 국제관계 및 안보 문제를 고찰하는 데 어떠한 가능성과 한계를 내포하고 있는지 검토하겠다. 이를 기초로 이 글은 동북아시아 지역을 사례로 RSC 이론의 적용 가능성과 그 의의를 따져 보겠다. 요컨대, 이 글은 RSC 이론을 통해 지역 연구와 안보 연구의 합일적 접근을 모색하기 위한 시론적 성격을 갖는다.

2. 문제 제기: 국제정치학과 '지역'

국제정치학에서 말하는 '지역'이란 무엇인가. 근대 이후 국가가 국경선에 의해 명확하게 구분된 것처럼 지역 또한 어떤 단층선에 의해 나눠질 수 있는 개념인가. 그렇지 않다면 과연 우리는 무엇으로써 지역을 말하고 논할 수 있는가.

1) 지역을 둘러싼 혼선

사실 지역은 오랫동안 어느 정도 자명한 실체로서 간주되어 왔다. 그러나 그 자명함은 결코 일정하지 않았다. 특히 아시아의 경우에는 아시아에 동서남북의 수식어를 붙인 것, 혹은 아시아·태평양 등을 포함해 그 경계 설정에 일관된 기준이 적용된 것은 아니었다. 오히려 유럽연합(EU)과 달리 아시아에서는 지역의 경계 자체가 논쟁의 대상이 되기 일쑤였다. 가령, 동아시아의 경우 지도상에 컴퍼스를 이용해 나눠지는 두 부분, 즉 동북아시아와 동남아시아로 대별되기 일쑤이지만, 각각의 양상을 살펴보면 단지 지리적으로 근접한 국가들의 집합체라는 현상 이상의 차별성을 도출해 내기가 쉽지 않다. 실제 동아시아는 '아시아·태평양'과 같이 다양한 지리적 영역들을 하나의 지역으로 묶어 내기 위해 이용되기도 한다. 이 경우 태평양에 면해 있다는 공통점을 매개로 하나의 지역이 만들어지는데, 여기서는 동아시아를 포함해 남미 국가들도 같은 지역 집단으로 취급될 수도 있다. 더욱이 동북아시아의 경우 세계적 수준에서 영향력을 행사하는 '역외 국가' 미국은 물론이고, 유엔 상임이사국으로서 핵 보유국이기도 하며 정치경제적으로 이미 '부상한' 중국과 최근 노골적으로 '보통국가'에의 의욕을 드러내고 있는 일본이 세력권을 다투는 지역인 만큼, 국제 시스템과 구분되는 서브시스템으로서의 지역을 추출해 내기가 쉽지 않다(Kahrs 2004, 64).

때문에 동아시아 혹은 동북아시아에서는 지역의 경계와 내용이 어떻게 만들어지고 공식적으로 지속되는지에 대한 명확한 합의와 동의가 이뤄지지 않은 채 중복되는 '지역'이 우후죽순처럼 등장하고 있다. 이는 각각의 지리적, 역사적, 문화적 친화성 혹은 정치경제적 의도 등에 의해 다양한 지역이 구성되고 있음을 반증한다. 환언하면, 아시아에서의 지역은 지역 연구

자의 숫자만큼이나 많은 지역이 존재하는 모순을 노정하고 있다.[2]

다른 한편으로 최근 국제정치학에서는 지리적 속성에 그다지 구속되지 않는 지역 연구 또한 활발하게 전개되고 있다. 특히, 세계적 수준의 국제 시스템의 하위 개념(서브시스템)을 대상으로 하는 연구로서 주목받고 있는 '네트워크 이론'(Barabási 2002; Watts 2003; Buchanan 2003)이나 '안보 아키텍처 이론'(Tow and Taylor 2010; idem 2008; Bisley 2010; Buzan 2003) 등이 대표적이다. 그러나 대체로 정책적 지향이 강한 이 같은 이론이 연구 대상으로 삼고 있는 것을 지역이라고 부르기에는 일정 정도 유보가 필요할 듯하다. 무엇보다 지역이 지리적 구분이라는 것은 동어반복과 같은 자명한 전제에 해당하기 때문이다. 그럼에도 불구하고 이들 이론은 지리적 근접성보다는 기능적 연계와 동태적 분석을 보다 강조한다.

더욱이 이들 이론을 전개하는 논자들 간에 확립된 지역 개념이 존재하는 것도 아니다. 가령, 안보 아키텍처 이론의 경우 힐러리 클린턴 전 미 국무장관이 아시아·태평양 지역에서의 '제도적 아키텍처' 구축을 제창하면서 정책적으로도 주목받고 있지만(Clinton 2010/1/12), 아키텍처의 구성 요건, 지리적 범위 등에 대한 기준이 확립된 것은 아니다. 상당수 논자들은 미국과 안보 관계를 맺고 있는 아시아·태평양 지역을 아키텍처의 대상으로 상정하고 있는 듯하지만, '동북아시아'의 항구적인 지역 안보 메커니즘의 구축을 지향하거나 '동남아시아'의 아세안 안보 공동체, 나아가 '동아시아'(동아시아 공동

2_물론, 지역 내의 집단 형성은 거대 지역(macro-region)에서 소지역(sub-region)에 이르기까지 다양한 수준에서 나타날 수 있으며, 이들 간에 경쟁적으로 지역 형성을 모색할 수도 있을 것이다. 그러나 여기서 문제시하는 것은 지역을 구성하는 일정한 기준과 이를 분석하기 위한 이론적 틀이다.

체를 포함함) 역내 협력 관계의 증진 등의 언설에서도 드러나듯이 학자들마다 지역 아키텍처의 지리적 범위를 다르게 설정하는 경우가 허다하다.

이 같은 지역 개념의 혼선이 주는 정책적 혼란 또한 적지 않다. 가령, 동아시아 정상회담(EAS: East Asian Summit)은 아세안 10개국과 한·중·일(+3)에서 호주, 뉴질랜드, 인도(+3), 미국, 러시아(+2) 등으로 참가국을 확대해 왔는데, 과연 이들 구성국을 '동아시아' 지역의 일원으로 볼 수 있을까. 실제로 관련국 간에 EAS 참가국을 둘러싸고 상당한 논쟁이 전개되기도 했다. 그러나 여기에는 정책적 지향성으로써 지역을 규정할 수 있는지 등을 포함한 지역 개념에 대한 근원적 의문이 남는다. 과연 우리가 살고 있는 이 지역은 동아시아인가, 동북아시아인가, 아니면 아시아·태평양인가. 또, 이들은 각각 어떠한 근거에 의해 구성되는가.

2) 분석 수준으로서의 지역

국제정치학에는 각 지역의 전문가가 해당 지역의 현실을 분석하는 이른바 '지역 연구'(area studies)의 전통이 강하게 남아있다. 다시 말하면 지역 연구는 오랫동안 존재해 온 독자적인 연구 분야로서 간주되어 왔다. 그러나 국제정치학에서 말하는 지역 연구가 이론적으로도 확립되어 왔다고 믿는 것은 거의 착각에 가깝다고 생각한다. 왜냐하면 기존의 지역 연구에는 이론적 토대가 구축되지 못했기 때문이다. 지금 요망되는 것은 연구자 개인이 임의로 설정하는 지역 혹은 어느 특정 지역에 대한 연구가 아니라, 국제정치 일반의 서브시스템으로서의 지역에 관한 이론과 분석틀이다.

지역 연구를 위한 이론은 왜 존재하지 않은 것일까. 근대 이후 사실상 유럽을 제외하곤 실체로서의 지역이 확립되지 못했다는 점, 냉전기에는 미소 양극 구조가 압도해 지역이라는 시좌가 주목받지 못했다는 점 등을 그 이유로 꼽을 수 있다. 특히 냉전기에 전성기를 구가한 미국 중심의 국제정치학에서는 국가를 핵심적인 분석 단위로 설정하는 현실주의 이론이 주류를 형성했다. 특히 탈냉전 이후에도 강력한 영향력을 행사하고 있는 신현실주의(neo-realism) 이론의 경우 설명 이유에 해당하는 세계적 수준의 국제 시스템으로부터의 '자조'(自助, self-reliance)를 위한 구성단위로서 국가라는 설명 결과(outcome)를 도출해 낸다. 그러나 여기에 분석 수준으로서의 지역이 비집고 들어설 여지는 사실상 없다. 때문에 말레이시아 출신의 정치학자 알라가파(Muthiah Alagappa)가 개탄했듯이 '지역'의 안보에 대한 이론적 탐색은 거의 이뤄질 수 없었다(Alagapa 1998, 10; idem 2003).

그렇다면 왜 지역 연구를 위한 이론적 검토가 필요해 졌는가. 단적으로 말하면 이는 냉전구조가 붕괴되고(달리 말하면 강대국 영향력의 근본적 변화), 각 지역의 정치, 경제적 발전과 다양한 지역적 문제가 대두되면서 국제관계에서 지역을 단위로 하는 분석 수준의 개발이 긴요해 졌기 때문이다. 이는 냉전 시대의 국제정치학에서는 상정하지 않은 연구 방향성이라고도 말할 수 있다. 환언하면, 국가 간 양자 관계의 조합으로서의 국제관계 혹은 국가들로 이뤄진 국제 시스템이 아니라 분석틀로서 지역에 주안점을 둔 국제관계 이론의 개발이 중요해 진 것이다.

그렇다면 우리는 무엇으로써 지역을 획정하고 정책적 지향성까지 담보하는 지역 연구를 수행할 수 있을까. 물론, 다음에서 검토하는 RSC 이론이 지역 연구의 애로사항을 모두 해소해 주지는 않는다. 다만, RSC가 제기하는 논점은 지역을 안보의 관점에서 이론적으로 이해하기 위한 중요한 시사를 줄 수 있다.

3. RSC 이론의 전개

RSC 개념은 1983년 영국의 정치학자 부잔에 의해 최초로 제시된 후 '진화'를 거듭해 왔다. 이 개념은 특히 탈냉전 후 위버(Ole Wæver) 등 이른바 코펜하겐 학파[3]가 제시한 안보 문제화 개념을 포섭함으로써 이론적 정치화(精緻化)와 적용 대상 및 분야의 확장을 시도해 오고 있다. 그럼에도 불구하고 이 이론은 안보의 상호 의존 관계가 지역 수준의 클러스터, 즉 안보 복합체를 통해 패턴화한다는, 부잔이 초기에 제창한 RSC 개념의 기본 골격을 유지하고 있다.

RSC 이론은 '지역 안보 복합체'라는 명칭이 시사하듯이 안보 문제를 상관관계적(relational) 관점에서 이해한다. 부잔은 이 이론을 적용함으로써 파워에 기초한 국제관계 이론의 약점을 극복할 뿐 아니라, 특히 기존 연구에서 홀대 받아 온 지역 수준의 안보 문제를 포괄할 수 있다고 주장한다. 다시 말하면 이 이론은 국가 혹은 국제 시스템이 아니라 지역을 핵심적 분석 단위로 간주함으로써 안보 문제를 더 폭넓게 그리고 실제적으로 분석할 있다는 주장을 전개하고 있다(Buzan 1991, 186; Buzan and Wæver 2003, 43). 다음으로는 RSC 개념의 역사적 전개 과정을 조망하면서, ① 이 이론이 어떻게 안보를 개념화하고 분석하고자 하는지, ② 안보와 지역은 어떤 관련이 있는지, ③ 이로써 구성되는 RSC는 어떤 동학으로써 변용되는지를 중심으로 살펴보고자 한다.

3_코펜하겐 학파는 1985년 덴마크 코펜하겐에 설립된 '분쟁 및 평화연구소'(COPRI)를 모태로 한다. 코펜하겐 학파의 역사적인 기원과 배경, 그리고 국제정치 이론의 관점에서 조망한 새로운 안전 보장 담론의 의미에 대해서는 McSweeney(1996, 81-93)를 참조.

1) 안보 개념의 중심성과 분석단위로서의 지역

냉전기 안보 연구는 군사 전략 연구의 일환으로 간주되어 현실주의 이론이 중시하는 물리적 파워 및 그 분배와 관련된 일련의 가정을 토대로 전개되었다. 특히 이들 연구는 핵무기와 초강대국을 중심으로 하는 양극화 구조는 안보의 대상을 철저하게 국가 중심으로 묶어 놓았고, 안보 문제의 적용도 전적으로 군사 영역으로 한정했다. 억지(deterrence), 강제(coercion), 상승 작용(escalation), 제한 전(limited war) 등의 전략 개념이나, '겁쟁이 게임'(chicken game), '죄수들의 딜레마 게임'(prisoners' dilemma game) 등의 분석틀이 바로 군사적 맥락에서 도출된 안보 연구의 소산이다. 월츠(Kenneth Waltz)로 대변되는 신현실주의 이론의 경우에도 세계적 수준에서의 파워의 분배 구조라는 분석틀을 통해 안보 문제를 설명해 왔다(Waltz 1979). 당연히 신현실주의 이론의 안보에 대한 관심은 강대국 중심의 이데올로기 및 핵 대결이라는 세계적 차원의 정치적·군사적 문제의식에 집중되었다. 세계적 수준의 파워 구조가 지역의 '운명'을 결정짓기 때문에 지역은 독립성이 부족한 주변적 변수로 간주되기 일쑤였다(Buzan et al. 1998, 11-12).

그러나 1970년대 이후 국가 간의 경제적 상호 의존이 증가하고 환경 및 자원 등 초국가적 문제가 대두되면서 파워의 관점에 치중된 기존의 안보 관념에 대한 재고가 요구됐다. 이와 함께 기존의 현실주의적 안보 연구가 합리성과 객관성이라는 미명 하에 오히려 군사적 대결을 부추긴다는 비판이 제기됐다(Bull 1968, 197-604). 이에 따라 기존의 국가 중심의 안보만이 아니라 인간의 안보, 지구적 집단 체를 대상으로 한 안보적 요구가 대두되었는가 하면(Booth 1991), 구조적 차원에서 인간사회의 통합을 모색하는 평화 연구 등이 전개됐다(Galtung 1985). 이는 안보를 단지 객관적 대상물로만 인식해 온 기존 국제관계 이론에 대한 전면적인 재고와 함께, 단순한 경쟁 구도가 아니라 협력과 조정의 메커니즘을 포함한 보다 포괄적이며 세련된 안보 개념의 개발에 대한 시대적 요구를 반영한 것이다. 부잔이 안보 개념의 확장을 통해 국제관계 이론의 재정립을 시도한 배경이다.

부잔이 RSC 개념을 최초로 제시한 People, State, and Fear[4]는 부제로서 “An Agenda for International Security Studies in the Post-Cold War Era”를 표방했듯이 탈냉전기의 세계를 염두에 둔 국제 안보 연구의 개설서를 지향하고 있다. 이 책의 모두에서 부잔은 개인이든, 국가든, 아니면 국제관계이든 인류가 직면하고 있는 여러 문제 가운데 안보 개념이 가장 중요하다고 단언했다(Buzan 1991, 1-3). 부잔에 따르면 파워가 물리적 능력의 정치적 영향과 관련된 것이고, 정의(justice)가 공정한 결과를 추구하기 위한 논의라면, 안보는 위협으로부터의 자유를 추구하기 위한 보다 포괄적 개념이다. 따라서 국제 시스템의 관점에서 보면 안보는 국가나 사회가 독립적인 정체성이나 기능적 통합을 유지하는 능력과 관련되며, 그 대상은 일차적으로 인간 집단이다. 이 같은 관점에서 부잔은 안보 문제가 현실주의의 파워나 이상주의의 평화 개념보다 국제관계를 설명하는 데 유용하다고 주장했다. 이 같은 전제 하에서 그는 인간 집단의 안보에 영향을 주는 주요 분야(sector)로서 군사, 정치, 경제, 사회, 환경 등 5가지를 제시, 안보 연구의 적용 대상의 확대를 시도하는 한편(Buzan 1991, 18-19), 분석 단위로서 국가보다 지역의 유용성을 강조했다.

국제관계에서 안보가 중요하다면, 왜 지역 수준의 분석이 필요한가. 안

4_Buzan(1983)과 제2판 Buzan(1991) 가운데 이 글은 주로 제2판에 근거한다.

보 문제는 행위자 간 혹은 행위자와 구조 간의 관계에 긴밀하게 연관되는 '상관관계적 현상'(relational phenomenon)이다. 안보 자체가 상호관계적이기 때문에 특정 국가의 안보 문제를 제대로 이해하기 위해서는 이것이 포함된 안보상의 상호 의존의 국제적 패턴을 파악할 필요가 있다. 이는 일차적으로 국제 시스템 수준의 분석을 통해 일정 정도 가능하다. 그러나 특정 국가의 안보는 다른 국가들의 안보와 상호 관련되어 있으므로 국제 시스템 수준에 대한 이해만으로 안보의 상호 의존 관계를 완전히 파악하기는 불가능하다. 오히려 이 경우 안보 연구는 비현실적인 것이 될 수 있다. 부잔은 이를 '그물코'(seamless web)의 문제라고 부른다(Buzan 1991, 187).

이를 보완하는 최선의 방법은 무엇일까. 국제 시스템 내부에 분석 수준의 계층성을 확보하여 그물코의 공백을 메우는 것이다. 여기서 국제 시스템 수준과 국가 수준을 이어 주는 지역 수준에서의 안보 연구의 중요성이 대두된다. 지역 국가 간 및 강대국과 지역 국가 간의 안보 관계를 이해함으로써 안보의 상관적 현상을 보다 총체적으로 파악할 수 있기 때문이다. 특히 정치, 군사적 위협의 경우 거리가 가까울수록 강하게 인식된다는 단순한 전제를 감안하면, 지역이라는 지리적 근접성을 가진 서브시스템에 대한 이해는 더욱 중요해진다. 그럼에도 불구하고 지역 서브시스템에 관한 이론적 분석틀이 형성되지 않았다고 부잔은 지적했다(Buzan 1991, 189).

다만, 단순히 국제 시스템의 서브시스템이라는 개념만으로는 아주 애매해 지역이 어떻게 정의될 수 있을지 막연하다. 따라서 부잔은 "안보 문제로 관련되는 지역"으로 범위를 제한함으로써 보다 조작하기 쉽도록 했다(Buzan 1991, 189). 그렇다면 부잔은 '지역' 안보를 어떻게 정의하고 개념화하고자 했는가.

2) '안보 복합체' 개념

지역 안보는 역사적, 사상적 상황의 변화에 따라 국가 안보 및 국제 안보의 관련 속에서 하나의 안보 패러다임으로서 등장했다. 지역 수준에서도 중요한 안보 동학이 존재하기 때문이다. 지역 안보가 하나의 서브시스템을 구성하는 것은 무엇보다 위협, 특히 정치적 위협과 군사적 위협은 거리가 가까울수록 강하게 작용한다는 자명한 논리에 기인한다. 다시 말하면, 지역 안보는 대륙과 해양 등 지리적으로 경계 지워진 지역 내에서 일정 정도의 지역적 일체화와 경계화가 가능한 정치사회적 상호 행위 체제가 구성되어 추구되는 안보의 추세라고 볼 수 있다.

부잔은 지리적으로 인접한 지역 차원의 안보를 정의하기 위해선 파워의 분배 관계를 나타내는 세력 균형뿐 아니라 역사적 우호(amity)와 적대의식(enmity)의 패턴에 대한 이해가 중요하다고 말한다. 이는 안보의 상관성이라는 기본 전제와 함께 부잔이 구상한 RSC를 구성하는 핵심 요인이다. 이 가운데 부잔은 우호/적대 의식의 역사적 동학을 보다 중시했다.

우호란 순수한 우정으로부터 보호나 지원에 대한 기대까지도 포괄하는 관계이며, 적대의식은 의심이나 공포에 의해 설정되는 관계를 의미한다. 물론 우호와 적대의 중간에는 무관심이나 중립이라는 관계가 존재할 수 있다. 세력 균형론의 관점에서 보면 이 같은 우호/적대 의식의 패턴은 결국 세력 균형의 산물이며 파워의 배분에 따라 변경될 수 있다는 주장이 제기될 수 있다. 그러나 부잔은 우호/적대 의식의 패턴의 경우 현실주의적 논리와는 부분적으로 관련될 뿐이며, 오히려 지속적으로 지역 안보에 영향을 미친다는 입장이다(Buzan 1991, 189-190). 특히 적대의식은 민족 간에 역사성을 띨 경우 더 강한 접착성을 과시한다. 그리스와 터키, 폴란드와 러시아,

한국과 일본이 그 예이다.

부잔은 이 같은 우호/적대 의식의 양상을 고찰함으로써 지역 안보의 패턴이나 안보 불안(insecurity)의 성격을 보다 분명하게 이해할 수 있다고 주장한다. 안보를 매개로 한 이 같은 서브시스템은 어느 특정한 지리적 공간에 실질적으로 표출되며, 이는 자의적인 추상화가 가능한 서브시스템 개념과는 달리 경험적으로 표출되어 구성된다는 것이다. 부잔은 이처럼 역사적, 지정학적 배경을 가진 우호-적의-무관심의 패턴을 공유하는 국가군을 '안보 복합체'(security complex)라고 명명했다(Buzan 1991, 190).

안보 복합체는 지역 내에서 안보의 주체가 되는 국가와 국제 시스템 사이에 위치한 분석 수준상의 틀인 지역 서브시스템의 핵심 개념이다. 이것은 지역에 따라 역사적 감정이 혼재하고 권력이 불균등하게 분포함으로써 나타나는 안보 관계의 구조적 '무정부 상태'(anarchy)를 총체적으로 일컫는다. 특정한 안보 복합체 내에서는 군비 경쟁, 무역 분쟁과 같은 작용-반작용의 메커니즘이 동시에 작동하며, 내부적으로 독특한 우호/적대 의식의 상호 작용 패턴이 형성된다. 이런 점에서 부잔은 남미, 중동, 남아프리카, 남아시아, 동남아시아 등의 지역을 안보 복합체로 규정했다(Buzan 1991, 209-210). 요컨대, 안보 복합체는 지역의 지리적 근접성을 전제로 하면서 안보상의 상호 의존 관계라는 기능적 관계를 동시에 내포하고 있다. 여기서 안보 복합체는 이익의 공유와 경쟁이라는 긍·부정의 상호 의존 관계를 모두 포괄하는 개념이며, 세력 균형과 마찬가지로 관련 국가의 인식 여부와 무관하게 존재하며 기능할 수 있다.

그렇다면 안보 복합체는 어떻게 식별될 수 있을까. 각각의 행위자는 당연히 스스로에 대한 특정한 위협을 인식하지만, 그렇다고 안보 문제를 둘러싼 상호 관계의 전체상을 완전히 파악하고 있다고는 볼 수 없다. 여기서 문제가 되는 것은 어느 특정한 우호/적대 의식의 상호 관계가 지배적 현상으로 표출되면서 안보 복합체가 복잡하게 된다는 점이다. 이 같은 복수의 우려가 전체로서 어떠한 패턴을 형성하는가, 또 그 패턴 속에서 안보 복합체를 구성할 정도로 강력한 것은 무엇인가를 가늠하기는 쉽지 않다(Buzan 1991, 192). 따라서 안보 복합체를 식별하기 위해선 안보상의 상호 의존의 상대적 강도를 판단할 필요가 있다. 인도-파키스탄의 관계처럼 매우 강한 경우가 있는 반면, 인도네시아-호주처럼 비교적 약한 관계도 존재한다. 여기에는 상호 의존 관계가 긍정적인 경우도, 부정적인 경우도 당연히 존재할 수 있다. 더욱이 일반적으로 이 같은 상호 의존성은 역내 관계로부터 발생하지만, 글로벌 수준의 강대국이 관련될 경우 역내의 모든 국가가 이에 대한 위협 인식을 공유할 수도 있다(Buzan 1991, 192).

안보 복합체는 국제관계의 무정부 구조로부터 발생하기 때문에 원칙적으로는 국제 시스템 내의 어디에도 존재할 수 있다. 다만, 부잔에 따르면 그 존재를 식별하기 곤란한 두 가지 상황이 있다. 첫째, 여러 국가가 각각의 국경을 넘어 전개할 수준의 파워를 갖지 못할 정도로 약할 경우, 이들 국가 간의 관계는 안보 복합체를 구성할 정도의 안보상의 상호 작용이 존재하지 않을 수 있다. 가령, 아프리카의 일부 지역이나 태평양 제도가 이에 해당한다. 둘째, 역외 강대국의 직접적인 존재가 여러 국가 간의 통상적인 안보 동학을 압도하는 경우이다. 이는 제국주의 시대의 제3세계 식민지나 2차 세계대전 후 미국이 압도적인 영향력을 행사한 동북아시아 등을 통해 확인된다.

한편, 부잔은 초기 저서에서 안보 복합체와 경제적 요인과의 관련성에 대해서는 다소 유보적인 입장을 취했다. 일반적으로 안보 복합체는 안보의 군사, 정치, 사회적 측면을 염두에 두고 있다. 경제적 관계의 경우 정치, 군사적 측면보다 지리적 근접성에 구속되지 않기 때문이다. 다시 말하면 경제적 안보의 문제는 군사적, 정치적 안보와는 다른 동학을 갖고 있다고 볼 수 있다는 것이다. 따라서 부잔은 안보 복합체의 분석에서 경제적 요인을 검토할 필요가 있지만, 이 분석틀은 경제적 안보 그 자체를 분석하기에는 적당하지 않다고도 지적하고 있다(Buzan 1991, 202).

그렇다면 안보 복합체를 구분하는 경계선은 무엇인가. 이는 기본적으로 안보 인식의 상대적 평가나 우호/적대 의식의 패턴 등 상호작용에 의해 형성되지만, 부잔은 절연체적 위치(insulating position)에 있는 국가가 존재할 수 있다는 견해를 제시하고 있다. 남아시아와 동남아시아 간의 미얀마, 유럽과 중동 사이에 있는 터키, 중동과 남아프리카를 경계 짓는 모리타니로부터 수단에 이르는 사하라 일대의 국가군 등이 이에 속한다. 이들은 인접하는 안보 복합체의 사이에서 둘을 차단(절연)하는 역할을 맡고 있다고 한다.[5]

이처럼 부잔은 안보 복합체가 국제 시스템과 같이 독자적, 영속적인 구조를 갖고 있다고 주장하면서, 이를 통해 지역 안보 패턴의 동학을 인식하고 판별할 수 있다고 주장했다(Buzan 1991, 209).

3) 간주관적 접근과 '안보 문제화' 개념

당초 부잔에 의해 주도된 RSC 개념은 이후 안보의 사회구성적 측면을

5_부잔은 또 문화적, 인종적 결합이 안보 복합체의 구분에 관련되는지에 대해서도 언급하고 있지만, "중요한 요소이지만, 이차적" 요인이라고 평가하고 있다(Buzan 1991, 196-197).

강조해 온 위버 등 코펜하겐 학파의 안보 문제화 이론과 결합하면서 이론적 정치화를 도모하게 되고, 이론의 적용 범위도 대폭 확대하게 된다. 1998년 부잔과 코펜하겐 학파의 정치학자 2명이 공저한 『Security: A New Framework for Analysis』는 탈냉전 후의 국제 체제가 탈중심화, 지역화하고 있다는 전제 하에 RSC 개념을 보다 광범위한 안보 과제에 적용시키고 있다. 이 책은 일관되게 RSC '이론'(theory)이라는 용어를 사용하고 있다.

우선 안보 개념 자체에 대한 이론적 보완이 이뤄졌다. RSC 이론의 가장 큰 특징은 안보를 간주관적(상호주관적)으로 이해한다는 것이다. 즉, 안보는 객관적으로 실재하는 위협이나 주관적으로 인식되어지는 위협에 대한 문제라기보다는 '간주관적 정치학의 특별한 유형'(a particular type of intersubjective politics)이다(Buzan et al. 1998, 26). 가령, '적대적인' 탱크가 자국 국경을 넘어 온다고 치자. 여기서 '적대적'이라는 의미는 실재하는 탱크의 객관적 속성을 반영한다기보다는 이를 받아들이는 사회 내에서 구성되어지는 관계의 산물에 불과하다. 왜냐하면 그 탱크가 적대적 탱크인지 평화 유지를 위한 탱크인지는 이를 받아들이는 측의 간주관적 인식의 결과에 따라 달라질 수 있기 때문이다(Buzan et al. 1998, 30).

이 같은 맥락에서 RSC 이론은 안보를 단지 객관적 혹은 주관적 위협으로부터 인식하는 단순한 틀에서 벗어나 안보의 화행(話行, speech act)적 속성을 강조한다(Wæver 1995, 55). 안보를 화행으로 인식한다는 것은 어떤 이슈건 간에 그것을 '위협'으로 간주하고 또 사회적 이슈로 부각시킬 경우 그 행위 자체가 안보가 된다는 것을 의미한다. 다시 말하면 안보라는 언어 행위를 통해 정치인 등 여론 주도층이 특정 위협에 대항하기 위해 필요한 자원을 투입할 권리를 주장하게 되는 사회적 과정을 주목한 것이다. 즉, 안보는 사회의 제 영역에서 위협 요소를 인식하고 그로부터 위기 상황을 문제화함으로써 사회의 자원을 집중 동원하여 그에 대한 해결책을 찾아가는 전반적인 과정을 말한다. 어젠다로서의 안보는 그 위협의 원천이 무엇이건 간에 다양한 이슈들 사이의 지속적인 경쟁과 선두 다툼을 통해 만들어지는 구성적 과정인 것이다(Buzan and Hansen 2010, 325-333). 당연히 이 과정은 위협을 안보의 문제로서 이슈화하는 정치적 과정을 동반한다(Buzan et al. 1998, 23-25). 요컨대, RSC 이론은 안보 행위가 그 자체로서 '자기 준거적'(self-referential) 속성 및 관행을 지닌다는 구성주의적 해석을 수용하고 있다(Buzan et al. 1998, 26).

이 같은 안보의 화행적 속성을 이론화한 것이 '안보 문제화'(securitization) 개념이다. 이 개념에 따르면 안보는 '주어진'(given) 실재라기보다는 그에 대한 사회적 담론의 형성 과정을 통해 구성되는 것이다. 즉, 안보는 현존하는 위협이 무엇인가에 대한 안보 담론을 통해 구성되는 과정이다. 따라서 안보 문제화를 둘러싼 논의는 서로 경합하는 사회 이슈 중에서 어떤 이슈를 위협의 원천으로 삼을 것인지, 이러한 위협에 대처하기 위해 제한된 자원을 어떤 방식으로 배분할 것인지에 대한 치열한 결정 과정과 관련되는 문제이다. 거꾸로 '탈안보 문제화'(desecuritization)는 이미 안보 문제화한 이슈를 안보 담론으로부터 해체하는 과정을 일컫는다. 당연히 어떤 이슈가 탈안보 문제화하면 해당 안보 이슈를 해결하기 위해 더 이상의 예산은 투입되지 않을 것이다. 다시 말하면, 안보는 안보 문제화와 탈안보 문제화 간의 상호 작용 속에서 해체되거나 구성될 수 있는 것이다.

안보에 대한 이 같은 이해는 안보의 대상(referent object)과 안보 문제화하려는 행위자(sucuritizing actors), 안보 문제화의 분야(sectors)의 확대를 이론적으로 가능하게 했다. 즉, 안보를 사회구성적 관점에서 이해하고 안보 문제화 과정을 중시함으로써 종래 정치군사적 영역에 한정되었던 안보의 대상이 경제, 문화, 환경 등으로 확대되었고, 안보에 관여하는 행위자 또한 국가만이 아니라 개인과 같은 국가 하부 단위체와 초국가적 단위체로 확장될 수 있었다. 이를 토대로 부잔 등은 주로 국가라는 행위자를 중심으로 전개되었던 기존의 안보 복합체에 대한 정의를 다음과 같이 수정했다.

> 안보 문제화 혹은 탈안보 문제화의 주요 과정 혹은 이 두 가지가 상호 맞물려 있기 때문에 분리할 경우 안보 문제의 합리적 분석 혹은 해결이 불가능한 단위들의 조합.[6]

다시 말하면, RSC는 지리적 근접성에 입각해 안보 문제화 혹은 탈안보 문제화로 표출되는 안보상의 상호 의존 관계가 내부의 단위들 간에 현저한 패턴으로서 구성되는 지역 복합체를 말한다고 볼 수 있다. RSC는 안보상의 상호 의존 관계의 상대적 강도와 관련되며, 그 강도는 파워의 분배와 우호/적대 의식의 관계에 의해 형성되는 지역 안보의 패턴을 구성하게 되는 것이다. 이 같이 정의된 RSC는 마치 살아있는 생물처럼 태어나고 성장하며 변용되고 퇴화할 수 있다. 다음에서는 RSC 이론이 제시한 안보 복합체의 변용 동학에 대해 살펴보겠다.

6_수정된 안보 복합체 개념의 원문 정의는 다음과 같다. "A set of units whose major processed of securitization, desecuritization, or both are so interlinked that their security problems cannot reasonably be analyzed or resolved apart from one another"(Buzan et al. 1998, 201).

4) RSC의 동학과 유형

이상과 같은 개념적 틀에 기초해 부잔 등은 RSC의 유형과 속성을 규정하고 있다. 앞서 언급한 바와 같이 RSC는 국제 시스템의 서브시스템으로 간주된다. 여기서 지역은 각각의 RSC에 지리적 공간을 제공하며, RSC는 "단위들 간의 안보 상호 의존의 상대적 강도 및 해당 RSC와 주변 단위 간의 안보 상호 의존의 정도"에 의해 구성된다(Buzan and Wæver 2003, 48). 또 이 같이 구성된 RSC는 세력 균형 관계와 우호/적대 의식의 패턴이라는 두 가지 관계의 동학에 의해 규정되고 변용될 수 있다.

국제 시스템 속의 하부구조로서 RSC는 우선 국제 시스템의 극성(極性, polarity)의 시점에서 분석될 수 있다. 동시에 RSC는 국제 시스템을 넘나드는 강대국 관계의 세계적 동학에 영향을 주는 매개 역할을 수행할 수 있다. 다만, 여기서 RSC 이론은 글로벌 파워와 지역 파워를 구분한다(Buzan and Wæver 2003, 49). 둘째, 이 이론은 파워의 분배와 우호/적대 의식의 패턴을 핵심 변수로 간주한다. 다만, 앞서 지적한 바와 같이 RSC 이론은 극성이 안보적 관계에 중요한 영향을 줄 수 있지만, 결정적이지는 않다는 입장이다. RSC가 사회적으로 구성되는 만큼, 어떤 이슈가 안보 문제화하는지에 따라 RSC는 재구성될 수 있다. 따라서 RSC의 현상과 그 미래상을 예상하기 위해서는 역사적인 증오 혹은 친밀감 등 분쟁을 일으키는 구체적인 이슈의 (탈)안보 문제화 과정을 면밀히 살펴봐야 한다(Buzan and Wæver 2003, 50).

이 같은 동학에 기초해 RSC는, ① 필수적인 구조를 유지한 채 현상 유지하거나(maintenance of the status quo), ② 파워의 분배와 우호/적대 의식의 패턴의 변화 등에 의해 내부적으로 변용되거나(internal transformation), ③ 다른 RSC와의 통합 등 외부적 요인에 의해 변용될 수(external transformation) 있다(Buzan and Wæver 2003, 53). 이 가운데 RSC의 내부적 변용에 주목할 경우 파워의 분배 구조 혹은 우호/적대 의식의 패턴의 변화를 통해 RSC는 변화한다. 파워의 분배의 변화에 의해 RSC는 단극 체제로부터 다극 체제로 변할 수도 있으며, 사회적 구조로서의 RSC는 우호/적대 의식의 변화에 따라 다양한 스펙트럼의 유형을 취할 수 있다.

부잔 등에 따르면 가장 부정적인 RSC는 내부의 안보적 상호 의존 관계가 위협 의식 등으로 점철되거나 경쟁적 성격을 띠는 '분쟁 형성'(conflict formation) 유형이며, 그 다음으로 긍정적인 것은 구성원들 간에 안보 딜레마를 줄이는 노력이 진행되지만 여전히 잠재적 위협 요인을 내포하고 있는 '안보 레짐'(security regime) 유형이다(Jervis, 1982). 이에 대해 가장 긍정적인 RSC는 '안보 공동체'(security community) 유형으로, 구성 국가들 상호간에 신뢰 관계가 형성되어 무력 사용에 대한 우려가 사실상 사라진 경우이다(Adler and Barnett, 1998; Buzan, 1991: 218).[7] 가령, '분쟁 형성' 유형의 RSC는 내부의 우호/적대 의식 패턴을 개선함으로써 '안보 레짐'이나 '안보 공동체' 유형으로 진화할 수 있는 셈이다.

7_우호/적대 의식의 패턴에 따라 RSC를 이 같이 유형화한 것은 영국학파의 홉스, 그로티우스, 칸트 유형 혹은 웬트(Alexander Wendt)의 홉스, 로크, 칸트적 문화로 구분한 것과 유사한 측면이 있다. 다만, 부잔은 '분쟁 형성' 유형의 경우 웬트가 지적한 홉스 모델보다는 넓은 개념이며, '안전 보장 레짐'은 로크 모델보다는 좁은 개념이라고 주장한다(Buzan and Wæver 2003, 53).

4. RSC 이론을 둘러싼 논쟁

RSC 개념은 국제정치학계에서 다양한 이론적 논쟁을 불러 일으켰다. 논쟁은 크게 RSC 이론이 제시한 안보 개념에 대한 문제 제기와 RSC 개념 자체를 둘러싼 것으로 대별할 수 있다.

1) 안보에 대한 진화론적 인식과 상대주의의 함정

앞서 살펴본 바와 같이 RSC 이론은 부잔에 의해 '안보 복합체'의 개념화가 시도된 초창기에는 행위자로서의 '국가'를 중시하면서 시스템 이론을 적극 활용하는 등 객관주의를 추구했다는 점에서 신현실주의적 시각을 상당히 수용하고 있었다. 그러나 1990년대 후반부터 위버 등 코펜하겐 학파가 가세, '안보 문제화' 개념을 전면에 내세우면서 RSC 이론은 구성주의적 성향을 강하게 표출하게 된다(Eriksson 1999, 314). 때문에 지금도 RSC 이론은 국제정치 이론의 현실주의와 구성주의를 혼합한 듯한 것으로 비쳐지고 있다(민병원 2006, 39). 실제 RSC 이론은 RSC의 핵심 요소로서 신현실주의 이론이 강조하는 파워의 분배와 함께 우호/적대 의식의 패턴이라는 구성주의적 시각을 동시에 강조한다. 더욱이 RSC 이론가들이 중시하는 안보 문제화 개념은 무엇이 위협이고 누가 적인가에 대한 개념을 규정할 수밖에 없는데, 이는 정치적 힘의 관계를 반영하지 않을 수 없다. RSC 이론이 제시한 안보 담론에 대한 비판 또한 이 같은 이중성이 낳은 논리적 모순에 모아지고 있다.

RSC 이론가들은 안보에 대한 구성주의적 시각이 가치중립적이라고 간주한다. 그러나 이 또한 서구 중심의 이념적 편향성의 결과물이라는 비판이 제기된다. 가령, 안보에 관한 부잔의 초기 주장은 세계가 '미숙한'(immature) 무정부 상태로부터 '성숙한'(mature) 무정부 상태로 진행되고 있다는, 다분히 진화론적 가치관을 내포하고 있다(Buzan 1991, 178-181). 또한 앞서 언급한 바와 같이 RSC 이론은 RSC의 유형을 '분쟁 형성-안보 레짐-안보 공동체'로 분류, 일종의 서열화와 발전 가능성을 염두에 두고 있다. 이는 지역별로 RSC의 성숙도에 차이가 있다는 것을 전제로 하는 발상으로, 궁극적으로는 서구의 모델이 가장 이상적이라는 편견이 이론적 논의 속에 자리 잡고 있음을 반영한다(민병원 2006, 35).

RSC 이론가들이 중시하는 안보 문제화 개념 또한 구성주의적 분석 시각이 내포하는, 이른바 '규범적 딜레마'(normative dilemma)에 직면할 수 있다. 호이스만(Jef Huysmans)에 따르면 코펜하겐 학파가 제시한 안보론은 위협을 만들어 내는 어떤 사회적 이슈를 언급하는 행위만으로 선입견이나 사전 판단을 공론화할 수 있으며, 이는 안보 문제화한 이슈에 대한 검증이나 진위 여부와 무관하게 사회에 지대한 영향을 미치게 된다. 가령, 마약 문제를 안보 이슈로서 제기할 경우 해당 이슈의 안보 문제화 여부와는 무관하게 안보 담론 자체는 이미 마약 문제에 대해 부정적인 방향으로 전개되고 만다(Huysmans 2002, 42). 이처럼 RSC 이론의 안보 문제화 개념은 보다 포괄적으로 안보를 논의하기 위한 이론적 틀을 제시하고 있음에도 불구하고 스스로 가치중립적이지 않다는 비판을 받고 있다.

2) RSC와 역외 국가 문제

RSC 개념을 둘러싼 또 다른 논쟁은 이른바 '역외 국가'에 대한 평가에 모아진다. 가령 어느 역외 국가의 영향력 혹은 외교정책이 해당 지역의 안보 인식의 중심을 점하고 있거나 RSC의 동학에 중대한 의미를 갖는다면 그 역외 국가를 '역외'(outside)로 단정하기 어려워진다. 이 경우 RSC의 기본 전제인 지리적 근접성이 흔들릴 수 있다. 일반적으로 군사적 투사력은 거리에 비례해 약해지고, 분쟁의 원인이나 상대적 지위 혹은 영향력을 둘러싼 경쟁도 주로 근린 관계 속에서 전개되므로 지리적 요인은 중요한 잣대이다. 하지만, 가령 역외 강대국이 해당 지역에 지속적으로 강력한 군사력을 전개하고, 중요한 지역 동맹의 일원으로서 해당 지역의 중요한 분쟁 혹은 안보 문제에 개입하거나 전쟁의 당사자가 되어 최대의 군사 위협이 될 경우 이 역외 국가는 사실상 RSC의 구성 멤버로서의 역할을 수행하는 셈이다.

이와 관련해 레이크(David A. Lake)는 "내부에 있는 역외 국가"(outside state is inside)라는 인상적인 표현을 통해 지리적 근접성에 대한 재고를 주장했다(Lake and Morgan ed. 1997, 30). 예를 들어 동북아시아 RSC의 경우 미국이 구성국이 되는지 여부가 중요한 논쟁점이 될 수 있는데, 그 결과 '회색 공간'이 생겨 RSC는 오버랩 되거나 이슈, 사건, 인식 등에 의해 변화할 수 있다. 이 같은 관점에서 레이크는 RSC 이론가들이 자명한 전제로서 간주하는 지리적 근접성과 관련, 이것이 RSC 내의 멤버를 결속시키는 요소일 수 있지만 멤버가 되기 위한 필요조건은 아니라는 견해를 피력했다.[8]

8_이에 대한 부잔 등의 반론은 Buzan & Wæver(2003, 78-82)를 참조.

그 연장선상에서 레이크는 국제정치 현실에 적절히 합치시킬 필요가 있다면서 부잔이 제시한 RSC 개념을 "분명한 지리적 영역으로부터 도출되는 하나 이상의 안보적 외부 효과에 의해 지속적으로 영향을 받는 국가군"으로 재정의할 것을 주장했다.[9] 다시 말하면, 지리적 요인은 안보상의 외부 효과(영향)가 발생하는 물리적 공간을 의미할 뿐이지 RSC의 구성을 결정하는 요인이 아니라는 것이다. 물론 레이크의 주장은 지역을 포괄하는 세계적 수준에서 압도적인 영향력을 행사하는 미국의 존재를 강하게 의식한 것으로, 동북아시아 국제정치를 고려하면 충분히 참고할 만하다.

5. 동북아시아 지역 안보 연구와 RSC 이론

부잔 등은 RSC 이론을 입증하기 위해 광범위한 지역에 대한 사례 연구를 전개했다. 특히 동북아시아와 관련, 부잔과 위버는 2003년 출간된 『Regional and Powers』에서 이 지역이 독자적인 RSC로서의 안보 동학을 구성하고 있다는 입장을 피력하면서도, 1980년대 이후의 경제적 교류 확대

9_원문의 정의는 다음과 같다. "A set of states continually affected by one or more security externalities that emanate from a distinct geographic area"(Lake and Morgan ed. 1997, 12). 이에 따라 RSC는 지역질서와는 구분된다고 레이크는 주장한다. 여러 국가를 연결하는 안보상의 외부 효과 그 자체로는 국가가 안보 관계를 통제하는 방법을 규정할 수 없다는 것이다. 따라서 국가가 왜 어떻게 특정한 행동을 취했는지, 이것들이 유지 혹은 제거될 가능성에 영향을 주는 요인은 무엇인가에 대한 분석이 이뤄져야 한다. 즉, 레이크에 따르면 RSC와 지역질서 모두 지역 관계의 연구에서 유용한 분석 개념이 될 수 있다.

와 탈냉전 후의 정치적 안보 환경의 변화에 따라 동북아시아 RSC가 동아시아 RSC에 통합되었다는 견해를 피력했다(Buzan & Wæver 2003, 144).[10] 부잔 등이 이 같은 입장을 취한 것은 1990년대 이후 베트남의 아세안 가입과 아세안 지역 포럼(ARF: ASEAN Regional Forum) 등으로 대변되는 동남아시아의 지역 통합 제도화의 진전과 함께, 동남아시아 및 동북아시아를 아우르는 중국의 영향력 확대를 강하게 의식했기 때문이다. 다음에서는 부잔 등의 논지를 염두에 두면서 RSC 이론의 동북아시아 적용 가능성과 지역 연구에의 시사점에 대해 언급하고자 한다.

1) 동북아시아는 RSC인가

동북아시아는 지리적으로 아시아 동북부 지역을 말한다. 좁은 의미로는 한반도와 일본, 중국(대만 포함)을 가리키며, 넓은 의미로는 몽골, 러시아 극동 지역을 포괄하는 지역이다. 이 지역은 냉전기에 구축된 미국을 중심으로 한 '허브 앤드 스포크'(hub and spoke) 모양의 동맹 체제가 정치군사적으로 여전히 막강한 영향력을 행사하고 있는 가운데 중국의 부상에 따른

10_물론, '동아시아' 지역의 국제관계는 안보 문제화, 세력 균형, RSC 이론을 통해 분석할 수 있다. 다만, 부잔 등이 지적한 대로 동아시아 지역은 탈냉전 후 정치적, 경제적 안보의 상호 작용이 두드러지고 있다. 이 지역에서는 특히, ① 중국과 일본이라는 지역 대국의 동향이 주목되는 가운데 ② 냉전의 연속선에 있는 동북아시아와 안보 레짐화가 진전되고 있는 동남아시아가 대비되며, ③ 일본과 인도, 호주 등의 중국에 대한 위협 인식에 의해 아시아 슈퍼 안보 복합체(supercomplex)로부터의 영향을 받으면서 ④ 탈냉전 후 미국의 개입 수준이 조정되고 있다(Buzan & Wæver 2003, 152-171).

세력 균형 구조의 변화 가능성이 대두되고 있다. 다른 한편으로 이 지역에서는 남북 관계와 양안 관계로 대변되는 냉전의 유제가 잔존한 가운데 독도, 센카쿠(중국명: 댜오위다오) 등 과거 일본의 제국주의적 확장에 기인하는 부정적인 우호/적대 의식의 패턴이 현저하게 표출되고 있다. 이 지역은 또한 탈냉전 후 북한 핵 문제로 대변되는 위협 요인과 함께 인권, 환경, 에너지 문제 등 지역 공통의 비전통적 안보 현안을 안고 있다. 요컨대, 동북아시아는 RSC 이론이 제시한 안보 상호 의존 관계의 패턴이 현저하게 표출되고 있으며, 세력 균형과 우호/적대 의식 패턴의 측면에서도 독자적인 안보 관계를 구성하고 있다고 볼 수 있다(Bae and Moon 2005).

동북아시아 RSC의 특징 중 하나는 전통적 안보 현안이 비전통적 안보 현안을 압도하고 있다는 점이다. 현재 이 지역에서 현저하게 분출되고 있는 안보 문제는 일본 제국주의의 유제와 미일 동맹과 한미 동맹, 북중 동맹 등의 대결적 동맹 체제로 상징되는 냉전의 유산에 기인하는 경우가 많다. 독도와 센카쿠, 군대 위안부 문제 등이 전자에 해당하며, 북한 핵 문제, 미중 및 중일 갈등 등은 후자에 해당한다. 이 같은 탈식민지화와 탈냉전의 과제는 동북아시아 RSC의 안보적 상호 의존의 패턴을 우호적 보다는 적대적으로 만드는 요인이 되고 있으며, 이는 결과적으로 인권, 환경, 에너지 등 국경을 초월한 비전통적 안보 현안에 대한 지역 협력과 지역 레짐의 형성을 저해하고 있다.

따라서 부잔이 분류한 RSC의 유형 분류 방법을 적용할 경우, 동북아시아 RSC는 안보상의 상호 의존 관계에서 위협 의식이 상존하는 '분쟁 형성' 유형에 해당한다고 평가할 수 있을 것이다. 동북아시아 RSC는 대체로 안보 관계가 '경쟁적' 속성을 띠는 가운데 역내 거버넌스 체계나 지역 정체성의 형성 또한 지극히 미진하기 때문이다. 앞서 언급한 바와 같이 동북아시아

RSC는 여타 RSC와는 달리 냉전 시대 이래의 전통적 안보 문제를 강하게 안고 있는 가운데 인권, 환경 문제 등 비전통적 위협 요인에 직면해 있다.

그러나 RSC는 파워의 분배 구조 혹은 우호/적대 의식의 패턴의 변화를 통해 변용될 수 있다. 동북아시아 RSC 또한 내부적 안보 관계의 변화에 따라 '안보 레짐' 혹은 '안보 공동체' 유형으로 나아갈 가능성을 배제할 수 없다. 실제 세계적 수준의 냉전이 종식된 이후 동북아시아 지역을 중심으로 한 다양한 지리적 공간을 배경으로 지역 협력 체계들이 등장하고 있다. 유럽에서의 EU의 역할이 상징하는 것과 같은 단일한 지역 거버넌스 구조를 형성하지는 못하고 있지만, 현재 동북아시아에서는 회원국과 경계, 의제 등이 상호 중첩되는 그룹들이 부상해 공간적 범위와 지배 구조에 대한 상이한 구상들을 제시하며 경쟁을 벌이고 있다. 이 같은 중첩된 지역주의의 등장은 결국 중첩된 지배 구조의 제도화 혹은 단일성과 공식성보다는 복수성과 비공식성이 지배하는 거버넌스 구조의 도래를 시사한다. 이 과정에서 동북아시아 RSC는 안보 상호 의존 관계의 변화를 통해 내적 변용을 경험하게 될 것이다.

2) RSC 이론의 동북아시아 적용

앞서 검토한 RSC 이론은 기존의 동북아시아 국제관계 혹은 지역 연구에 다음과 같은 시사점을 제공하는 것으로 생각된다.

첫째, 지역 개념을 둘러싼 문제이다. 지역의 경계와 개념을 둘러싸고 혼선을 빚고 있는 동북아시아 지역의 실태를 감안하면, "지역 안보의 서브시스템으로서 특정한 지리적 공간에 실질적으로 내포된 우호와 적대의식의 패턴" 혹은 "긍정적, 부정적 양측에 걸친 상호 의존 관계"라는 RSC 이론이 제시하는 지역 개념은 지역 연구에서 하나의 준거가 될 수 있을 것이다. 특히 한국의 국제정치학에서는 '지역'을 중시할 경우 미국과의 양자 동맹 관계를 경시하는 것으로 이해하는 냉전적 사고가 존재한다. 이는 '반미'와 '친미' 모두에 해당하며, 이 지역에 오랫동안 영향력을 행사해 온 미국의 존재를 지나치게 의식한 결과에 다름 아니다. 그러나 이로 인해 지역 안보 연구는 출발부터 왜곡되고 만다. RSC 이론은 이 같은 지역 연구의 편향성을 시정하고 좀 더 폭넓은 관점에서 지역을 조망하는 시점을 제시할 수 있을 것이다.

둘째, 이 지역의 미래상을 전망하기 위한 분석틀의 문제이다. 이와 관련, RSC 이론이 제기한 안보 문제화 개념은 동북아시아 지역 안보 이슈에 대해 유용한 정책적 대안을 제공할 수 있다. 안보 문제화 개념은 안보 문제가 구성되고 해체되는 정치적, 사회적 과정에 주목하고 있으며, 이는 직접적으로 예산의 투입 등 정책으로 구현될 수 있다. 동북아시아에는 주권국가의 영역을 넘어선 다양한 지역적 현안이 존재한다. 대표적으로 북한 핵 문제를 꼽을 수 있다. 비확산이라는 측면에서 보면 북한 핵 문제는 역외 국가로서 지역 안보 현안에 중요한 영향력을 행사하는 미국이 관여하는 글로벌 이슈이지만, 동북아시아 지역의 안보 상호 관계에 직접적인 영향을 미치는 불안 요인이다. 북한 핵 문제는 이란의 핵 문제와는 달리 무엇보다 동북아시아 지역 국가들만이 공유하는 중대한 위협 요인이기 때문이다. 이 같은 전통적 안보 문제 외에도 동북아시아에는 인권, 에너지, 마약, 환경 등 다양한 비전통적 안보 현안을 안고 있다. RSC 이론이 내포하는 (탈)안보 문제화 개념은 지역의 안보 이슈를 보다 실질적으로 규명하고 해결책을 모색하기 위한 분석틀이 될 수 있다.

셋째, 최근 동북아시아에서는 지역을 논할 때 경제적 상호 의존 관계의 심화를 강조하는 경향이 있다. 그러나 부잔이 초기 저작을 통해 안보 복합체 개념을 제시하면서 지적했듯이 경제의 논리는 지리적 요인을 넘어서는 것이며, 지역 분석의 기준이 되기에는 부적절한 측면이 있다. 가령, EU의 경우 경제적 동기에 의해 지역 통합을 위한 제도화가 촉진된 것은 분명하지만, 그 출발점은 어디까지나 부전(不戰) 공동체였다. 그렇다고 경제적 상호 의존 관계의 심화가 RSC의 내적 변용에 미치는 영향을 무시하긴 어려울 듯하다. 경제적 관계의 증진은 RSC 내의 파워의 분배 구조 혹은 우호/적대 의식의 패턴의 변화를 유발할 수 있기 때문이다. 다만, 동북아시아 지역의 경우 사회적, 경제적 안보 영역에서의 상호 의존과 정치·외교·안보적 측면에서의 '상호 갈등'이 맞부딪치는 가운데 경제적 협력의 강화와 정치군사적 대립의 심화라는 이율배반적 안보 상호 관계의 패턴이 형성되고 있다. 경제 협력 확대를 통한 상호 의존의 심화가 기존의 질서를 지배해 온 정치 논리를 대체할 수 있는가, 냉전적 잔재를 안고 있는 기존의 지역 문화를 공존과 협력을 위한 RSC로 재편하기 위해서는 어떠한 조건이 요구되는지 등에 대한 논의가 필요하며, 이때 RSC 이론은 하나의 유용한 분석틀이 될 수 있을 것이다.

넷째, RSC 이론이 제시하는 정책적 함의이다. 탈냉전 후 동북아시아에는 지역의 안보 현안을 해결하기 위한 다양한 지역 통합 구상과 이를 위한 다자외교의 틀이 구축되고 있다. 북한 핵 문제 해결을 위한 6자회담, EAS, 아세안+3 등과 함께, 자유무역협정(FTA)으로 대변되는 다양한 경제 지역주의가 전개되고 있다. 이는 동북아시아에 중층적인 지역 구조가 형성되고 있음을 시사한다. 다만, 이 같은 지역화 현상이 중층적인지, 아니면 중요한 것과 형식적인 것이 혼재하는 혼돈 상황인지, 결국 예측할 수 없는 위험인지를 따질 필요가 있다. 이 같은 문맥에서 RSC 이론은 이 지역에 어떠한 정책이 효과적인지, 어떠한 전략 목표가 가능한지를 논의하기 위한 이론적 논의의 준거를 제공할 가능성을 내포하고 있다.

6. 결론

탈냉전 후의 국제관계에서 지역은 중요한 연구 대상이다. 부잔이 지적했듯이 대부분 국가의 국가전략이 세계적 수준의 국제 시스템이 아니라 지역을 기반으로 전개되고 있기 때문이다(Buzan and Wæver 2003, 41). 따라서 RSC 이론이 주권국가의 범주를 넘어서는 지역을 대상으로 이론적 틀을 제시한 의미는 결코 가볍지 않다. 이 글의 앞에서도 언급했듯이 지역의 정의를 둘러싼 논쟁이 정책적 혼선으로도 이어질 수 있다는 점을 상기하면, RSC 이론이 제시한 이론적 함의는 현실 정치에도 직접적으로 기여할 수 있음을 시사하고 있다. 더욱이 RSC 이론은 신현실주의와 구성주의적 관점을 포섭하는 분석틀을 제시하고 있을 뿐 아니라 지역 연구와 안보 연구를 매개하는 이론으로서 기능할 가능성을 보여 주고 있다. 특히 RSC 이론의 (탈)안보 문제화 개념은 다양한 안보 이슈를 지역을 배경으로 다면적으로 분석할 수 있는 이론적 관점을 제시하고 있다.

물론, 앞서 지적했듯이 RSC 이론은 다양한 논쟁적 요소를 내포하고 있고, 실제 국제정치학계에서 다양한 문제 제기가 이뤄지고 있다. 여기에 기존의 지역 연구자의 경우 RSC 이론의 접근법에 대해 상당한 위화감을 느낄 수도 있을 것이다. 때문에 RSC 이론을 지나치게 엄격하게 개념화, 이론화하고 이를 고집할 경우 오히려 지역 현실을 무시한 설명이라는 비판에 직면할 수도 있을 것이다. 물론, 이 같은 위험성은 국제 시스템 수준의 일반 이론을 지향하는 신현실주의 이론도 마찬가지로 부딪히는 딜레마이기도 하다.

RSC 이론이 강조하는 안보 개념의 중심성에 대해서는 이론(異論)이 있을 수 있지만, 적어도 지역 수준의 국제관계 분석이 갖는 차별성에 대한 충분한 논의가 필요한 시점인 것은 분명하다. 부잔 등 RSC 이론가들이 지적하듯이 이 이론은 지역 분석을 위한 토대가 되는 개념이며 종래의 국제정치학에서 결여된 지역 비교 연구의 시점(perspective)을 제공하고 있다. 특히 동북아시아와 같이 '지역' 개념 자체가 논쟁 대상이 되는 경우 RSC 이론은 지역을 분석 단위로 하는 안보 연구의 방향을 제시할 뿐만 아니라 다양한 안보 현안을 논의하기 위한 이론적 실마리를 제공하고 있다.

참고문헌

Adler, Emanuel and Michael Barnett. 1998. *Security Communities*. Cambridge: Cambridge University Press.

Alagappa, Muthiah ed. 1998. *Asian Security Practice: Material and Ideational Influence*. Stanford, California: Stanford University Press.

______ ed. 2003. *Asian Security Order: Instrumental and Normative Features*. California: Stanford University Press.

Bae, Jong-yun and Moon Chung-in. 2005. "Unraveling the Northeast Asian Regional Security Complex: Old Patterns and New Insights." *The Korean Journal of Defense Analysis* 17, No. 2. pp. 7-34.

Barabási, Albert-László. 2002. *Linked: The New Science of Networks*. Cambridge, MA: Perseus Publishing.

Bisley, Nick. 2010. *Building Asia's Security*. London: Routledge.

Buzan, Barry and Ole Wæver. 2003. *Regions and Powers: The Structure of International Security*. Cambridge: Cambridge University Press.

Booth, Ken. 1991. "Security and Emancipation." *Review of International Relations* 17, No. 4. pp. 313-326.

Bull, Hedley. 1968. "Strategic Studies and Its Critics." *World Politics*, 20(4): 593-605.

Buchanan, Mark. 2003. *Nexus: Small Worlds and the Groundbreaking Science of Networks*. New York: W. W. Norton.

Buzan, Barry. 1991. *People States and Fear: An Agenda for International Secuity Studies in The Post-Cold War Era,* 2nd ed. Boulder, CO: Lynne Rienner.

______. 2003. "Security Architecture in Asia: the Interplay of Regional and Global Levels." *The Pacific Review* 16, No. 2. pp. 143-173.

______, Ole Wæver. 2003. *Regions and Powers: The Structure of International Security*. Cambridge: Cambridge University Press.

______, Ole Wæver, and Jaap de Wilde. 1998. *Security: A New Framework for Analysis*. Boulder, CO: Lynne Rienner Publishers.

______ and Lene Hansen. 2010. *The Evolution of International Security Studies*. Cambridge: Cambridge University Press.

Clinton, Hillary Rodham. 2010. "Remarks on Regional Architecture in Asia: Principles and Priorities, January 12." http://www.state.gov/secretary/rm/2010/01/135090.htm (accessed on 29 March 2013).

Eriksson, Johan. 1999. "Observers or Advocates? On the Political Role of Security Analysts." *Cooperation and Conflict* 34, No. 3. pp. 311-330.

Galtung, Johan. 1985. "Twenty-Five years of Peace Research: Ten Challenges and Some Responses." *Journal of Peace Research* 22, No. 2. pp. 141-158.

Huysmans, Jef. 2002. "Defining Social Constructivism in Security Studies: The Normative Dilemma of Writing Security." *Alternatives: Global, Local, Political* 27, No. 1. pp. 41-62.

Jervis, Robert. 1982. "Security Regimes." *International Organization*, 36(2): 357-378.

Kahrs, Tuva. 2004. "Regional Security Complex Theory and Chinese Policy towards North Korea." *East Asia* 21, No. 4. pp. 64-82.

Lake, David A. and Patrick M. Morgan ed. 1997. *Regional Orders: Building Security in a New World*. University Park, PA: The Pennsylvania State University Press.

McSweeny, Bill. 1996. "Identity and Security: Buzan and the Copenhagen School." *Review of International Studies* 22, No. 1. pp. 81-93.

Tow, William T. 2008. "Challenges to Building an Effective Asia-Pacific Security Architecture." In Michael J Green and Bates Gill (Eds.), *Asia's New Multilateralism: Cooperation, Competition, and the Search for Community*. New York: Columbia University Press.

______ and Brendan Taylor. 2010. "What is Regional Security Architecture?." *Review of International Studies* 36. pp. 95-116.

Waltz, Kenneth N. 1979. *The Theory of International Politics*. Reading. MA: Addison-Wesley.

Watts, Duncan J. 2003. *Six Degrees: The Science of a Connected Age*. New York: W. W. Norton.

민병원. 2006. "탈냉전 시대의 안보개념의 확대: 코펜하겐 학파, 안보 문제화, 그리고 국제정치 이론." 서울대 국제문제연구소 편. 『세계정치와 동아시아 안보구상』 제5권. pp. 13-61.

제2부

동아시아 경제질서

5장

동아시아 다자주의 무역질서 형성과 한국의 전략

이용욱·하경석

1. 서론

동아시아의 통상 지역주의(trade regionalism)는 중대한 전환기를 맞이하고 있다. 그동안 동아시아 국가들은 지역적 경계와 관계없이 전 세계의 국가 및 경제 주체들과 양자 자유무역협정(FTA: Free Trade Agreement)을 추진하여 왔다. 이러한 무역 행태는 지역적 다자주의 무역질서 형성과는 거리가 먼 것이었다. 역내 국가 간 FTA의 지리적 근접성에 따른 비용 절감 효과에도 불구하고 역내 FTA보다 외부 경제 주체들과의 FTA가 상대적으로 활발했는데, 동아시아 국가들이 역외 경제 주체들과 맺은 FTA가 전체

* 이 글은 『국가전략』 2014년 제20권 제1호에 출판되었다.

표 5-1 | 동아시아 국가들의 역내, 역외 양자 간 FTA 체결 현황(2013년)

지 역	양자 간 FTA 체결 수	비 율
ASEAN+6(한국, 중국, 일본, 호주, 뉴질랜드, 인도) 내부	42	32%
ASEAN+6 + 아시아	21	16%
ASEAN+6 + 아시아 외부	67	52%
합 계	130	100%

출처: Asia Development Bank(2013).

양자 간 FTA 협정의 50% 이상을 차지하고 있는 수준이다(ADB 2013, 〈표 5-1〉 참조). 그 결과 동아시아에서는 무역 자유화와 지역주의의 흐름이 서로 유기적인 관계를 맺지 못한 채 진행되어 왔다. 동아시아는 역내 무역 비중의 증가와 양자 간 FTA의 급격한 증가 추세에도 불구하고 뚜렷한 다자화(또는 지역 제도화)의 움직임을 보이지 못하고 있었고, 특히 동북아시아 지역은 한국, 중국, 일본 사이의 상당한 무역량에도 불구하고 '제도의 공백'(Organizational Gap)이 존재하는 지역으로 평가되었다(Calder and Ye 2010). 역내 무역 비중이 점차 증가하여 2011년 기준 43.7%에 달하고 있지만(IMF 2012), 지역 기반의 통상 협력체를 갖추지 못한 채 EU와 NAFTA 등의 세계 경제 블록(bloc)과 경쟁해야만 했던 것이다.

하지만 한국, 중국, 일본이 3자 간 FTA를 추진하고, 미국이 환태평양을 국가들을 대상으로 하는 환태평양 경제 동반자 협정(TPP: Trans-Pacific Partnership)을 주창하는 한편, 중국이 중심이 되어 ASEAN+6 국가들을 대상으로 하는 역내 포괄적 경제 동반자 협정(RCEP: Regional Comprehensive Economic Partnership)이 구체적인 협상을 시작하면서 동아시아 다자주의 무역질서는 새로운 전기를 맞이하게 된다. 협상 참가 당사국들 중에서도 동아시아 내 전체 교역량에서 높은 비중을 차지하고 있는 한-중-일 동북아

3국은 국익에 대한 재빠른 계산을 통해 협상 가능성을 타진하고 국익을 극대화하기 위한 행보를 시작하였다. 양자 간 FTA 중심의 무역질서에서 다자주의 무역질서로의 전환이 가시화되고 있는 것이다.

이러한 동아시아 통상 지역주의의 급격한 변화와 더불어 한국 역시 대외 무역정책에 있어 중대한 전환기를 맞이하고 있다. 한국은 1998년 11월 김대중 정부에서 FTA 추진을 공식화한 이래로 1998년 12월 칠레와의 FTA 첫 협상을 시작으로 지금까지 9개의 FTA를 성공적으로 체결하여 운영하고 있고(칠레, 싱가포르, EFTA, ASEAN, 인도, EU, 페루, 미국, 터키), 1개의 FTA는 타결되었으며(콜롬비아), 7개의 FTA는 협상 중이며(인도네시아, 중국, 베트남, 한-중-일, RCEP, 캐나다, 호주), 4개의 FTA는 타당성 조사 중이고(이스라엘, 말레이시아, MERCOSUR, 중미 5개국), 마지막으로 4개의 FTA 협상은 다시 개시될 전망이다(뉴질랜드, 일본, 멕시코, GCC). 이로써 양자 자유협정을 통해 한국은 한국의 주요 교역 대상국과 FTA를 체결하였거나 협상 중에 있으며(한국 총 교역 규모의 60% 이상), 2003년 FTA 로드맵을 작성한 이래로 추진해 온 '글로벌 FTA 허브 완성'이라는 정책 목표를 일정 부분 이루었다고 평가할 수 있다. 한국은 아시아 국가 중 유일하게 미국, EU와 같은 역외 거대 경제권과 FTA를 체결하였다.

한국은 지난 15년에 걸쳐 APEC 중심의 APFTA, ASEAN+3 중심의 동아시아 자유무역지대(EAFTA) 혹은 ASEAN+6 중심의 동아시아 포괄적 경제 동반자 협정(CEPEA) 등 지역 다자 FTA 협정은 장시간이 걸릴 것으로 보고 단기간에 실현 가능하고 경제적 효과가 클 수 있는 양자 FTA 추진 정책을 대외 무역정책의 근간으로 활용하였다(이승주 2007). 이러한 양자 FTA 정책은 TPP, RCEP, 한-중-일 3각 FTA 등 지역 다자 FTA로의 전환을 강하게 요구받고 있다. 즉, 양자주의 자유무역협정 중심의 무역정책에서 다자주의로의 전환이 요구되고 있는 것이다. 지역 다자 FTA는 양자 FTA의 창궐로 나타나게 된 '스파게티 볼(Spaghetti Bowl) 효과'[1]에 대한 거래 비용 감소 측면에서의 대응이라는 경제적 이유뿐만 아니라, 미국과 중국과의 동아시아 정치, 경제 질서 재편에 관한 전략적 성격도 내포하고 있다.

먼저, 미국의 TPP 참여도 동아시아에서 점증하고 있는 중국의 영향력에 대한 견제라고 볼 수 있다(Gao 2010). 당초 TPP는 APEC을 통한 무역·투자 자유화가 한계에 부딪히자 이를 해결하기 위한 경제적 동기로 2006년 5월에 칠레, 뉴질랜드, 싱가포르, 브루나이 4개국에 의해 P4로 출범하였는데, 2008년 미국이 참여하면서 정치적 성격이 강해졌으며 특히 중국이 배제되어 미국의 중국 견제라는 시각에 큰 이론이 없다. 공식 명칭도 P4에서 2010년 3월부터 미국, 호주, 페루, 베트남이 협상에 합류하며 TPP로 바뀌었다.

반면, RCEP의 출범 배경에는 중국의 전략적 고려가 관찰되어 진다. 지난 10여 년 동안 동아시아에서는 중국이 선호하였던 ASEAN+3 중심의 EAFTA와 일본이 선호하였던 CEPEA, 두 다자 FTA 모델의 경쟁으로 인해 무역질서 제도화에 큰 성과가 없었다. RCEP은 2012년 11월 캄보디아 프놈펜에서 열린 동아시아 역내 국가 정상회의 및 장관회의에서 협상 개시가 선언되었는데 관련 협상국은 ASEAN+6으로 정해졌다. 이는 중국의 양보로 가능하게 되었다고 볼 수 있는데 중국의 입장 변화는 일본의 TPP 협상 참여가 큰 영향을 미쳤다고 평가된다(배긍찬 2012a). 따라서 RCEP은 TPP

1_양자 간 FTA를 다수 체결할 경우 각 국가마다 다른 원산지 규정으로 통관 절차나 표준을 확인하는 데 시간과 인력이 더 들어가게 되어, 결과적으로는 기대했던 거래 비용 절감 효과가 반감되는 현상을 뜻한다(Bhagwati 1995).

를 통한 미국의 중국 견제에 대한 중국의 전략적 대응이라고 볼 수 있다.

RCEP과 함께 2012년 11월 캄보디아 프놈펜에서 열린 동아시아 역내 국가 정상회의 및 장관회의에서 한-중-일 FTA 협상 개시도 선언되었다. RCEP과 한-중-일 FTA 동시 협상 개시는 양 지역 다자 FTA 협상이 서로에 대한 상호성을 갖는 것을 의미한다. 가령, RCEP의 다자 FTA 내용과 수준 등이 한-중-일 협상 결과에 영향을 받게 될 것이고 반대로 한-중-일 FTA 협상도 RCEP의 협상 과정에서 자유로울 수 없음을 말한다.

따라서 한국의 지역 다자 FTA 전략은 여러 도전을 극복해야 한다. 한국의 지역 다자 FTA 전략은 원산지 규정 등의 협상을 통한 경제 이득도 고려하여야 하며, TPP의 미국과 RCEP의 중국 사이에 벌어지고 있는 동아시아 무역질서 재편 경쟁에 최적의 전략적 선택을 하여야 한다. 더불어서 노무현 정부 이래 대내외적으로 표방하고 있는 '중견국 외교'의 실천을 통해 동아시아 역내외에 한국 외교의 위상을 정립하고 자리매김해야 하는 숙제도 있다. 경제적 이해득실, 미-중 사이의 전략적 고려, 중진국 외교 위상 정립 등은 서로 상충될 수 있어 어떻게 이들을 조화롭게 이끌어 나갈 것인가가 한국의 지역 다자 FTA 전략의 핵심이라 할 수 있다.

보다 구체적으로 말하면, 한국이 직면해 있는 선택지는 서로 연관된 세 가지 이슈와 맞닿아 있다. 첫 번째는, TPP, RCEP, 한-중-일 FTA 등 지역 다자 FTA 추진 정책의 순차성(Sequence Priority)이다. '정책의 순차성'은 한국이 특정 다자주의 형태를 선택하고 나머지는 배제하여야 한다는 것을 논의하는 것은 아니다. 이들 다자주의 틀의 연계성에 착안하여 한국이 선택할 수 있는 정책 우선순위와 강조점에 관한 것이다. 따라서 동시다발적 추진 과정에서도 연계성과 한국의 핵심 이익을 고려하여 전략적 순차성을 지역 다자 FTA 협상에 적용하는 것을 말한다. 극단적으로 말하면, TPP,

RCEP, 한-중-일 FTA 모두 그 속도와 방향성에 있어 한국이 제어할 수 없을 가능성도 있다. 그러나 동시에 동아시아 FTA 네트워크 내의 한국이 가진 매개 권력은 한국 정책 지향점에 따라 역내 FTA 다자주의 경쟁 결과가 달라질 수도 있는 가능성을 제공해 준다(김치욱 2012). 두 번째는, 지역 다자 FTA 추진 시 고려되어야 할 정책 우선순위 결정(Defining Policy Goals/Priority)이다. 이는 한국의 핵심 이익 규정에 관한 것이며 앞서 논의된 경제 이득, 전략적 고려, 중견국 외교 사이의 상호성과 상충성에 기인한다. 마지막으로, 지역 다자 FTA의 성공적 협상에 대한 구체적인 협상 전략이 필요하다. 이들 상호성이 있는 세 가지 이슈에 대한 분석은, 그동안 축적되어 온 FTA 효과에 대한 결과와 역내외 각 행위자들의 전략과 정책 선호도에 대한 논리적, 경험적 분석을 통해 이루어져야 한다. 이에 이 글에서는 '정책의 순차성', '정책 우선순위', '협상 전략' 세 가지 이슈에 대해 각기 분석을 시도한다. 현실적으로 세 가지 이슈가 상호 작용하므로 통합 분석이 요구되지만 분석적 명확성을 위해 연결성을 고려하며 개별적으로 분석할 것이다.

이 글의 핵심 주장은 다음과 같다. 정책의 순차성은 'RCEP → TPP', 그리고 '한-중-일 FTA → RCEP' 순서가 한국에 전략적으로 유리할 것이다. TPP는 2014년 미국 중간선거가 있는 11월 전까지 타결하려는 미국의 의지가 있고, RCEP은 2015년 12월까지 최종 타결을 목표로 하고 있어 일견 순차성의 선택에 여지가 없어 보인다. 그러나 한국의 경우 TPP 최종 타결 이후에나 협상에 참여할 수 있을 것으로 보여 국익의 관점에서 여전히 정책 순차성의 중요도는 논의의 대상이다.[2] 지역 다자 FTA 정책 추진 시 한국이 취할 정책 우선순위는 단기적 경제 이득보다는 다자 FTA 규칙 제정 확립에 힘을 쏟아야 할 것으로 본다. 규칙 제정자로서의 한국은 중견국 외교 위상을 확립할 수 있을 뿐 아니라 미국-중국 간의 전략적 경쟁에도 효과적으로 대처할 수 있을 것이다. 한국의 규칙 제정자 위상 확립 속에서 성공적 지역 다자주의 출범과 공고화를 위한 협상 전략으로 세 가지를 다음과 같이 제시한다: ① '원칙적 최소주의와 규제의 현지화'(Principled Minimalism and Host Regulation); ② '분해 및 이슈 연계'(Decomposition and Issue Linkage); ③ '비정부 간 네트워크 활성화 및 활용'(Informal Interme- diaries).[3]

이 글의 제2절에서는 동아시아 다자 FTA 무역질서의 형성 과정을 분석한다. 동아시아 무역질서의 다자화는 그간 진행되어 온 양자 FTA 확산의 측면에서는 충분한 설명이 불가능하며, 국가들이 경제적 이득과 정치적 영향력을 복합적으로 고려한 전략적 선택의 측면에서 분석이 가능함을 논증할 것이다. 특히 전략적 측면을 '세계', '지역', '역내 비강대국'의 세 가지 차원으로 구분하고 각 차원에서의 리더십 경쟁과 정책 자율성 확보를 위한 노력이 지역 다자 FTA의 경쟁 구도로 이어졌음을 설명하고자 한다. 제3절에서는 현재 논의가 진행 중인 지역 다자 FTA(TPP, RCEP, 한-중-일 FTA)에 접근하는 한국의 전략에 대해 논한다. 지역 다자 FTA에 대한 접근의 순차

2_정부는 2013년 11월 29일 TPP 참여에 관심을 공식적으로 표명하기 전까지 TPP보다는 RCEP을 통한 동아시아 다자 FTA 실현에 역점을 둔 것으로 보인다. TPP 참여 관심 표명에도 불구하고 한국은 현재 진행 중인 TPP 협상이 종결될 때까지 정식 협상 참여가 어렵고 RCEP은 관련국들이 최근 3차 협상을 끝내고 금년 4월 중국에서 4차 협상을 시작한다. 정부 내부에서도 정책의 순차성에 있어 의견이 나누어져 있는 것으로 파악되며, 이 글은 이에 대한 심도 있는 논의에 단초를 제공하고자 한다. 『한겨레』 2013년 11월 30일자 참조. 『연합뉴스』 2014년 1월 14일자 참조.

3_이 세 가지 협상 전략은 동아시아 금융 협력을 기반으로 Sohn(2011)에 의해 이론화되었다. 이용욱(2012, 25-29)은 이를 구체적으로 적용하여 한국의 동아시아 금융 지역질서 구축 전략을 논하였다. 이 글은 Sohn(2011)의 협상 전략 이론과 이용욱(2012)의 금융 협력 적용 사례를 한국의 동아시아 다자주의 무역질서 구축 전략 차원에서 활용한다.

성, 정책의 우선순위, 그리고 구체적 협상 전략을 분석함으로써, 향후 동아시아 다자주의 무역질서에서 한국의 전략적 이익을 극대화할 수 있는 방안을 모색하고자 한다.

2. 동아시아 다자 FTA 무역질서의 형성

일반적으로 국제 정치경제학에서 논의되는 무역과 지역주의의 관계에 대한 이론들은 국제정치의 패러다임과 그 맥락을 같이 한다. 경제 통합 분야에서 방대한 연구가 축적된 신자유주의(Neoliberalism)는 경제적 유인에 의한 기능적 협력이 경제 통합에 있어 제도화로 이루어 질 것이라 주장한다(Axelrod and Keohane 1985; Grossman and Helpman 1995). 반면 구성주의(Constructivism)는 공통의 인식과 지역 정체성의 강화가 마침내 지역주의의 심화로 이어질 것이라 주장한다(Hettne and Soderbaum 2000). 이는 지역 통합 태동의 직접적인 원인을 설명하기보다는 '지역'(region) 단위의 개념이 어떻게 발전하고 제도화로 심화되는지의 과정을 설명하는 데 유용하다고 볼 수 있다. 한편 현실주의(Realism)는 국익에 대한 철저한 계산을 통해 적국에 대한 균형(balancing) 또는 대응(entangle) 전략으로서 제한된 형태의 통상 협력이 가능하다고 설명한다(Grieco 1988).

이러한 국제정치 패러다임에 입각한 논의를 통해 보았을 때, 동아시아에서 일부 이슈에 한하여 기능적 협력과 정체성 형성이 어느 정도 진전을 이루고 있는 것은 사실이다. 하지만 동아시아의 지역 다자 FTA 질서 형성의 문제를 보다 적실성 있게 다루기 위해서는 FTA의 활성화 과정에서 경제적 유익을 얻기 위한 국가들의 전략이라는 측면과, 새롭게 형성되고 있는 동아시아 지역질서 리더십을 둘러싼 강대국들의 전략적 경쟁과 정책 결정의 측면에서 분석과 대응책 마련이 필요하다고 볼 수 있다. 오늘날 동아시아는 역내·역외를 막론하고 추진된 양자 FTA가 수없이 난립하고 있는 동시에 정치적 리더십 경쟁이 고착화된 상황 속에 있다(Corning 2011). 이러한 이유로 길과 그린이 주장한 것처럼, 동아시아 지역주의는 "그 자체로서 목적이 아니라 국가의 권력과 목표가 교차하는 지점"(Gill and Green 2009)이라고 볼 수 있다. 즉, 세계 패권국으로서의 미국과 부상하는 중국, 그리고 지역경제 강국으로서의 일본, 그리고 통상경제의 큰 축을 차지하고 있는 한국과 ASEAN 등의 경쟁과 정치, 경제적 이해관계가 맞물려 지역 다자 통상질서가 등장하게 된 것이다.

그렇다면 현재 동아시아에서 증가하고 있는 양자 간 FTA가 지역주의에 미치는 영향은 무엇일까? FTA가 지역주의의 발전에 미치는 영향에 대해 호의적인 평가를 내리는 볼드윈은 FTA가 무역 자유화와 경제 통합의 주춧돌(building block)이 되어 줄 것이라고 주장한다(Baldwin 2006). 그는 경제적 입장에서의 '지역주의 도미노 이론'(domino theory of regionalism)을 통해 FTA 확산을 통한 무역과 투자의 다변화가 소외된 국가들의 FTA 체결을 유도할 것이라고 전망했다. FTA 심화와 대상국의 확대는 무역 자유화로 이어질 것이고, 결국 이는 수출업계의 국내 정치적 영향력을 강화하게 되는데, 수출업계가 자신들의 이익을 극대화하기 위해 보다 조율된 다자 협력 체결에 대한 압력을 가할 것이라는 논리이다. 그러나 이러한 논리적 전망에도 불구하고, 볼드윈은 본인 이론의 동아시아 적용 가능성에 대해서는 조심스러운 입장을 표명한다. 동아시아에서 FTA 체결은 이제 막 그 효력을 발휘하기 시작한 걸음마 단계에 있고, 아직 수출 기업들이 차별적 무역 자유화의 부작용에 대해 충분히 체험하지 못했다는 것이 그 이유이다.

FTA의 역할과 확산의 경제적 이유에 대한 볼드윈의 주장과는 달리, 레이븐힐(John Ravenhill)은 FTA 확산에 기업이 핵심 역할을 한다는 증거는 없으며, 오히려 FTA 확산이 경제적 이유보다는 개별 국가의 정치적 선택에 의해 이루어졌다고 주장한다(Ravenhill 2010). 새로운 지역 경제 외교에서 소외될 것을 두려워한 개별 정부가 정치적인 목적으로 FTA를 체결했다는 것이다. 따라서 대부분의 무역 협정이 양자 간에 체결되었고, 정부 간 협력은 사실상 정부 정책의 변화에 큰 변화를 가져다주지 못했다는 주장이다. 결과적으로 레이븐힐은 동아시아에서 통상 지역주의의 심도 있는 변화에 대해서는 부정적이다. 하지만 그 역시 무역 의존도가 지금보다 심화된 미래에는 정치적 도미노 효과가 지역주의에 긍정적 효과를 불러 올 수 있는 가능성을 배제하지는 않았다.

그런데 마치 레이븐힐이 남겨 둔 지역주의 발전의 여지를 증명이라도 하듯, 현재 동아시아에서는 한-중-일 FTA와 RCEP, 그리고 TPP와 같은 무역 다자화 움직임이 활발히 진행되고 있다. 하지만 현재의 무역 다자화 진행은 양자 FTA 확산이 지역주의에 영향을 미칠 것이라는 볼드윈의 경제적 논증으로도, 레이븐힐의 FTA 확산의 정치적 도미노 효과로도 충분히 설명할 수 없는 한계를 가진다. 양자 FTA의 확산은 FTA라는 기제를 통해 다자 FTA 질서가 형성될 수 있는 토대를 제공했을 뿐 직접적인 결정 요인이라고 볼 수는 없다. 이는 동아시아의 무역 다자화 움직임이 역내 중요 행위자들의 경제적·정치적 측면을 포괄하는 전략적인 선택을 통해 이루어졌기 때문이다. 동아시아 무역 다자화의 원인을 양자 FTA의 확산으로부터 찾는 것은 FTA라는 전략적 도구를 제공한 것 이상의 충분한 설명을 하지 못한다.

따라서 동아시아 지역 다자 FTA의 활성화 현상을 적실성 있게 다루기 위해서는, FTA와 다자 통상질서의 형성이 단순히 경제적 유인에 비롯하지 않고 타 지역 또는 역내외 행위자의 정치적 영향력 행사의 상호 작용 속에서 시작하여 제도로 이어지는 과정에 주목해야 한다(Mattli 1999). 즉, 지역 통합의 추진이 무역 자유화를 통한 자국의 경제 발전뿐만 아니라 역내 국가들의 정치적 세력을 확보하기 위한 전략적 기제로서 작용하고, 이것이 지역주의 제도화 논의의 방향성과 내용에 영향을 줄 수 있는 것이다. 동아시아의 무역질서 전환은 세계경제의 큰 비중을 차지하고 있는 동아시아 무역으로부터 얻을 수 있는 경제적 이익 추구와 자국의 영향력과 리더십을 강화하고 경쟁 세력의 움직임을 견제하려는 안보적·전략적 선택이 복합적으로 작용한 결과라고 볼 수 있다.

전략적 측면에서 동아시아 다자주의 무역질서의 형성은 세 가지 차원으로 나누어서 분석해 볼 수 있다. 첫째, 세계적(global) 차원에서 미국과 중국의 패권 경쟁의 측면, 둘째, 지역적(regional) 차원에서 중국과 일본의 리더십 경쟁의 측면, 그리고 셋째, ASEAN과 같은 지역 비강대국의 정책 자율성 확보를 위한 전략적 선택의 측면이다. 우선 전략적 선택의 측면에서 고려해야 할 첫 번째 요소는, 세계적 차원에서 진행되고 있는 미-중 패권 경쟁의 측면이다. 미국은 2008년 세계 금융위기 이후 추락한 경제적 위상을 회복함과 동시에, 아시아-태평양 지역의 역내 자유화를 선도하고, 부상하고 있는 중국을 견제하기 위한 수단으로서 TPP를 중요한 외교정책의 일환으로 채택하였다(Bremmer and Gordon 2013). 미국 오바마 대통령의 이러한 아태 지역 무역 자유화 정책은 중국이 국제 무역의 규범과 규칙을 도입하도록 압력을 행사하고, 동아시아 지역에서의 미국의 영향력을 강화한다는 측면에서 중국에게 부담으로 작용하였다.

애초에 아태 지역의 소수 국가들(칠레, 뉴질랜드, 싱가포르, 브루나이)이 시작한 TPP는 2008년 9월 미국 부시 대통령이 참여할 의향을 표명하였고, 2010년 초 오바마 대통령이 참여를 공식화하면서 그 정치적 중요성이 크게 증대되었다. 2013년 현재 기존 4개국 외에 미국과 호주, 말레이시아, 베트남, 페루 등이 참여하고 최근 캐나다, 멕시코까지 가세하고 있는 TPP 협상은 높은 수준의 시장 개방을 목표로 하고 있으며, 특히 일본이 2011년에 참여 의사를 공식 표명함에 따라 아시아-태평양 지역의 신무역질서의 등장을 예고하고 있다. 한국 역시 2013년 말에 TPP 협상 참여 의사를 공식적으로 밝힌 상황이다.

반면 중국은 미국을 중심으로 한 TPP가 적극적으로 추진됨에 따라 이를 견제하는 차원에서 동북아시아 및 동아시아 경제 통합에 적극적으로 참여하고 있다. 동아시아 경제 통합과 관련한 중국의 입장은 항상 역외 국가—특히 미국—를 배제하는 방향으로 추진되었는데, 중국은 2000년대 들어 ASEAN+3(APT) 국가들을 대상으로 EAFTA를 제안하였다(외교통상부 2012). 당시에는 일본이 제안한 ASEAN+6 국가들 대상의 CEPEA가 중국의 EAFTA를 통한 영향력 확대에 맞서 일본의 역내 정치경제적 주도권을 유지하려는 기제로서 작동하였으나, 2010년대에 들어서는 일본 경제의 몰락과 함께 CEPEA와 EAFTA를 통합하려는 움직임이 시작되었다. 중국은 역내 경제 통합 이슈에 있어서 그다지 민감하게 반응하지 않고 어느 정도 유연한 입장을 취해 왔는데 이러한 중국의 행태에 큰 변화를 가져 오게 된 것이 미국의 TPP 추진이다.

TPP 논의가 활성화되면서 중국은 배타적인 동아시아 지역 통합에의 의지를 강력하게 투사하기 시작하였고, ASEAN이 2011년 RCEP을 제안하자, 그 범위가 일본이 제안한 CEPEA와 같았음에도 불구하고 ASEAN의 제안을 전폭적으로 수용하였다. TPP에 대응하기 위한 역내 경제 통합의

제도화가 필요했던 중국에게 ASEAN의 RCEP 제안은 환영할 만한 것이었다. 게다가 중국은 자국이 지속적으로 추진해 온 '화평 굴기'(peaceful rise) 정책의 측면에서, ASEAN이 RCEP을 통해 동아시아 지역 통합의 중심 역할을 하도록 기회를 주면서도 TPP에의 대응과 성장 정책 기조의 유지라는 두 마리 토끼를 잡을 수 있게 된 것이다(Jin 2013).

둘째, 지역적(regional) 차원에서 중국과 일본 간의 리더십 경쟁이다. 세계적 차원에서 중국과 미국의 헤게모니 경쟁이 동아시아 통상 지역주의에 TPP와 RCEP이라는 경제 통합 기제를 제공하게 된 계기가 되었다면, 지역적 차원에서는 중국과 일본의 리더십 경쟁의 측면에서 지역 다자 FTA의 형성을 설명할 수 있다. 중국과 일본의 동아시아 지역주의 정책은 진정한 의미에서 동아시아 지역 통합을 통한 공동 번영을 목표로 하기보다는 상대방을 견제하고 자신의 입지를 강화하고자 한다는 점에서 전략적 측면이 매우 강하다(김상준 2013). 그리고 이러한 전략에 기초한 양국의 리더십 경쟁은 통상의 측면뿐만 아니라 동아시아 지역 통합 과정에서 제기되어 온 다자 제도화, 금융 안전망 구축 등 다른 영역의 지역 통합 과정에서도 협력과 경쟁이 공존하는 모습으로 드러나고 있다(이용욱 2012).

정치적 목적이 보다 분명하게 드러나는 경제 통합의 측면에서 보면, 중국이 철저하게 배타적 동아시아 지역주의를 지향했던 것과는 반대로 일본은 '열린 지역주의'(open regionalism)을 명분으로 ASEAN+3에서 벗어난 인도, 호주, 뉴질랜드 등을 통합 논의에 계속 끌어 들였고, 특히 미국이 동아시아 경제 통합 논의에 참여하는 것을 환영하는 입장을 고수하였다(변창구 2010). 앞서 논의한 대로 역내 경제 통합 논의를 위해 2000년대 초반에 중국이 ASEAN+3을 중심으로 한 EAFTA를 제안하였고, 일본은 ASEAN+6을 중심으로 한 CEPEA를 추진한 사례에서도 분명하게 드러난다.

하지만 이러한 일본이 CEPEA의 주도권을 중국에게 내어 주고, 중국 또한 EAFTA를 포기하고 ASEAN+6 프레임으로 합류하게 된 것은, 일본이 TPP 참여를 통해 중국을 견제하려는 움직임을 분명히 했기 때문이다. 미국이 TPP를 들고 나서자 경제위기와 후쿠시마 사태 이후 경기침체에 빠져 있던 일본은, 미국의 편에 서서 중국을 견제하려는 의도를 가지고 TPP 참가를 추진하였고, 당연히 CEPEA는 모멘텀을 잃게 되었다. 후술하겠지만, 일본의 이러한 입장 변화는 정세 변화를 유심히 살피던 ASEAN으로 하여금 CEPEA와 같은 범주의 RCEP을 추진하게 하는 결과를 초래하였고, 중국이 이를 적극적으로 수용함으로 인해서 RCEP이 활성화된 계기가 마련된 것이다(Fukunaga and Isono 2013).

물론 일본의 적극적 TPP 참여는 정치적 목적뿐만 아니라 일본의 경제적 이익을 반영하는 것이다. 일본은 양자 FTA가 갖는 한계를 다자 TPP로 해결하려는 의도를 가지고 있다. 일본은 2013년 현재 13개의 지역 또는 국가들과 FTA를 체결하고 있지만, 농산물 등의 민감한 부분에 있어서는 관세를 엄격히 유지하고 있어 FTA의 효과는 한정적이었다(Corning 2009). 일본의 FTA 교역의 비중 자체도 유럽 국가들은 물론 한국, 미국, 중국에 비해서도 매우 낮은 17.6%에 머물고 있다. 반면 TPP의 경우 일본이 포함된다면 세계 GDP의 40%를 점하는 국가들로 구성되며, 자유무역의 정도도 기존의 일반적인 FTA 수준을 능가한다는 점은 일본이 TPP를 수출시장의 확대를 위한 계기로 삼으려는 중요한 유인이 되었다(대외경제정책연구원 2013a).

하지만 일본이 TPP에 참가하려는 이유는 중국에 대한 균형이라는 전략적 유인의 측면이 더 강하다. 일본이 TPP에 참가하게 되면, TPP는 미국, 칠레, 페루, 캐나다, 멕시코 등의 태평양 동안의 국가들과 싱가포르, 브루나이, 베트남, 말레이시아, 태국(참가 희망국) 등의 아시아 국가, 그리고 호주, 뉴질랜드 등의 오세아니아 국가로 구성되어 광범위한 아시아-태평양 국가들의 통상 연대를 구축하게 된다. 여기서 주목해야 할 점은 일본이 미국과 결합하고, 중국은 배제되는 구조라는 점인데, 기존의 동아시아 지역 공동체와는 구별이 되는 독특한 구조가 형성되는 것을 의미한다.

기존에 동아시아에서 논의되고 있는 제도의 경우, ① 동아시아 정상회의(EAS)와 APEC과 같이 미국과 중국이 함께 참여하거나, ② 한-중-일 FTA와 같이 미국이 배제된 상황에서 동북아 국가들이 역내 경제 통합을 추진하거나, ③ RCEP에서는 동아시아만의 경제 블록을 다루었다. 즉, 기존의 아태 지역 경제 공동체에는 중국을 배제한 채 일본과 미국이 연합한 구조는 존재하지 않았던 것이다. TPP가 높은 수준의 무역 자유화를 추구하고 있기 때문에 현실적으로 중국의 참가가 불가능한 상황에서 동아시아에 미국 중심의 경제 공동체가 형성되는 것이다. 일본의 경우, TPP를 통해 민주당 정권 시기에 소원해졌던 미국과의 신뢰를 회복하고 미일 동맹을 강화하려는 의도가 더해져(Tabuchi 2013), 동아시아에서 일본은 중국과 대립각을 세우는 방향으로 점점 나아가고 있는 것이다.

마지막으로 셋째, 강대국의 경쟁 사이에서 ASEAN과 같은 비강대국이 정책 자율성을 확보하기 위한 전략적 선택의 측면이다. 비록 무역질서 형성에 있어 미국, 중국, 일본과 같은 협상력을 갖지는 못하지만, ASEAN은 향후 구축될 다자 무역질서에서 정책 자율성 확보를 목표로 전략적 행보를 보여 왔다. 동아시아에서 가장 진전된 형태의 경제 공동체를 구성하고 있는 ASEAN은 RCEP의 협상 개시에 있어 주도적인 역할을 하였다. ASEAN이 주도하는 경제 통합의 특징은 소위 '아시아 방식'(Asian way)이라고 불리는 점진적인 방식의 무역 자유화 진행인데, 이는 모든 관세의 철폐를 주장하며 높은 수준의 자유화를 요청한 TPP에 비해 부담이 참가국의 부담이 적다는 장점을 갖고 있다. 이렇듯 ASEAN 국가들은 약소국들의 집합체임에도 불구하고 아시아만의 고유한 접근법을 갖고 주요 강대국들에 대해 일정 부분의 영향력을 행사해 왔다.[4] 즉, 직접적인 영향력 또는 권력의 행사를 통해 자국의 이익을 추구하지는 않았지만, 다차원적이면서도 간접적으로 타 국가들을 연루시켜 영향력을 투사함으로써 ASEAN의 위치를 다져온 것이다.

특히 지역 통합에 있어서의 ASEAN의 역할은 중요한 것으로 평가되어 왔는데, 아시아 경제 통합에서 ASEAN이 사실상 구심점의 역할을 해왔다고 볼 수 있다. 이러한 구심점의 역할을 통해 앞으로도 ASEAN 국가들이 역내 협력 구도 형성 과정에서 주도권을 확보해야 한다는 정책 기조를 표현한 것이 '아세안 중심성'(ASEAN centrality)이다.[5] ASEAN은 자신을 추축으로 전 아시아에 걸쳐 'ASEAN+1 FTA'라는 무역 협정 네트워크를 구축하였다. 이미 RCEP 참여국들은 모두 ASEAN과 FTA를 체결한 상황이다. 타 지역에서 상대적으로 FTA가 활발히 이루어지지 않은 것을 고려한다면, ASEAN은 동아시아 경제 통합의 핵심적인 위치를 차지하고 있다고 해석해도 큰 무리가 없다고 보인다. ASEAN은 자신의 안정적인 성장을 기반으로 중국과 일본의 경쟁에 의해 동아시아 통합이 좌지우지 되지 않고 안정적인 발전이 가능하도록 하는 중심추의 역할을 수행해 왔다.

그런데 TPP 논의가 시작되면서 ASEAN 국가들 중 일부가 TPP에 참여

4_고(Evelyn Goh)는 이러한 전략을 '사방 얽기(omni-enmeshment) 전략'과 '영향력의 복잡 균형(complex balance of influence) 전략'이라고 표현하였다(Goh 2007/8).

5_'아세안 중심성'은 ASEAN이 동아시아 지역주의의 발전에 있어 유용한 협상의 장으로써 뿐만 아니라 실질적이고 독립적인 주체로서 작용했음을 통해 알 수 있다(Ba 2009).

하기로 결정함에 따라 ASEAN 내부의 결속력뿐 아니라 ASEAN 중심성 자체가 약화될 수 있다는 위협을 받게 되었다. 미국이 주도적으로 TPP를 추진함으로 인해, 동아시아 경제 통합에 있어서의 중추적 역할은커녕, ASEAN이 주변화되는 상황에 대한 우려가 불가피해졌다. ASEAN의 10개 국가들 중 4개 국가들(싱가포르, 브루나이, 베트남, 말레이시아)이 TPP 참가를 선언했고, 미국의 독촉에 의해 태국도 협상에 참가하겠다는 의사를 내비치고 있는 현실이다(배긍찬 2012). 그야말로 ASEAN은 TPP로 인해 ASEAN 중심성의 손실뿐 아니라 자체 결속력까지 상실할 위협에 처한 것이다.

미국 주도의 TPP로 인한 도전뿐 아니라, 한-중-일 동북아 3국이 FTA를 추진하고 있다는 사실도 ASEAN의 중심성을 위협하는 요인이 되었다. 한-중-일 FTA의 연구 및 논의가 시작된 것은 2000년대 초반이었으나, 2012년 11월 캄보디아 프놈펜에서 개최된 EAS와 경제장관회의에서 RCEP과 함께 한중일 FTA의 협상이 공식적으로 선언되면서, 한중일 FTA가 동아시아 경제 통합의 큰 비중을 차지하게 되었다. 이러한 동북아 3국의 움지임도 ASEAN의 중심성을 위협하는 움직임으로 비춰질 수 있는 여지가 충분했다. 여기에 EAFTA를 주장하는 중국과 CEPEA를 제시한 일본 사이의 경쟁 구도 또한 ASEAN이 당면한 도전 중의 하나였다.

〈표 5-2〉에서 확인할 수 있듯이 2011년 기준으로 RCEP이 세계경제 GDP의 28.4%를 차지하고 있는데, RCEP의 일원으로 참가하는 한중일 동북아 3국이 세계경제 GDP의 20.5%를 차지하고 있다는 사실은, 한-중-일 FTA가 체결될 경우 동아시아에서 ASEAN 중심성을 벗어난 또 다른 강력한 통합의 구심점이 마련된다는 것을 시사한다. ASEAN에게는 한-중-일 FTA의 체결이 TPP로부터의 위협에 상응하는 도전을 가져다 줄 수 있는 것이다.

표 5-2 | 한-중-일 FTA, RCEP, TPP의 경제적 위상(1992년, 2011년)

(단위: %)

	인구		GDP		수출		수입		FDI	
	1992	2011	1992	2011	1992	2011	1992	2011	1992	2011
한중일	24.0	22.3	19.2	20.5	12.1	16.5	10.6	16.2	2.4	5.2
APT	33.3	30.9	21.0	23.6	16.9	23.1	15.5	22.5	6.0	10.5
RCEP	50.4	49.1	23.7	28.4	18.8	26.8	17.6	26.7	9.9	14.3
EU(27)	8.9	7.4	33.7	25.2	42.4	38.3	41.6	38.0	34.8	35.6
NAFTA	6.9	6.7	30.1	25.8	18.6	14.2	17.5	16.2	34.6	21.6
TPP	9.7	9.6	32.4	29.8	23.0	20.3	21.8	22.4	41.5	28.9

출처: Oxford Global Economic Databank; IMF World Economic Outlook Database; WTO Statistics Database; UNCTAD Statistics. 대외경제정책연구원(2012)에서 재인용.

이에 ASEAN이 TPP, 한-중-일 FTA, 그리고 중-일 갈등이라는 거대한 움직임 속에서 마치 줄타기를 하듯 균형을 잡으며 추진한 전략이 바로 RCEP이다. TPP에 대한 대응을 유지하면서 ASEAN은 CEPEA와 EAFTA의 통합을 추진하였으며, 이를 통해 획득한 동아시아 경제 통합의 실질적 선두주자라는 자격을 통해 2011년 EAS에서 RCEP을 제안하고 2012년 11월 EAS에서는 RCEP 협상 개시라는 합의를 이끌어 내었다. 물론 ASEAN이 이렇게 새로운 경제 통합 논의를 주도할 수 있었던 것은, 중국이 적극적으로 뒷받침해 주었기 때문이다. 앞서 논의했듯 중국은 미국과의 직접적인 충돌을 피하면서 ASEAN을 선두로 내세우고 자국의 평화로운 부상을 지속하고 싶었던 이유가 있었다. 뿐만 아니라 자국의 제안인 ASEAN+6 구성을 유지하면서 중국의 독주를 견제할 수 있는 모델인 RCEP을 ASEAN이 주관할 수 있도록 방관한 일본의 자세도 도움이 되었다고 볼 수 있다(Jin 2013).

결론적으로, TPP, RCEP, 그리고 한-중-일 FTA로 대변되는 동아시아 다자 통상질서의 형성과 변화는, 각각의 경제적 이익뿐 아니라 미국, 중국, 일본, 그리고 ASEAN의 전략적 이해와 목표가 상충될 수 있는 핵심에 놓여 있다고 볼 수 있다. 세계 초강대국인 미국과, 세계경제 2위인 중국과 3위인 일본, 그리고 아시아 경제 통합의 구심점으로서의 ASEAN, 이렇게 각국의 전략적 이해가 맞물려 지역의 다자 FTA 질서가 형성되어져 가고 있는 것이다.

3. 지역 다자 FTA와 한국의 전략

1) 지역 다자 FTA 접근 순서(Sequence)

동아시아에서 한국이 고려하고 있거나(고려하여야 할) 지역 다자주의 FTA는 미국이 주도하고 있는 TPP, 중국이 주도하는 ASEAN+6 형태의 RCEP, 그리고 한-중-일 FTA라고 할 수 있다. 전술한 바와 같이 RCEP과 한-중-일 FTA는 이미 협상이 개시되었고 한국 정부는 TPP 협상에도 참여 의사를 밝힌 상황이다. 이들 세 옵션을 동시다발적으로 추진할 수도 있겠으나(특히, RCEP과 한-중-일 FTA는 시간상으로는 동시적 추진), 순차적으로 정책적 순위를 정해서 진행하는 것이 한국에 유리할 것으로 판단된다. 핵심 이슈는 미국과 중국의 전략적 관계이고 이에 따른 멤버십이다. TPP에는 중국이 제외되어 있고, RCEP에는 미국이 제외되어 있다. 일본은 양쪽 모두에 속해 있는데 향후 일본의 선택도 한국의 정책적 판단에 영향을 줄 수 있다. 우선 TPP와 RCEP의 순차성을 상정해 볼 수 있고 동시에 진행되고 있는 RCEP과 한-중-일 FTA의 순차성을 살펴본다.

(1) TPP vs. RCEP

TPP와 RCEP의 경우 RCEP에 우선순위를 두어야 할 것으로 보인다. 한국의 경우 RCEP은 이미 협상이 시작되었고 한-중-일 FTA와 별도로 한-중 FTA 협상도 진행 중이어서 중국이 배제된 TPP에 우선순위를 두는 것은 전략적 부담이 클 수밖에 없다. 중국 입장에 대한 고려는 중국이 한국의 최대 무역 파트너란 측면뿐 아니라 동아시아 역내 다른 이슈 영역에까지 파급 효과가 클 개연성이 높음을 주지하여야 한다. 가령 북한 핵 문제와 한반도 통일, 치앙마이 이니셔티브 다자화(CMIM: Chiang Mai Initiative Multilateralization) 등의 동아시아 금융 협력, 환경 협력, 에너지 및 기후 협력 등 중국은 한국의 동아시아 외교 성패의 핵심 변수이기 때문이다.

미국과의 관계의 경우, 한국은 이미 미국과 높은 수준의 FTA를 체결하고 운영 중이어서 TPP 참여 지연 등이 미국과 외교적 마찰로 이어질 개연성은 상대적으로 낮다. 한국 정부는 2013년 11월 말 TPP 참여에 대해 관심을 표명하고 기존 참여국과 예비 양자 협의에 나서겠다고 발표하였다. 이는 급물살을 타고 있는 TPP 협상 진전에서 소외될 것 같다는 불안감과 미국으로부터의 압박을 염려한 결정이었으나, 한국 정부가 TPP 참여 의사를 밝힌 이후에도 미국은 일단 기존 참여국과 협상이 종료된 이후에 한국 참여를 검토하겠다는 의견을 내어 놓았다(동아일보 13/12/2). 이는 TPP 참여 자체가 한미 관계에 있어 큰 변수가 되지 않는다는 미국 측의 시각을 반증하는 것이라 볼 수 있겠다. 즉, 미국과의 정치적, 외교적 마찰을 우려해 TPP를 우선시 할 필요가 없다는 것이다.

경제적 이득 측면에서도 한국의 TPP 참여가 한국이 미국과 FTA 체결을 통해 얻을 수 있는 특혜적 이득을 오히려 감소시킬 수 있다는 주장도 나오고 있다. 같은 맥락에서 TPP 참여 11개국 중 한국은 미국을 비롯한 5개국과 이미 FTA를 체결하였고, 미체결국인 캐나다, 호주, 뉴질랜드와도 현재 양자 FTA 협상 중이거나 협상을 고려하고 있어 TPP 참여가 경제적으로 큰 실익을 가져다주지는 못할 개연성이 있다. 이와 대조적으로 RCEP이 한국에 가져다 줄 경제 효과에 대해서는 대체적으로 긍정적이다. 2012년 10월 24에 열린 RCEP 공청회에서 다수의 경제학자들은 RCEP이 관세 철폐 효과에 따른 한국의 추가 실질 GDP 증가에 도움을 줄 것으로 예상했다(GCE 모형에 따르면 개방 수준에 따라 5년에 0.38~0.68%, 10년에 1.21~1.71%). 서비스 및 투자 자유화, 단일 원산지 규정을 통한 복잡성 해소 및 FTA 활용률 제고, 동아시아 생산 네트워크의 효율적 활용도 한국 경제에 도움이 될 것으로 전망하였다.

또한 TPP는 높은 수준의 다자 FTA를 추구하고 있기 때문에, 그 제도적 성공 여부 혹은 TPP 자체의 미래에 대한 불확실성도 높다. TPP 참여국들은 현재 민감 품목의 예외 취급 방식, 관세 철폐 원칙, 원산지 규정, 투자, 정부 조달, 경쟁 정책 등 핵심 협상 쟁점에 대해 이견을 표출하고 있다. 일본이 TPP 협상에 참여하기로 하였지만, 호주, 뉴질랜드 등은 농산물 개방, 유제품 수입 개방 등을 이유로 일본의 참여에 대해 낙관적이지만은 않은 입장을 취하고 있다. 일본 TPP 참여를 진두지휘하고 있는 아베 총리 역시 2013년 3월 4일 국회 연설에서 6개항의 참가 조건을 밝혔는데, 이를 보면 과연 일본이 미국 등과 농산물 개방을 포함한 높은 수준의 다자 FTA를 받아들이게 될 지는 두고 보아야 할 것으로 보인다(김규판 2013). 참고로 아베 총리가 밝힌 6개항의 참여 조건은 다음과 같다: ① 성역 없는 관세 철폐를 조건으로 하는 한 협상 참여 반대; ② 자유무역 이념에 반하는 자동차 등 공산품의 수치 목표(수입 할당)는 수용 불가; ③ 공적 의료보험 제도 사수; ④

식료품의 안전 기준 사수; ⑤ 국가 주권을 침해하는 ISD 조항 도입 반대; ⑥ 정부 조달, 금융 서비스 개방에 공수 입장을 적절히 조합(김규판 2013, 6). 이 중 특이한 사항은 식료품의 안전 기준 사수인데, 일본은 TPP 협상과 별도로 쇠고기 수입 제한 대상 월령을 30개월로 2013년 2월부터 상향 조정하였다. TPP를 이끌고 있는 미국의 국내 정치도 TPP의 성공적 타결에 있어서 불안적 요소이다. 미국 내 자유무역 회의론 확산에 따라 미국 의회는 최근 행정부에 통상 협상 권한을 넘기는 무역우선순위법(일명 '패스트트랙')의 통과에 제동을 걸 움직임을 보이고 있다. 무역우선순위법이 통과되지 않을 경우 TPP를 견인할 행정부는 무역 협정 체결에 관해 권한이 약화되어 TPP 협상 타결은 거의 불가능해 진다. 전통적으로 자유무역에 비판적인 현 집권당인 민주당의 상당수 의원들은 TPP 협상 자체에도 부정적 견해를 표출하고 있어 TPP의 미래를 쉽게 낙관할 수 없다(경향신문14/1/26).

뿐만 아니라 RCEP의 발전 가능성도 한국이 TPP보다 RCEP에 먼저 집중해야 하는 이유를 제공해 준다. RCEP이 동아시아 차원에서 거의 전무했던 경제 통합 모델로서 등장하게 될 경우, 이를 활용해 자국의 이익을 극대화하려는 동아시아 국가들의 권력 정치의 장(場)으로서 그 중요성이 부각될 가능성이 높다. 앞서 〈표 5-2〉에서 확인한 것처럼 RCEP이 세계 경제권 내에서 차지하고 있는 비중은 EU와 NAFTA보다도 높으며, 게다가 EU와 NAFTA의 비중이 오히려 낮아진 반면, RCEP은 지속적인 성장가도를 달리고 있다. 이렇게 큰 파이가 동아시아 경제권에 형성될 경우, RCEP이 동아시아 경제 통합의 새로운 모델로서 확고히 자리매김할 가능성도 배제할 수 없는 것이다. 정리하면, 한국이 RCEP에서 TPP로 이행하는 것이 정치, 경제적 부담이 훨씬 적으며 실질적인 이득도 더 기대할 수 있다고 보인다.

(2) RCEP vs. 한-중-일 FTA

다음으로, RCEP과 한-중-일 FTA의 순차성을 살펴보자. RCEP은 동아시아 지역주의 제도화라는 의미에서 뿐 아니라 경제적 유익의 측면에서도 중요한 의의를 갖는다. 실제 RCEP이 성사될 경우 참가국에게 상당한 이익을 보장해 주는 것으로 밝혀졌다. 한국의 경우, 경제적 타당성 검토 결과 RCEP 체결 후 10년 경과 시 최대 1.76%의 실질 GDP 증가 및 194.56억 달러의 후생 증대 효과가 발생할 것으로 전망되었다(외교통상부 2012). 뿐만 아니라 RCEP으로 인한 관세 철폐의 효과 못지않게, ① 서비스 및 투자 자유화, ② 단일 원산지 규정을 통한 원산지 규정의 복잡성 해소 및 FTA 활용률 제고, ③ 동아시아 생산 네트워크의 효율적 활용 등의 효과 기대 등도 RCEP이 갖고 있는 커다란 경제적 유인이 되는 것이다(대외경제정책연구원 2012). 이는 '스파게티 볼 효과'와 같은 양자 FTA 체결에 따른 부정적 효과를 최소화하면서, 다자적으로 역내 무역 장벽을 효과적으로 제거하여 경제 통합체 형성으로 이어질 수 있는 의미를 갖는다고 할 수 있다.

하지만, 이러한 RCEP의 개별 국가 및 지역의 경제적 유익에도 불구하고, 한국에게는 한-중-일 FTA가 RCEP보다는 우선시되어야 할 것으로 보인다. 그 이유로는 첫째, RCEP 내 무역 비중의 2/3 이상을 차지하는 한-중-일 동북아 3개국의 경우, 이미 1999년부터 3국 간 FTA 논의가 시작되어 10년이 넘는 기간 동안 연구와 협상을 진행해 왔다. 3국이 상호 간 의존하고 있는 경제 규모나 국익의 차원에서 볼 때, RCEP보다는 한중일 FTA에 더욱 자원과 행정을 집중하는 것이 효과적이다. 뿐만 아니라 양자 간 무역 특혜 협정(PTA: Preferential Trade Agreement)의 확산이 무역 다자화의 초석이 될 수 있다는 입장에서 보더라도(Baldwin 2006), 동아시아의 무역 다자화는 ASEAN+1 FTA를 중심으로 한 확산보다는, 그보다 훨씬 규모가 큰 한중일 3국의 FTA 논의를 통해 진행되는 것이 보다 효과적일 수 있기 때문이다.

둘째, 16개 RCEP 참여 대상국들의 대외 개방도 수준이 상이하여 높은 수준의 FTA 체결 및 의견 조율이 어렵다. 장기적으로 RCEP이 풀어야 할 과제는 높은 수준의 다자 협력으로 이어져야 한다는 점인데, 앞서도 언급했듯이 현재 RCEP의 다자 FTA 수준에 대한 기대는 낮은 편이다. 우선 대외 개방도가 한국, 중국, 일본뿐만 아니라 동남아 국가들보다 현저하게 낮고, 낮은 수준의 FTA를 선호하는 인도가 포함되어 있고, 한, 중, 일, 동남아 국가들 역시 FTA 수준에 있어 상이점들이 있다.

ASEAN+6 회원국 16개국이 모두 RCEP 협상에 참여하기로 선언한 것은 분명 지역 통합을 위한 수순으로서는 환영할만한 일이었으나, 이는 동시에 RCEP이 자유화 수준이 높은 지역 차원의 FTA를 달성하기는 어려울 것이라는 전망을 갖게 한다. ASEAN 10개국을 하나의 단위로 보더라도 7개국(그룹) 간 양자 간 협상이 진행될 경우 21개 협상이 필요한데, RCEP에서는 이러한 복잡성을 극복하기 위해 상품 양허 접근 방식으로 '단일 양허안' 방식이 제안되고 있다(대외경제정책연구원 2012). 그런데 참여국의 무역 비중이나 경제 수준이 현격히 차이나는 현실 속에서 모든 참여국에 공통으로 단일 양허안 방식이 진행될 경우, 무역 자유화 수준은 더욱 낮아질 수밖에 없는 상황이다. 뿐만 아니라 ASEAN+6 국가들의 상호 간 무역 자유화 수준을 확인할 수 있는 양자 간 FTA 체결 현황을 보면 한계는 더욱 분명히 드러난다. 〈그림 5-1〉에서 볼 수 있듯이, 총 체결 가능한 21개의 FTA 중 기 체결된 협정은 10개에 불과하며 상호 간 무역 자유화 협상이 진행되지 않거나 진행 중인 FTA는 11개에 달하고 있는 것이다.

그림 5-1 | 동아시아에서 기 체결된 FTA 현황(2013)

중국	●					
일본	●					
한국	●					
인도	●		●	●		
호주	●					
뉴질랜드	●	●				●
	ASEAN	중국	일본	한국	인도	호주

출처: 대외경제정책연구원(2013b).

셋째, RCEP의 참여 국가인 ASEAN+6의 제도적 역사성과 지역으로서의 정체성이 공고하지 못하다. 지역으로서의 '동아시아'가 개념화되고 지역주의가 부상하게 된 것은 1997년 아시아 금융위기(Asian Financial Crisis) 이후라는 것이 일반적인 견해이다(Webber 2001; Higgot 1998). 지역 단위로서 국가들의 블록이 제도적 역사성을 갖는다는 것은 지역의 정체성 형성과 심화에도 중요한 영향을 미친다(Hettne and Soderbaum, 2000). 그런데 1997년 금융위기 이후 형성된 동아시아의 정체성은 ASEAN+6가 아닌 ASEAN+3을 범주로 한 것이었고(Takashi 2003), 더군다나 이는 통상 협력과는 직접적인 관련이 없는 금융 안정망 구축과 통화 안정성 확보를 위한 제도 설립을 위한 것이었다. 물론 일본이 ASEAN+6 국가들을 대상으로 하는 CEPEA를 2006년 4월에 제안하여 그 논의를 주도한 적이 있으나, 이것으로 지역 제도의 토대가 마련되었다고 보기는 부족하다. 지역으로서의 정체성이나 제도적 역사성이 부족한 ASEAN+6 구도의 다자 FTA 협의체를 구성하기 위해서는 많은 외교적 자원이 투자되고 오랜 기간의 협상 프로세스가 진행되어야 할 것이다.

이처럼 RCEP이 상당한 수준의 다자 무역 협의체가 되기 위해 극복해야 할 과제들이 있지만, 다른 한편, 높은 수준의 협정을 달성하거나 점진적으로 높아질 수 있는 가능성도 보인다. 동남아 국가들의 경우 동아시아 지역 협력에서 국가나 경제 규모면에서 훨씬 큰 한국, 중국, 일본 등을 상대하며 '아세안 중심성'을 유지하려는 정책적 노력이 있는데 이 '아세안 중심성'의 유지를 위해서는 한-중-일의 협력을 필요로 한다. 따라서 한-중-일이 '원산지 규정' 등을 비롯한 의미 있는 수준의 지역 다자 FTA를 원할 경우 이에 지속적으로 반대하기는 어려울 것으로 보인다(Fukunaga and Isono 2013). 따라서 한-중-일 공동보조의 유무가 RCEP의 수준과 내용을 결정할 수 있을 것이다.

이러한 이유로 한국은 한-중-일 FTA의 성공과 공고화에 순차적 선호를 두어야 할 것으로 보인다. 한-중-일 FTA 협상 공고화를 통해 RCEP의 수준과 방향성을 유도할 수 있고 추가적으로 한-중-일 FTA 협상 자체의 성공도 신뢰 프로세스 형성을 통해 영토 분쟁과 역사 문제로 어려움을 겪고 있는 세 국가 간의 관계에 신뢰 증진을 도모할 수 있을 것으로 예상된다. 특히 중국과 일본 간의 리더십 경쟁에서 한국은 가교로서 큰 역할을 해낼 수 있고 이에 따른 협상력의 우위도 기대할 수 있을 것이다. 결국 RCEP 수준이나 한-중-일 FTA의 수준을 가늠할 수 있는 것은 원산지 규정을 비롯한 투자와 서비스 산업의 개방도이다. 동아시아 역내에서 투자와 서비스 산업에 강점이 있는 한국과 일본이 협력하여, 최근 서비스 산업 육성을 정책적으로 노력하는 중국을 끌어 들이고 이를 RCEP에까지 최종적으로 연결시키는 방안이 필요하다.

한-중-일 1차 FTA 협상은 서울에서 2013년 3월 26~28일에, 2차 협상은 중국 상해에서 7월 30일 ~ 8월 2일, 그리고 3차 협상은 2013년 11월 26~29일 일본에서 개최되었다(〈표 5-3〉 참조). 한국은 한-중-일 FTA를

표 5-3 | 한-중-일 FTA 추진 현황

<table>
<tr><th>구분/시기</th><th colspan="2">내 용</th></tr>
<tr><td>민간 공동 연구
(2003~2009년)</td><td colspan="2">- 3국 민간 연구기관 참여하여 공동 연구
한국(대외경제정책연구원), 중국(국무원 발전연구센터), 일본(총합연구개발기구, 아시아경제연구소)</td></tr>
<tr><td rowspan="9">산관학 공동 연구
(2010~2011년)</td><td>제1차 회의
(2010년 5월, 서울)</td><td>- 산관학 공동 연구 운영세칙 채택
- 3국 FTA 민간 공동 연구 결과 검토</td></tr>
<tr><td>제2차 회의
(2010년 9월, 동경)</td><td>- 상품, 규범, 협력 분야에 대한 3국의 기본 정책
- 기 체결 FTA의 내용 및 향후 추진 방향 논의</td></tr>
<tr><td>제3차 회의
(2010년 12월, 웨이하이)</td><td>- 서비스·투자 분야 및 향후 작업 계획 논의</td></tr>
<tr><td>제4차 회의
(2011년 3월, 제주)</td><td>- 서론, 3국 경제·통상 관계·상품 분야 초안 논의</td></tr>
<tr><td>한중일 정상회의
(2011년 6월, 기타규슈)</td><td>- 공동 연구 종료 목표 시점 2011년 말로 단축</td></tr>
<tr><td>제5차 회의
(2011년 6월, 기타규슈)</td><td>- 서비스·투자, 원산지, 무역 규범, 통관 분야 1차 검토 완료
- 2011년 내 공동 연구 종료를 위한 작업 계획 논의</td></tr>
<tr><td>제6차 회의
(2011년 9월, 창춘)</td><td>- 규범 및 협력 분야 논의
- 경쟁 정책 등 일부 규범 분야 문안 사실상 합의
- 무역 구제, 원산지 등 5개 실무 그룹 보고서 초안 마무리</td></tr>
<tr><td>제7차 회의
(2011년12월, 평창)</td><td>- 한중일 FTA 산관학 공동 연구 종료</td></tr>
<tr><td colspan="2"></td></tr>
<tr><td>협상 출범 준비 합의
(2012년 5월)</td><td colspan="2">- 3국 정상회의(북경) 시 FTA 협상의 연내 출범 선언을 위한 국내 절차 및 준비 작업 즉시 개시키로 합의</td></tr>
<tr><td>사전 실무 협의
(2012년)</td><td colspan="2">- (1차) 6월 20일 동경, (2차) 8월 21일 칭다오, (3차) 9월 27일 서울
- 3차 협의 시 협상 범위, 방식 및 행정 사항 등 기본 방향 합의</td></tr>
<tr><td>협상 위한 국내 절차
(2012년 말)</td><td colspan="2">- 공청회(10월 24일) → FTA 추진위원회(11월 9일) → 대외경제장관회의(11월 13일) → 외통위 보고(11월 19일)</td></tr>
<tr><td>제1차 협상
(2013년 3월
26~28일, 서울)</td><td colspan="2">- (협상 운영세칙) 기본 원칙, 협상 방식, 협상 구조 및 협상 주기 등 규정
- (협상 범위·작업반 구성) 일부 작업반 구성 합의, 이견 분야 논의 지속
- 이외 향후 협상 일정, 연락선, 협상 문서 관리, 상호 통계·자료 교환 등 전반적인 행정 사항 논의</td></tr>
<tr><td>제2차 협상
(2013년 7월 30일~
8월 2일, 상해)</td><td colspan="2">- 제1차 협상에서 채택된 협상 운영세칙(TOR)을 기초로 양허 방식·협상 범위 등 논의
- 상품·서비스·경쟁·총칙 분야 작업반 회의와 지재권·전자상거래 분야 전문가 대화 개최</td></tr>
<tr><td>제3차 협상
(2013년 11월
26~29일, 동경)</td><td colspan="2">- 상품 분야 협상 가이드라인과 협상 범위, 다른 FTA 협상과의 관계 등 논의
- 양허안 작성 방식, 품목군별 분류와 처리 방안, 통계 교환 등에 대한 협상 가이드라인 논의.
- 한·중·일 FTA와 RCEP 두 협상 간의 일관성 유지를 위한 논의 진행</td></tr>
</table>

출처: KITA 국제무역연구원(2013) 자료를 보완하였음.

RCEP과 연결하고 TPP에 대한 미래 참여를 상정하며, RCEP이 TPP와 조화를 이룰 수 있는 내용으로 발전시켜감으로써 지역 다자 FTA의 허브가 되어야 할 것이다.

2) 지역 다자 FTA 정책 우선순위(Goals/Priority)

지역 다자 FTA를 통해 한국이 기대할 수 있는 이득은 크게 세 가지로 보인다. ① 거래 비용 감소와 투자, 무역 증대를 통한 경제 이득; ② 지역 다자 FTA 규칙 제정을 통한 규칙 제정자로서 한국 외교 위상 확립과 장기적인 경제 이득 기대; ③ 다자주의 협상과 제도 확립을 통한 정치적, 외교적 이득이다. 이들을 어떻게 균형 있게 추구할 것인지가 문제의 핵심이다. 이 중 두 번째인 지역 다자 FTA 규칙 제정에 정책적 노력을 하는 것이 균형성의 제고에 도움이 될 것으로 보인다.

우선 단기적 경제 이득의 경우, 많은 연구가 지역 FTA가 큰 경제적 효과가 있지는 않다고 경험적으로 제시하고 있다(Baldwin 2011; Ravenhill 2009). 이미 세계경제는 상당 수준으로 열려 있어서 관세 감소 등에서 얻는 이득은 그리 크지 않다. 가령 세계무역에서 지역 FTA가 차지하는 비중은 50%가 넘는데 비해, 전 세계 수입량의 16.7%만이 앞으로 관세 특혜 대상이 될 수 있다. 더욱이 관세 감소로 인한 특혜 마진 비율은 매우 낮아서 전 세계 수입량의 2%만이 10% 정도의 특혜 마진을 누리고 있다(Carpenter and Lendle 2010). 가격 변동에 따른 수입량을 측정하는 특혜 마진과 수입 탄력성 간 상관관계 역시 낮다는 것은 지역 FTA를 통한 단기적 관세 이득의 실현의 미미함을 방증한다(Baldwin 2011, 7).

경제적 효과에 대한 실제 문제는 원산지 규정과 같은 비관세 장벽이다. 따라서 지역 다자 FTA 협상에서는 비관세 장벽에 대한 규칙 제정과 함께 경쟁 정책, 지적재산권, 투자 규정, 금융 자유화 등에 대한 논의가 주로 이루어질 것이고 일단 만들어진 규칙이나 규범은 고치기 어려우므로 초기 협상에서 주도적으로 긴 안목을 가지고 규칙 제정에 노력을 경주하여야 한다. 특히 '세계의 공장'으로 불리며 상품의 기획, 디자인, 부품 생산, 반제품 생산, 완제품 생산, 포장, 수송, 판매에 이르기까지 단계별로 역내 국가들이 경쟁력 있는 생산 활동을 펼치고 있는 동아시아의 현실을 고려하면 중간재 교류의 활성화를 위한 규칙 제정이 앞으로 다자 무역 협상에서 활발하게 진행될 것으로 보인다. 한국은 이를 위해 원산지 규정 통일, 투자와 서비스 자유화 확대, 전문 인력의 자유로운 이동 등에 역점을 두어야 할 것으로 보인다.

여기서 '주도적'과 '긴 안목'의 의미는 단기간의 경제 이득의 손해를 보더라도 만들어야 할 '게임의 규칙'에 대한 정책적 의지를 뜻하는 것이다. 규칙 제정에서 주도적 역할을 통해 한국 경제의 장기적 이득은 물론 중견국 외교의 특징 중의 하나인 '제도 구축자'로서의 한국의 위상을 자리매김해야 할 것이다. 중견국 외교의 핵심은 '규칙 이행자'에서 '규칙 제정자'로의 국제사회에서 역할 전환을 의미한다. 일본의 동아시아 무역 다자주의 전략의 핵심이 단순한 상품 교역의 확대가 아닌 장기적 관점에서 투자와 서비스 자유화 등에 대한 규칙 제정이라는 점을 상기할 필요가 있다(Hatch 2004; Hamanaka 2010).

'규칙 제정자'를 필두로 한 FTA 정책 우선순위를 전술한 순차성에 입각하여 TPP, RCEP, 한-중-일 FTA에 각각 적용해 보면 한국이 취할 수 있는 이득의 분포를 조금 더 명확히 확인 할 수 있다. 먼저, 한국이 TPP를 우선순위로 놓을 경우다. 한국은 TPP 참여 12개국 중 10개국과 FTA를 체결하였거나 협상 진행 중이어서 TPP가 한국에 가져다 줄 경제 이익은 크지 않다. 한국은 TPP가 타결될 경우 그 이후에 TPP 참여 협상에 들어 갈 수 있어 규칙 제정을 하는 것은 거의 불가능하다. 또한 중국과의 관계가 미묘해질 수 있어 정치, 외교적 이득에 대한 전망도 낙관적이지 않다. 다음으로, 한국이 한-중-일 FTA 타결 없이 RCEP를 추진하는 경우다. 이 경우 RCEP은 낮은 수준의 다자 FTA로 귀착될 가능성이 높아 한국에 큰 경제적 이득을 안겨 주기 어려운 단점이 있다. 따라서 한-중-일 FTA를 기반으로 RCEP을 연결시키는 정책이 '규칙 제정'을 매개로하여 경제, 정치, 외교적 이득을 가장 잘 확보 할 수 있는 방안이라 할 수 있다.

3) 지역 다자 FTA 협상 전략(Negotiation Strategies)

한국이 규칙 제정자 위상 확립 속에서 성공적 지역 다자주의 출범과 공고화를 위한 협상 전략은 크게 두 단위에서 생각해 볼 수 있다. 첫 번째는 정상 외교, 장차관급 고위 외교를 수반한 다면적인 국제정치 차원의 거시적 전략(macro strategies)이고, 두 번째는 협상 자체의 과정을 다루는 미시적 전략(micro strategies)이다. 이 글에서는 한국이 활용해야 할 미시적 전략에 초점을 둔다.

거시적 전략의 핵심은 중국과 일본 사이의 가교 외교와 중국과 일본의 역내 리더십 경쟁의 완화를 위한 ASEAN과의 협력이다. 한국이 가장 어려운 처지에 빠질 수 있는 상황은 중국과 일본이 먼저 게임의 규칙을 만들고 한국에 통보하는 경우이다. 중국과 일본 사이에는 리더십을 둘러싼 경쟁의

식도 작용하고 있지만 협력의 필요성도 공감하고 있다는 점을 놓쳐서는 안 될 것이다. 최근 중국과 일본은 에너지, 환경, 금융 부분에서 협력을 강화하고 있다. 따라서 한국은 중국과 일본 사이에서 때로는 가교, 때로는 제휴(coalition building), 때로는 강경 정책 등을 적절히 활용할 필요가 있다.

제도적 공고화를 위한 미시적 전략을 살펴보자. 한국 지역 다자 FTA 외교의 숙제는 우호적이지만은 않은 구조적 제약들 속에서(일본과 중국의 역내 리더십 경쟁, 역내 국가들의 주권 민감성, 역내 국가들의 정치제도 및 경제구조의 이질성 등) 역내 국가들의 협력 패턴을 견인해 내고 지속시키는 현실성 있는 전략의 개발과 적용에 있다고 볼 수 있다. 이를 위한 구체적인 미시적 전략은 다음의 세 가지이다: ① '원칙적 최소주의와 규제의 현지화'(Principled Minimalism and Host Regulation); ② '분해 및 이슈 연계'(Decomposition and Issue Linkage); ③ '비정부 간 네트워크 활성화 및 활용'(Informal Intermediaries)(Sohn 2011).

'원칙적 최소주의와 규제의 현지화'는 동아시아 역내 국가의 힘의 불균형, 주권 민감성, 이질적 국내 정치 및 경제제도 등을 고려할 때 가장 합의하기가 쉬운 원칙(규제와 규칙들을 포함하여)들을 중심으로 협력 패턴을 만들고, 합의된 원칙의 국내 적용은 상호 호혜를 바탕으로 각 국가의 재량에 맡기는 방안이다. 이를 위한 방안으로 동아시아 각국이 기업 등 비정부 시장 참여자들을 규제 정책, 경쟁 정책, 지적재산권과 같은 규제가 광범위하게 적용될 이슈의 정책 과정에 포함시켜 각국의 사정에 맞는 규제 정책을 수립하고 시행할 수 있다. 이는 또한 시장 참여자들에게 다른 국가나 지역에서 시행되고 있는 각 경제 영역의 '베스트 프랙티스'를 배우고 준비하는 기회도 될 수 있어 미래 통합(harmonization)으로 연결되어지는 통로가 될 수 있다.

'분해 및 이슈 연계'는 다음과 같다. '분해'는 원산지 규정, 투자 및 서비스 산업 개방, 농산물 개방 등 상당한 정책적 협력과 진통이 예상되는 주요 사항의 경우, 제도화 과정을 여러 단계로 나누어 점증적으로 추진하는 것을 의미한다. 가령 민감 품목의 관세 철폐의 경우 경제 개발 정도가 가장 낮은 국가에게 개방의 폭과 속도 등에 있어 선택권을 주고 전체적인 무역 자유화 스케줄에 합의하는 방법이 있겠다. '이슈 연계'는 협상의 원활한 진행을 위해 협상 과정에서 인접 이슈 영역과의 연계를 통해 협상 결과에 따른 국가별 분배 형평성의 제고를 추구하는 전략이다. 예를 들면, RCEP의 협상에 있어 한-중-일과 아세안이 2015년 태동할 '아세안 경제 공동체'의 주요 이슈들과 연계하여 다자주의 제도화를 이루어 낼 수 있다. 한-중-일은 높은 수준의 다자화를 아세안에 요청하는 대신에 아세안 경제 공동체의 주요 이슈인 '항공 수송, e-ASEAN, 의료 서비스, 관광과 물류 관리' 등에 최대한 협조를 할 수 있다.

'비정부 간 네트워크 활성화 및 활용'은 각국 정부 관계자들과 학계, 전문가 그룹 간의 인적 교류, 회의, 정책 공동 개발 등의 트랙 1.5 외교와 비정부 간 정책 네트워크 형성과 같은 트랙 2 외교의 활성화 전략을 의미한다. 이를 통해 지역 다자 FTA 제도화 과정에서 나타날 수 있는 국가 간의 입장 차이를 좁히고 참신한 정책 아이디어와 비전을 도모할 수 있다. 특히 다양한 공식, 비공식 정책 채널을 이용하여 역내 국가 간 정책 제안 경쟁에 따른 부작용을 해소할 수 있다(depersonalizing effect). 가령, 지역 리더십 경쟁 관계에 있는 일본과 중국이 서로의 정책 제안에 대해 그 내용을 떠나 부정적인 반응을 보일 수도 있는데 이런 경우에 비공식 모임 등이 정책 제안의 형식으로 논의를 시작하여 국가 간 상호 신뢰를 쌓고 정책 비전을 공유하게 할 수 있다. 중견국인 한국이 상설기구인 '동아시아 다자 무역 포럼' 등을 제안, 조직하여 서울에 유치하는 방법도 있겠다.

위 세 전략의 상호성을 한국이 처한 동아시아의 지정학적 위치와 연결해서 분석해 보면 한국은 세 전략의 단계별 활용을 고려해야 할 것으로 보인다. '원칙적 최소주의와 규제의 현지화'는 정책 목표에 관련하고, '분해 및 이슈 연계'는 협상 과정 전략이며, '비정부 간 네트워크 활성화 및 활용'은 물밑 작업을 동반한 어젠다 세팅 전략에 해당된다고 볼 수 있다(이용욱 2012). 중견국인 한국이 단독으로 정책 목표를 설정하는 것은 제약이 있고, 협상 과정의 핵심인 이슈 연계와 분배 형평성 제고를 위한 측면 보상(side payment) 역시 중국과 일본에 비해 경제 규모가 작은 한국으로서는 주도성을 발휘하기가 쉽지 않다. 반면, 미국과 유럽연합 등 거대 경제권과 FTA 체결 경험을 가지고 있는 한국은 정책 비전과 아이디어 제공에 큰 강점을 가지고 있다. 따라서 다른 두 전략의 초석이 될 수 있는 '비정부 간 네트워크 활성화 및 활용' 방안을 한국이 주도하여 역내 정책 여론 방향을 선도하고 형성하는 것이 중요한 정책 시작점이 될 수 있다. 이를 통해 한국은 매개 권력으로서 동아시아 다자 무역질서의 주요 정책 목표를 설정할 수 있고 협상 과정에서도 경험과 비전 공유를 통해 최종 협상 타결을 촉진할 수 있을 것으로 본다. 이는 특히 일본과 중국, 아세안을 잇는 가교 역할을 수행할 한국의 거시적 종합적 전략에도 부합한다.

4. 결론

통상 지역주의 측면에서 동아시아는, WTO 중심의 세계 무역질서가 주춤한 틈을 타고 양자 FTA의 증가 양상을 보이고 있지만 아직 뚜렷한 통상질서의 제도화는 이루지 못한 상태라고 볼 수 있다. 하지만 한편으로는 미국을 중심으로 하여 아시아-태평양 지역의 경제 통합을 목표로 한 TPP, 이에 대응하여 동아시아만의 무역질서를 수립하고자 하는 RCEP, 그리고 상호 간 무역 집중도와 의존도가 상당히 높아진 한-중-일 3국의 FTA와 같은 다자 무역질서가 태동하고 있는 역사적인 공간으로서의 의미를 갖는다.

한국의 입장에서는 이러한 국제 경제적 정치적 변화에 따라 능동적으로 대처할 수 있도록 자국의 영향력(leverage)을 높이기 위한 제도 이니셔티브 선점에 힘써야 할 것으로 보인다. 특히 최근 논의되고 있는 한중일 FTA 협상 과정에서 중국과 일본이 서로의 영향력 강화를 위해 팽팽히 맞서고 있을 때, 한국이 그동안의 수많은 FTA 체결 경험을 활용하여 주도적으로 3국 간 FTA를 성사시키는 중재 전략을 추진한다면 보다 존재감을 분명히 할 수 있을 것이다. 한중일 FTA에서의 주도권 확보가 결국 RCEP을 통한 동아시아 통상질서 전체에 대한 영향력 강화로 이어질 수 있기 때문이다. 동아시아 통상 다자화가 권력 정치적 경쟁관계와 긴밀한 관계가 있는 만큼, 국익을 극대화하기 위한 치밀한 전략 수립이 필요한 시점이다.

이 글에서 논한 통상 다자화 정책의 순차성, 정책의 우선순위, 협상 전략 등의 외교적 노력과 함께 고려되어져야 되는 것은 국내 지지기반 확충이다. 무역 다자화에 대한 튼튼한 국내 지지기반 없이는 정부의 효과적인 외교 전략 수립이 어렵고 국내 정치의 갈등과 불안으로 인한 '누구를 위한, 무엇을 위한 무역 다자화인가'라는 질문에 끊임없이 노출되게 된다. 무역개방이란 점증하는 관세, 비관세 장벽의 축소 내지는 철폐를 의미하는데 이는 분배를 둘러싼 국론 분열의 가능성을 내포하고 있다고 할 수 있다. 따라서 이에 대한 선제적 정책 구상이 어느 때보다 절실하다. 특히 정부가 그동안 추진해 온 '글로벌 FTA 허브' 전략이 수출 대기업과 수입업자의 이익에만 기여했고 앞으로도 그러할 것이라는 인식의 확산에 적극적으로 대응하여야 한다. 국내 지지기반 확충을 위해서 정부는 고용 창출에 기여하는 다자주의 FTA 디자인을 고민하여야 한다. 이것이 단기적 경제 이득을 넘어선 '규칙 제정자'로서의 한국이 중요한 이유이다. 개방에 따른 피해 집단 보상 시스템의 구축 역시 일회성이나 단기적 차원에서가 아닌 제도적으로 체계화해야 할 것으로 보인다. 중장기적으로는 사회안전망의 확충을 통해 상시적 개방에 따른 사회, 경제적 불확실성과 위험성을 낮추어 무역대국으로 나아가는 데 있어 국민적 공감대를 형성하여야 할 것이다.

참고문헌

김상준. 2013. "지역과 헤게모니: 미국 헤게모니의 쇠락과 일본의 지역주의 전략 변화를 중심으로." 『국제정치논총』 제53집 1호.

김치욱. 2012. "아시아의 양자주의 무역질서와 한국의 다자화 전략." 『국치연구제정』 제15집 2호, pp. 88-107.

김규판. 2013. "일본의 TPP 협상 참여 선언: 전망과 시사점." 『KIEP 오늘의 세계경제』 제13권 12호, pp. 1-14.

이창재, 방호경. 2013. "한·중·일 FTA 및 RCEP 협상의 개시와 우리의 대응 방안." 『KIEP 오늘의 세계경제』 제12권 24호, pp. 1-12.

배긍찬. 2012a. "2012년 ASEAN 관련 정상회의 결과분석: ASEAN, ASEAN+3, EAS를 중심으로." 『주요 국제 문제분석』 국립외교원 외교안보연구소, No. 2012-38.

배긍찬. 2012b. "TPP, RCEP 그리고 한·중·일 FTA: 외교안보적 관점에서." 외교통상부 한국무역협회 역내 포괄적 경제 동반자 협정(RCEP) 공청회. 서울. 10월

변창구. 2010. "동아시아 지역통합에 있어서 중·일 관계의 양면성." 『한국동북아논총』 제55권, pp. 5-23.

외교통상부. 2012. "역내 포괄적 경제동반자협정(RCEP) 참고자료."

이승주. 2007. "한국 통상정책의 변화와 FTA." 『한국외교사논총』 제29권 1호, pp. 103-134.

이용욱. 2012. "변환하는 세계금융질서와 한국의 선택: 지역과 글로벌 다자주의 연계." 『국가전략』 제18권 3호, pp. 5-34.

한국무역협회 국제무역연구원. 2013. "한·중·일 FTA, 동아시아 경제 통합의 시금석" 『IIT Trade Focus』 제12권 56호, pp. 1-41.

정미경.2013. "정부, TPP 참여의사 표명했지만…美 신규 합류, 기존협상 끝낸 뒤 논의." 『동아일보』(12월 2일).

손제민. 2014. "미국 내 자유무역 회의론 확대…TPP 상반기 타결 불투명." 『경향신문』(1월 26일).

Asia Development Bank. 2013. "Asian Economic Integration Monitor" http://www.adb.org/sites/default/files/pub/2013/aem-201303.pdf (검색일: 2013년 9월 9일)

Axelrod, Robert, and Robert O. Keohane. 1985. *Achieving Cooperation Under Anarchy: Strategies and Institutions*. Cambridge University Press.

Alice D Ba. 2009. "Regionalism's multiple negotiations: ASEAN in East Asia."

Cambridge Review of International Affairs 22, No. 3.

Baldwin, Richard. 2011. "21st Century Regionalism: Filling the Gap between 21st Century Trade and 20th Century Trade Rules." *WTO Staff Working Paper*, ERSD-2011-08

Richard Baldwin. 2006. "Multilateralising Regionalism: Spaghetti Bowls as Building Blocks on the Path to Global Free Trade." *The World Economy* 29, No. 11, pp. 1451-1518.

Bremmer, Ian, and David Gordon. 2013. "Two Key Foreign Policy Openings for Obama." http://www.nytimes.com/2013/02/26/opinion/global/two-key-foreign-policy-openings-for-obama.html?pagewanted=all&_r=0 (검색일: 2013년 .3월 25일).

Calder, Kent, and Min Ye. 2010. *The Making of Northeast Asia*. Stanford, CA: Stanford University Press.

Carpenter Theresa and Andreas Lendle. 2010. "How Preferential Is World Trade?" *HEID Working Paper*, No. 32.

Corning, Gregory. 2011. "Trade Regionalism in a Realist East Asia: Rival Visions and Competitive Bilateralism." *Asian Perspective* 35, pp. 259-286.

Gregory P. Corninga. 2009. "Between Bilateralism and Regionalism in East Asia: The ASEAN-Japan Comprehensive Economic Partnership." *The Pacific Review* 22, No. 5. pp. 639-665.

Fukunaga, Yoshifumi and Ikumo Isono. 2013. "Taking ASEAN+1 FTAs towards the RCEP: A Mapping Study." *ERIA Discussion Paper Series* ERIA-DP-2013-02.

Gao, Henry. 2010. "The Trans-Pacific Strategic Economic Partnership Agreement: A Critical Analysis." *Legal Issues of Economic Integration* 33, No. 3, pp. 221-240.

Gill, Bates, and Michael J. Green. 2009. "Unbundling Asia's New Multilateralism." in Gill and Green eds. *Asia's New Multilateralism*. New York: Columbia University Press.

Goh, Evelyn. 2007/8. "Great Powers and Hierarchical Order in Southeast Asia: Analyzing Regional Security Strategies." *International Security* 32, No. 3. pp. 113-158.

Grossman, Gene, and Elhanan Helpman. 1995. "The Politics of Free-Trade Agreement." *American Economic Review* 85. pp. 667-690.

Grieco, Joseph M. 1988. "Anarch and the Limits of Cooperation: a realist critique of the newest liberal institutionalism." *International Organization* 42. No. 3. pp. 485-507.

Hamanaka, Shintaro. 2010. "Institutional Parameters of a Region-Wide Economic Agreement in Asia: Examination of Trans-Pacific Partnership and ASEAN+FTA Approaches." *ADB Working Paper Series on Regional Economic Integration*, No. 67.

Hatch, Walter. 2004. "Japan's Agenda for Asian Regionalism: Industrial Harmonization, Not Free Trade." *Japanese Economy* 32, No. 2. pp. 86-97.

Hettne, Bjorn, and Fredrik Soderbaum. 2000. "Theorising the Rise of Regioness." *New Political Economy* 5, No. 3. pp. 1-35.

Jin, Jianmin. 2013. "RCEP vs. TPP.". http://jp.fujitsu.com/group/fri/en/column/message/2013/2013-02-22.html (검색일: 2013년 2월22일)

Mattli, Walter. 1999. *The Logic of Regional Integration: Europe and Beyond.* Cambridge: Cambridge University Press.

Ravenhill, John. 2010. "The 'New East Asian Regionalism': A Political Domino Effect." *Review of International Political Economy* 17, No. 2. pp. 178-208.

John Ravenhill. 2009. "Extending TPP: The Political Economy of Multilateralization in Asia." *Asia Pacific Trade Economists' Conference*. Bangkok. November.

Sohn, Injoo. 2012. "Toward Normative Fragmentation: An East Asian Financial Architecture in the Post Global Crisis World." *Review of International Political Economy* 19(4). pp. 586-608.

Tabuchi, Hiroko. 2013. "Japan Moves to Enter Talks on Pacific Trade." http://www.nytimes.com/2013/03/16/world/asia/japan-aims-to-join-trans-pacific-partnership-talks.html?pagewanted=all (검색일: 2013년 3월 20일).

6장

일본의 지역경제 아키텍처 건축 전략:

통상정책을 중심으로

손 열

1. 서론

세계경제의 중심이 동아시아로 이동하면서 동아시아 경제권의 질서 건축을 둘러싼 강대국 간 경쟁이 점차 고조되고 있다. 유럽, 북미의 경제 블록화에 대응하여 동아시아 혹은 아시아-태평양을 단위로 경제권을 만드는 데 주도권을 장악하려는 경쟁이 벌어지고 있다. 세계의 공장으로서 미국을 넘어 세계 최대의 무역 국가로 발돋움한 중국은 아시아 주변국 모두의 최대 무역 상대국이 됨으로써 이들에 대한 경제적 영향력을 바탕으로 자국에 유리한 지역 경제질서를 건축하고자 한다. 중국은 아세안과의 FTA(2002)를 필두로 홍콩(2003), 마카오(2003), 뉴질랜드(2004), 싱가포르(2006) 등 소국과 FTA를 맺고 대만(2010)과 FTA를 성사시킨 후 한-중, 한-중-일 FTA, RCEP 등을 적극 추진하면서 아시아 중심의 지역경제권을 건축하고자 한다.

이러한 중국의 급격히 증대되는 영향력을 경계하면서 미국은 아시아 재균형(rebalance)을 내걸며 아시아 지역의 정치, 군사 경제 사안에 적극 개입하고 있다. 미국과 동아시아를 함께 엮는 아시아-태평양 경제권을 지향하는 환태평양 경제 동반자 협정(TPP)는 미국의 경제 회복, 성장, 고용의 확대를 가져 오는 핵심 수단으로서 미국의 경제 아키텍처의 중심축을 이루고 있다. 미국은 이 협상을 주도하면서 중국으로 기울었던 지역적 판세를 돌리고자 한다(손열 2011).

지역 경제질서 건축을 둘러싼 미중 양강의 각축이란 판세 속에서 5.5조 달러 규모의 세계 3대 경제대국인 일본의 향배는 대단히 중요하다. 일본은 한때 미국의 지위를 넘보는 경제 초강대국이었으며 대규모 해외 투자를 매개로 아시아 지역경제의 명운을 좌우하는 지위에 있었다. 1997년 동아시아 금융위기 이후 WTO를 중심으로 한 다자주의가 쇠퇴하고 양자 FTA를 매개로 한 무역질서로 전환되면서 새로운 질서 건축이 요구되는 상황에서 일본은 단연 유리한 위치에 있었음에도 불구하고 국내 개방에 대한 주저와 정치적 리더십의 결여로 FTA 경쟁 구도를 주도하지 못하였다. 2000년대 초반 아세안 경제에 대한 중국의 전격적이고 파격적인 공세에 일본은 후수로 대응하였고, 2000년대 후반 동시다발형 FTA 추진 전략으로 대형 FTA를 연이어 성사시키면서 앞서 나가는 한국을 지켜보아야 했다.

사실 일본은 일찍이 FTA 전략을 마련한 바 있다. 2002년 일본 정부가 최초로 내어 놓은 포괄적 통상 전략으로서 '일본의 FTA 전략'은 FTA의 전략적 우선순위로서 한중일과 아세안이 중핵을 이루는 동아시아에서 경제협력을 제1위로 꼽고 있다. 이런 차원에서 이듬해 당시 고이즈미 수상이 동남아를 순방하면서 '일-아세안 포괄적 경제 연계 구상'을 내어 놓았다. 이후 2004년 경제 연휴 촉진 관계 각료회의가 결정한 '금후 경제 연휴 협정

표 6-1 | 일본 FTA 체결 상황

현황	상대국/지역	교섭 경위	현황
발효/조인	싱가포르	2001년 1월 개시, 2002년 1월 조인	2002년 11월 발효
	멕시코	2002년 11월 개시, 2004년 9월 조인	2005년 4월 발효
	말레이시아	2004년 12월 개시, 2005년 7월 조인	2006년 7월 발효
	칠레	2006년 2월 개시, 2009년 8월 조인	2010년 1월 발효
	태국	2004년 2월 개시, 2007년 4월 조인	2007년 11월 발효
	브루나이	2006년 6월 개시, 2007년 6월 조인	2008년 7월 발효
	인도네시아	2005년 4월 개시, 2008년 4월 조인	2008년 7월 발효
	ASEAN	2006년 2월 개시, 2009년 8월 조인	2010년 1월 발효
	필리핀	2004년 2월 개시, 2006년 9월 조인	2008년 12월 발효
	스위스	2007년 5월 개시, 2008년 9월 조인	2009년 9월 발효
	베트남	2007년 1월 개시, 2008년 12월 조인	2009년 10월 발효
	인도	2007년 1월 개시, 2011년 2월 조인	2011년 8월 발효
	페루	2009년 5월 개시, 2011년 5월 조인	
교섭 중	한국	2003년 12월 개시	2004년 11월 이후, 교섭 중단
	GCC	2006년 4월 개시	
	호주	2007년 4월 개시	
공동 연구	EU		2011년 5월 예비 교섭 개시
	한중일 FTA		2011년 12월 공동 연구 종료
	TPP		교섭 참가 표명
구상 단계	EAFTA (ASEAN+3)		
	CEPEA (ASEAN+6)		

추진에 대한 기본 방침'에서는 동아시아 중심을 명확히 하였고 전략적 접근이 보다 구체적으로 제시되었다. 2006년 경제 재정 자문회의가 제정한 '글로벌 경제 전략'에서는 아세안+6 틀 속에서 FTA를 추진하고 그 구체적 스케줄도 제시하였다.

그러나 계획과 달리 실행은 지지부진이었다. 일본의 FTA 정책을 돌이켜 보면 초기 단계부터 상대국 선택에서 일관된 전략성을 결여하였다. 최초 상대국인 싱가포르와는 교섭의 용이성이 한 측면에서 선택하였고, 두 번째 상대국인 멕시코의 경우는 EU와 FTA를 추진하는 데 따라 일본 기업이 불리한 지위에 처할 것을 우려하여 적극적으로 나선 때문이었다. 반면 한국과의 FTA는 동아시아란 지역적 고려, 또한 아시아의 두 OECD 국가

표 6-2 | 일본 EPA 자유화 정도 및 평균 관세율

상대국	관세 철폐율	단순 평균세율	농산품 세율	비농산품 세율
싱가포르	81.6	3.8	15.0	1.1
멕시코	82.1	3.7	15.6	0.8
말레이시아	82.2	3.2	14.5	0.5
칠레	80.7	3.4	15.0	0.6
태국	81.9	3.3	14.6	0.6
인도네시아	80.2	3.5	15.3	1.1
브루나이	79.6	3.9	15.5	1.1
아세안	79.7	3.5	15.3	0.7
베트남	80.4	3.5	15.4	0.7
필리핀	80.2	3.3	14.6	0.6
스위스	79.6	3.6	15.5	0.8
인도	78.7	3.8	16.0	0.9
페루	79.9	3.6	15.8	0.7

출전: 石川幸一, "東アジアのFTAと日本企業"(2013)

간 FTA를 체결하여 이를 아시아 FTA의 모범으로 삼으려는 전략적 고려가 작용하였으나 2004년 교섭이 중단된 후 아직까지 재개되지 못하고 있다.

2000년 일본이 전향적으로 FTA 전략을 수립하게 된 데에는 WTO 협상의 정체, 동아시아 금융위기 이후 FTA의 확산에 따른 경쟁적 대응, 중일 간 경쟁 등 요인을 꼽을 수 있다(Pempel and Urata 2005). 그러나 일본의 교섭 상대국 선정, 교섭 대상 범위, 자유화 정도 등을 보면 설명하기는 어렵다. 현재까지 12개 협정이 발효되었지만 그 중 6개는 아세안 국가들과의 개별 FTA이며 대형 FTA라고는 인도가 유일하나 그나마 낮은 수준의 FTA로서 큰 의미를 갖는다고 보기는 어렵다. 한중일 FTA, 동아시아 FTA, CEPEA 모두 공동 연구 혹은 구상 단계에 머물러 있었다. 미국, EU 등 대규모 FTA를 성사시키면서 FTA 경쟁에서 선두에 나서게 된 한국의 사례와 대조적으로 대형 파트너가 부재하고 교섭 대상 범위도 한정되어 있으며 자유화의 정도가 낮은, 따라서 체결의 기대효과가 낮은 FTA를 추구하여 왔다.

일본이 체결한 FTA의 자유화 정도가 낮은 까닭은 농업과 같은 민감 부문의 보호가 이루어진 데 있다. 일본은 농업 문제가 크게 걸리지 않는 대상국들과 FTA를 추진해 왔다. 미국, 호주, 캐나다, 중국 등 농업 수출국과 FTA가 없는 까닭은 여기에 있다. 농업 부문이 갖고 있는 정치적 영향력 때문에 보호주의적 정책을 고수할 수밖에 없는 한계가 있는 것이다(Mulgan 2003; Solis 2010).

이런 배경에서 2010년간 나오또 정권은 예외 없는 개방을 추구하는 고수준 FTA로서 TPP 교섭 참여에 대해 전향적 의향을 표명했고 2011년 후임 노다 정권은 교섭 참여 결정을 내렸으며 2013년 3월 15일 아베 정권은 노다의 선언 이후 비롯된 여러 논란을 잠재우며 "TPP는 아시아태평양의 미래의 번영을 약속하는 틀로서 아시아태평양 지역에 새로운 규칙 제정이 일본의 국익일 뿐 아니라 세계의 번영을 가져 온다."고 교섭 참가를 정식으로 표명하였다. 이와 함께 일본 정부는 한-일-중 FTA와 RCEP을 동시에 추진하고 있다. 두 FTA 교섭은 TPP 교섭과 연계되어 있다. 일본의 TPP 참여 선언은 두 FTA의 교섭을 가속화시켜 2013년 3월 26일 세1회 교섭이 서울에서 개최되었고, RCEP 역시 5월 9일 제1차 교섭이 브루네이에서 개최되었다. 일본의 경제 아키텍처는 TPP란 아시아-태평양 경제권을 엮는 구상을 중심으로 동아시아 통합을 위한 한중일 FTA와 RCEP의 병행 추진으로 드러나고 있다. 이러한 정책 변화는 전면적 자유화를 수용한다는 뜻이며 미국이 추진해 온 지역 아키텍처를 전면적으로 받되, 동아시아 FTA를 일종의 헤징(hedging)으로 추진하는 것이다. 이러한 새로운 정책 변화를 어떻게 설명할 것인가.

일본의 정책 변화는 크게 세 차원에서 설명되어질 수 있다. 첫째는 시장의 변화로서 국경을 넘어 생산 네트워크 혹은 공급 사슬(supply chain)이 형성되면서 초국적 생산이 일어나는 동아시아 지역을 단위로 하여 무역-투자-서비스의 결합을 돕는 새로운 제도 환경이 필요하게 되었다. 따라서 최근 FTA 교섭의 추세를 보면 상품 양허안보다도 재산권 보장, 원산지 규정, 자본 이동, 인력 이동, 경쟁 정책, 인프라 서비스 등이 주요한 교섭 쟁점이 되고 있고 또한 양자 FTA보다는 다자 FTA로 방향 전환이 이루어지고 있다. 동북아, 동아시아, 아시아-태평양을 단위로 한 지역 다자적 통합 움직임이 개별적으로 진전되고 있는 것이다. 한중일 FTA, RCEP(역내 포괄적 동반자 협정), TPP(환태평양 경제 동반자 협정) 등은 이런 시장의 변화를 배경으로 등장하고 있고 일본의 정책 변화는 이런 차원에서 이해될 필요가 있다.

그러나 통상정책은 시장의 요구로 설명되어지지는 않는다. FTA는 국부 증진의 수단인 동시에 외교정책의 수단이므로 동아시아에서는 다양한 짝짓기 경쟁이 연출되어 왔다. 역내 FTA의 급증을 정치적 도미노 효과(political domino effect)로 부르기도 한다(Ravenhill 2010). 최근 수년간 두드러진 변화는 미국과 중국 간 경쟁 구도로 압축되고 있는 현실이다. 중국은 아세안과의 FTA 체결을 필두로 홍콩, 마카오, 대만과 협정을 체결한 이래 작년, 한국과 FTA 교섭을 개시하였고, 한중일 FTA 추진에 적극적으로 나오고 있으며, RCEP에도 대단히 적극적이다. 모두 자국을 중심으로 아시아 FTA 네트워크를 구축하려는 시도이다. 이에 반하여 미국은 TPP를 적극적으로 활용하면서 아태 지역을 단위로 한 FTA 네트워크 구축으로 맞서고 있다. 클린턴 국무장관은 미국의 '태평양 세기'(Pacific Century)를 떠받치는 6대 기둥 가운데 TPP와 APEC을 꼽고 있다(Clinton 2011). 일본의 TPP 교섭 참가 선언, 그리고 한중일 FTA와 RCEP에도 적극성을 보이는 이유는 자유화의 정도가 높은 대형 FTA를 추진하여 경제 부활을 꾀하는 동시에 일본의 지역 전략을 반영하는 것이기도 하다.

끝으로 일본의 통상정책은 국내 정치 동학 및 제도의 영향을 크게 받아 왔다. 앞서 언급하였듯이 농업 분야의 보호가 가능한 FTA를 추구해 온 전력이 그것이다. 그렇다면 통상정책의 전향적 전환은 국내 정치제도의 변화, 정치 동학의 변화, 리더십의 변화 등 국내 정치적 요인들의 면밀한 검토로 설명되어져야 한다. 이 글은 이상과 같은 세 가지 변수를 중심으로 일본의 경제 아키텍처 건축 전략을 설명하고자 한다.

2. 시장의 변화: 지역 생산 네트워크와 다자 FTA

TPP는 2006년 이른바 P4로 시작되었지만 미국이 참가하여 본격적 협상의 주도권을 잡은 데에는 21세기 국제 분업의 본질적 변화를 반영하는 측면이 있다. 볼드윈에 따르면 전통적 국제 분업은 국경으로 생산과 소비가 분리되어 원자재나 최종재와 같이 산업 단위로 이루어 졌으며 이들 간 교역을 촉진시키기 위해서는 관세 철폐가 최중요 정책이 된다. 이에 대해 볼드윈은 1980년대 이래 이른바 '제2의 언번들링'(unbundling)이 시작되었다고 본다. 기업 활동 자체가 초국경적으로 전개되는 현상으로서 생산 블록이 지리적으로 분리, 분산되어 서로 다른 생산 공정과 태스크를 담당하는 것이다. 이것이 가능하려면 생산 블록들을 연결하는 서비스 링크의 비용이 저하되어야 하는데 정보 기술 혁명에 의해 통신 수단의 혁명적 발전과 운송 수단의 발전, 컨테이너 운송의 보급 등으로 초국적 생산 네트워크가 형성될 수 있게 되었다. 이런 환경에서 필요한 정책은 관세 철폐를 넘어서 광범위한 정책 패키지가 필요하게 된다.

동아시아의 경우, 국제 분업은 비교 우위에 입각한 산업 단위의 분업으로부터 생산 공정 또는 태스크 단위의 국제 분업으로 크게 변모했다. 특히 기계 산업 부문에서 일본 기업과 한국 기업은 다른 다국적 기업과 함께 새로운 국제 분업을 통한 생산 네트워크(production network) 혹은 공급 사슬(supply chain)을 구축하는데 선도적 역할을 맡아 왔다. 이런 부문에서는 중간재 교역을 중심으로 한 네트워크 내부 교역이 전체 교역의 50% 이상을 차지하고 있을 정도이다(이승주 2009).

볼드윈은 기존의 다수 무역 특혜 협정(PTA)에서 특혜 대우의 비중 낮음을 보여 준다. 세계무역에서 FTA 차지하는 비중이 50%, 특혜(예컨대 관세 특혜)는 16.7%에 불과하며, 특혜 마진 역시 낮다는 것이다(16.7%). 또한 특혜 마진과 수입 탄력성 간 상관관계가 낮다는 연구 결과가 나오고 있다. 다시 말해서 21세기적 생산 환경에서 양자 협정에 의한 상품 양허 특혜는 무역 행위자들에게 그다지 큰 특혜가 아니라는 말이다. 동아시아 국가들의 경우, 2000년대 들면서 역내외 국가들과 경쟁적으로 협상을 벌이면서 FTA 체결 건수는 급속도로 증가하여 현재 100건을 상회하고 있지만 그 경제 효과에는 의문이 따른다. 카와이 등(Kawai et al 2009)에 의한 동아시아 609개 기업 서베이 결과에 따르면 기업의 22% 정도만이 관세 효과를 활용하고 있다고 보고하였다. 이는 EU나 NAFTA의 60%와 현격한 차이를 보이는 결과이다. FTA의 다자화 이슈가 등장하는 배경이다. 볼드윈에 따르면 국경을 넘어 분산된 생산 공정·태스크 간의 치밀한 조정(coordination)이 요구되는 국제 분업을 위해서는 과거와 다른 정책 환경이 필요하게 된다. 초국적 생산 네트워크의 성패를 가늠하는 것은 각국 국내(behind the border)의 비즈니스 환경, 그리고 생산 블록을 연결하는 서비스 링크이다. 향후 동아시아에서 FTA는 이상과 같은 정책 환경의 실현을 위해 국제 규칙 혹은 규범을 확립하는 과제를 안고 있다.

구체적으로 안도와 기무라(安藤, 木村 2008)는 지역 생산 네트워크 구축을 위한 비용 삭감 조건을 제시한다. 네트워크 구축에 따른 고정비용, 생산 블록을 연결하는 서비스 링크 비용, 생산 블록 내 생산비용이란 세 가지 측면의 비용 삭감을 위해 금융 서비스, 투자 자유화, 원활화, 정부 조달, 지식재산권 보호, 경쟁 정책, 로지스틱스 서비스의 자유화와 효율화 등이 요구된다는 것이다. 이러한 정책 환경은 기왕의 양자 간 FTA로는 실현하기 어렵다. 생산 네트워크는 이국 간이 아닌 다국 간 지리적 공간에서 전개되고 있으며 양자 FTA가 중점적으로 교섭해 왔던 관세 철폐 즉, 양허안 교섭 보다는 비관세 문제, 무역 규범, 제도 등이 이슈가 되기 때문이다.

요컨대, 통상정책의 초점은 관세 조치와 같은 20세기 정책이 아니라 초국적 생산이 일어나는 지역을 단위로 하여 무역-투자-서비스의 결합을 돕는 새로운 제도 환경을 만들어 주는 데 있다. 바로 이런 이유로 최근 FTA 교섭의 추세를 보면 상품 양허안보다도 재산권 보장, 원산지 규정, 자본 이동, 인력 이동, 경쟁 정책, 인프라 서비스 등이 주요한 교섭 쟁점이 되고 있는 것이다.

이런 점에서 TPP는 시장의 변화를 담는 무역 협정이라 할 수 있다. 2006년 APEC 가맹국인 싱가포르, 뉴질랜드, 칠레, 브루네이 4개국이 P4라는 FTA가 모체가 되어서 2008년 미국이 참가 의사를 표명하면서 호주, 베트남도 뒤따라 참여 의사를 밝혔고 TPP로 명명하면서 미국이 주도하는 대형 다자 FTA로 면모를 갖추게 된다. 교섭 내용을 보면 국제 무역 품목 기준 95% 품목에 대해 즉시 관세 철폐, 기타 품목에 대해서는 원칙적으로 7년 내 철폐를 약속하는 고수준 자유화를 표방하고 있고, 이와 함께 원산지 규정, 무역 원활화, 정부 조달, 지식재산권, 경쟁 정책, 서비스, 환경, 노

표 6-3 | 미국의 한일 상품별 수입 실적

(단위: 억 달러, %)

수입상대	품목	2009년	2010년	2011년	비율
일본	수입 총액	958	1,205	1,288	100.0
	자동차 및 부품	314	415	410	31.8
	일반기계	194	248	311	24.1
	전기기계	153	183	182	14.1
한국	수입 총액	392	488	566	100.0
	전기기계	142	152	160	28.2
	자동차 및 부품	71	92	119	21.0
	일반기계	67	93	103	18.1

출처 : 세계무역투자보고 2012.

동기준, 규제의 조화 등 분야에서 규칙 제정을 담고 있다. 미국 통상대표부 커크(Kirk) 대표는 고수준의 자유화와 생산 네트워크 혹은 공급 사슬 관리(supply chain management)의 촉진을 위한 FTA로서 '21세기 무역 협정'이라 부르고 있다.

일본의 재계는 이에 화답하고 있다. 2011년 일본 경제단체연합회(경단련)이 발표한 '일본의 통상 전략에 관한 제언'은 "제 외국이 성장과 고용의 원천을 구하는 통상 과제에 전략적으로 대응하는 데 반해 일본은 지역경제 통합의 주도력을 발휘하지 못하고 있다."고 평가하면서 "향후 통상 전략의 기축을 명확히 정하고 주체적이고 전략적이고 신속한 추진을 기하는 것이 급무"라는 기본 인식을 전달하고 있다(わが國の通商戰略に關する提言 2011). 특히 경단련은 수출 경쟁국인 한국이 적극적으로 대행 FTA를 성사시킴으로써 일본 수출업계의 비상을 가져 오고 있음을 환기하고 있다(〈표 6-3〉).

이 제언에서 일본의 통상 전략의 핵심은 "원활한 글로벌 공급 사슬(supply chain)의 구축"이라 놓고, FTA의 광역화를 거론하면서 ASEAN+3, ASEAN+6, 아시아태평양 자유무역권(FTAAP), TPP 등 가운데 현재 유일하게 진행 중이며 따라서 실현 가능성이 가장 높은 TPP를 지목하고 있다.

여타 경제단체인 경제동우회뿐만 아니라 중소기업을 대표하는 일본 상공회의소 역시 중소기업의 비즈니스 환경 개선을 위해 TPP 조속 참가를 촉구하고 있다. "일본은 대지진 이전부터 여러 구조적 문제에 직면하여 그 처리가 지연되면서 국가 전체에 폐색 감을 상승시키고 활력의 회복을 지연시켜 왔다."고 보면서 "일본 정부는 TPP를 통해서 중소기업의 비즈니스 환경 개선, 양자 FTA가 취급하지 못하는 분야를 포괄할 것, 개도국이 선진국 제도를 정비할 수 있도록 함, 고수준 자유화를 지향하나 민감 품목을 보호할 수 있어야 한다."는 점을 적시하고 있다(日本商工會議所 2011).

3. 전략의 변화: 미일 동맹 강화

이상과 같은 경제계의 압력은 TPP 교섭 참가 선언의 결정적 요인이라 볼 수 없다. 이전에도 경제계는 지속적으로 적극적인 FTA 전략을 주문해 왔기 때문이다. 이미 2008년 리만 쇼크 이래 일본 경제는 엄중한 상황에 처해 있었고, 1990년대 초 버블 경기 붕괴 이래 20년 이상 저성장의 길을 걸어 왔다. 노동인구는 1995년부터 감소 추세이며 자본 투입의 증가도 여의치 않고 수요 면에서도 고령화와 재정적자로 한계를 노정해 왔다. 장래 경제적 번영을 위해서는 시장 개방과 구조 개혁의 진전이 요청되지만 이런 압력은 상수로 존재해 왔다고 볼 수 있다. 따라서 경제적 선택에 영향을 미치는 두 가지 비경제적 변수를 고려해야 할 필요가 있다. 첫째는 국제정치적 변수이고, 둘째는 국내 정치적/제도적 변수이다.

무역 관계에서 국제정치적 요인이 작용해 왔음은 이론적으로 널리 논의되어 왔다. 무역이 가져다주는 전략적 함의 때문이다. 무역은 교역 당사자(기업)의 부를 가져다주는 동시에 부국의 주요 수단이고 군사적 활용 자원이 된다(Baldwin 1985; Hirschman 1945; Kennedy 1988; McKeown 1983). 한편 무역은 상대방에게도 이득이기 때문에 상대가 동맹국이면 긍정적 외부 효과(positive externality), 경쟁국/적국이면 안보 비경제(security dis-economy)라는 전략적 효과를 발생시킨다(Gowa and Mansfield 1993). 교역 당사국들이 무역에 따른 절대적 이득과 상대적 이득을 차별적으로 고려하는 것은 이런 까닭이다. 또한 허쉬만(Hirschman 1945)이 보여 주듯이 상대국에게 경제적 이득을 제공하면서 상호 의존을 비대칭적으로 심화시킬 경우, 즉 상대국이 자국 경제에 더 크게 의존하게 할 경우, 역으로 정치적 영향력을 획득할 수 있다. 무역 패턴의 양상이 특정한 안보적 결과를 초래하는 것이다.

동아시아의 경우, FTA는 시장의 힘이라기보다는 국가 간 전략적 고려가 강하게 작동하면서 전개되었다고 보는 레벤힐(Ravenhill 2010)의 주장에 타당성이 있다. 실제 동아시아 주요 국가 간에는 이미 낮은 관세율에다 다양한 관세 환급 조치 등이 제공되고 있으며, 자유화 정도도 국내 정치적 고통이 크지 않도록 조정되어 있다("liberalization without political pain"). 이렇듯 FTA 체결국 간 특혜 마진이 크지 않은 이유는 앞서 언급한 대로 지역 생산 네트워크 혹은 공급 사슬의 존재이기도 하지만 그보다 각국이 전략적으로 FTA 체결에 나서기 때문인 측면이 강하다.

미국의 통상정책 역시 경제와 안보의 두 논리를 동시에 고려해 왔다. 미국이 TPP를 미국 경제 부흥의 수단으로 간주함과 동시에 동아시아 개입의 핵심 수단으로 추진하는 까닭은 여기에 있다. 2000년대 들면서 미국은 9·11 테러와 중국의 부상과 같이 미국의 안보 이익에 대한 도전이 즉각적으로 이루어지거나 가시화되면서 미국은 안보적 고려가 강조되는 복합적 통상 전략의 유인이 커지게 되는 반면, 경제적으로 압도적인 지위가 동요하면서 안보적 접근만을 취할 여유가 사라지게 되고 경제적 이익을 추구하려는 유혹이 강해지는 고민에 빠지게 된다. 이 둘을 양립할 수 있는 정책으로서 나온 것이 TPP라 할 수 있다.

2010년 1월 오바마 대통령은 연두교서 연설에서 향후 5년간 수출을 배가하고 200만 명의 고용을 창출하는 목표로 국가 수출 전략(National Export Initiative)을 발표하면서 그 주요 수단으로 한미 FTA와 TPP를 지목하였다. 이런 속에서 2011년 미국의 무역협상대표부(USTR)는 미국 의회에 제출한 보고서(「Trade Policy Agenda and Annual Report of the President of the United States on the Trade Agreements Program」)에서 FTA 네트워크로 엮여 가고 있는 아시아태평양 시장의 변화에 미국이 전면 개입(full engagement)하는 것만이 미국의 경쟁력을 유지할 수 있는 방법임을, 그리고 TPP가 중요한 정책 수단이 될 것임을 강조하고 있다(USTR 2011). 여기서 지목되는 국가는 중국이다. 이미 2000년대 중반 미국은 아시아에서 중국의 점증하는 경제적 영향력에 의해 태평양이 가로막히지 않을까 하는 현실적 우려를 갖고 있었다. TPP는 미국 중심으로 동아시아 주요 경제국들을 엮어 나가는 수단으로 여겨졌다. 사실, 오바마 정부가 TPP 협상을 적극적으로 주도하기 시작한 2010~2011년이란 시점에서 TPP 협상국을 보면 호주를 제외하면 경제 소국으로 구성되어 있다. 미국의 입장에서 당장 수출 및 일자리 창출에 기여할 여지는 작다. 또 뉴질랜드와 브루네이 이외 국가들과는 이미 양자 FTA를 맺어 놓고 있다. 그럼에도 불구하고 미국은 이를 점차 확대시켜 나가 태평양의 남쪽을 연결하여 동남아를 거쳐 동북아로 올라가면서 중국의 경제적 주도권을 견제하는 대단히 전략적인 목표를 추진하고 있다.

표 6-4 | TPP 교섭 순서

2006년 5월	P4(싱가포르, 뉴질랜드, 칠레, 브루나이) 발효
2008년 9월	미국이 TPP 교섭 참가 표명 후 호주, 페루, 베트남도 표명
2010년 3월	TPP 교섭 개시(10월 말레이시아 참가)
2011년 11월	APEC 하와이 회의
2012년 2월	TPP 미일 사전 협상 개시
2012년 6월	멕시코, 캐나다 교섭 참가 승인
2012년 11월	미국 대통령 선거(오바마 재선)
2013년 2월	아베-오바마 정상회담
2013년 3월	TPP 교섭 회의(싱가포르), 아베 총리 TPP 교섭 참가 정식 표명
2013년 4월	TPP 사전 협상에 대한 미일 합의, 11개 국가가 일본 교섭 참가 승인
2013년 5월	TPP 교섭 회의(페루)
2013년 7월	TPP 교섭 회의(말레이시아)에서 일본 참가
2013년 8월	TPP 교섭 회의(브루나이)
2013년 10월	APEC 정상회담 (인도네시아), TPP 교섭
2013년 연내	TPP 교섭

이런 차원에서 일본은 장기적으로 TPP의 성패에 사활적인 행위자이고 게임 체인저(game changer)이다. 미국을 제외한 모든 국가들의 규모를 합친 것보다 일본이 크기 때문이다. 또한 일본이 가입하게 되면 한국 등 일본과 경쟁관계에 있는 국가들이 가입의 압력을 강하게 받게 될 것이고 중국 포위 전략도 본격화하게 된다. 일본은 이러한 미국의 압력에 직면해 있었다.

2010년 APEC 주최국인 일본의 간(管 直人) 총리는 TPP 교섭 참가에 강한 관심을 보였지만 농산물 자유화에 반대하는 농업단체 및 관계자의 강력한 정치적 압력과 마주쳐 교섭 참가 결론은 2011년 6월로 연기하였다. 그러나 3월 동일본 대지진이 발생하여 TPP 교섭 준비가 제대로 이루어지지 못한 채 간 정권은 9월 노다 정권으로 교체되었다. 노다 수상은 2011년 11월 11일 "교섭 참가를 향하여 관계국과 협의에 들어가기로 했다."고 선언하여 일본은 미국의 아키텍처를 선택하게 된다.

이러한 배경에는 2009년 민주당 정권이 출범하면서 비롯된 미일 관계의 변화가 자리하고 있었다. 초대 하또야마 유키오 수상은 아시아 외교를 강조하였다. 그는 우애의 동아시아 공동체를 내걸면서 "번영의 아시아, 녹색 아시아, 생명의 아시아, 우애의 바다"라는 네 가지 영역에서 협력을 강조하는 동시에(アジアへの新しいコミットメント: 東アジア共同体構想の実現に向けて 2009), 미국과 대등한 외교를 강조하면서 이런 차원에서 후텐마 기지 대체 시설 이전에 관한 미일 합의를 깨고 원점에서 재검토하겠다는 선언을 함으로써 미일 관계를 결정적으로 흔들었다. 미국은 하또야마가 이끄는 민주당 정권이 미일 동맹을 약화시키고 동아시아 공동체를 기치로 중국을 중시하는 것이 아닌가 하는 의구심을 갖게 되어 일본에 대해 강경한 자세로 나와 결국 하또야마 수상은 낙마하게 되었다.

후임 간 나오토 수상 역시 취임 시정연설에서 동아시아의 경제적 가치를 사활적 이익으로 강조하였지만(新成長戦略 -'元気な日本'復活のシナリオ 2010), 미일 동맹을 복구해야 하는 외교적 사명을 수행하여야 했다. 특히 그가 취임한 직후 발생한 센카쿠 제도에서 중국 어선의 영해 침범, 선장의 체포, 중국 정부의 희토류 수출 금지 조치, 일본 비즈니스맨 체포 등 일련의 사건으로 중국과 군사적, 외교적 대치가 진행되고 중일 관계가 악화되는 동시에, 한반도에서 군사적 긴장이 상승하면서 지역 정세가 불안정해지자 간 수상은 미일 동맹 강화에 주의를 기울이지 않을 수 없었다.

동맹 표류, 특히 미국의 동맹에 대한 의지 약화 가능성에 대한 우려가 워싱턴과 도쿄 양측에서 높아지고 중일 간 분쟁이 한창이던 10월 당시 힐러리 클린턴 국무장관은 마에하라 세이지(前原誠司) 외상을 만나 센카쿠가 미국의 방위 의무가 규정된 미일 안보조약 제5조의 대상이라며 일본 입장을 지지하여 간 정권의 어려움을 일거에 덜어 주었다. 그 대가는 미국의 동아시아 전략 추진에 대한 일본의 지지일 수밖에 없다. 그 비용은 바로 다음 날 발표한 클린턴 장관의 새로운 지역 구상인 '아시아-태평양에 대한 미국의 관여'(America's Engagement in the Asia-Pacific)에서 쉽게 짐작해 낼 수 있다.

클린턴 장관은 동아시아 전략의 초점을 중국에 두면서 일본 등 동맹국의 역할을 강조한 후, 지역 제도를 언급하면서 경제 부문에서는 APEC을, 비경제 부문(핵 확산, 군축, 환경, 가치 등)에서는 EAS를 주 무대로 활동할 것이라 천명하였다. 그리고 APEC 부활의 핵심 수단으로서 환태평양 경제 동반자 협정(TPP)을 강조하였다. 앞서 언급하였듯이 중국이 사실상 주도권을 행사하고 있는 "아세안+3"가 아닌 다른 제도를 통해 중국을 견제하겠다는 전략이다. 2010년 가을 간 수상은 TPP 참여의 전략적, 안보적 요인을 면밀히 계산해야 할 처지에 놓였다. 그는 일본 경제의 재도약을 위해서 TPP가 필요한 동시에 TPP가 사실상 미일 시장 통합에 의해 미국의 일본 안보에 대한 의지를 강화하는 기제라고 보았다(寺田 2011). 문제는 TPP가 농업 개방이 필수적인 고수준의 FTA라는 데 있었다. 따라서 일본 정부는 개방을 반대해 온 농업 부문과 이들을 대변하는 농수산 족의원의 벽을 넘어야 하는 과제를 풀어야 했다.

4. 국내 정치의 변화: 정책 결정 시스템의 변화

간 수상은 2011년 6월까지 농업 개혁의 성과를 거둔 후 TPP 교섭 참가를 계획하였으나 3월 동일본 대지진으로 진전을 보지 못한 상태에서 당

내 오자와 파와 파벌 투쟁 속에서 결국 하차하고 후임 노다 정권이 들어서 11월 11일 TPP 교섭 참가를 향해 관계국과 협의에 들어가겠다는 선언을 하게 된다. 이에 대해 론 커크(Ron Kirk) 미국 USTR 대표는 노다 수상의 결정을 환영하면서도 "일본은 교섭 참가를 위해 TPP의 고수준 무역 자유화 기준을 만족시켜 비과세 장벽을 포함, 농산물, 서비스 및 공업 제품에 부과된 관세 장벽에 관한 미국의 구체적 관심 사안에 대해 준비해야 한다."고 강조하였다. 외무성은 2012년 1~2월 관계국과 협의를 진행하였으나 상당수 관계국들은 일본이 고수준의 자유화란 기준에 적합한 조치를 취하지 않고 있다고 일본의 참가에 대해 유보적 태도를 표명하였다(溶井 2013, 247). 이 와중에 일본은 2012년 봄 TPP 교섭 참가를 연기하였고, 9월, 11월 연속으로 교섭 참가를 표명할 수 없었다. 여·야당 합의가 이루어지지 못하였고 농업 등 국내 이해 관계자의 반발을 조정하지 못하였던 것이다. 최종 결단은 아베 정권이 내렸다. 2012년 12월 취임한 아베 수상은 2013년 3월 미일 정상회담에서 'TPP에 관한 미일 공동 성명'을 발표하면서 "모든 상품이 교섭의 대상이 된다는 점", "일본이 포괄적이고 고수준의 협정을 달성한다는 점", 그리고 "TPP 교섭 참가 시 일방적으로 전면적 관세 철폐를 약속하는 것은 아니라는 점"을 확인하여 TPP 교섭 참가의 길을 열었다. 이어서 3월 15일 정식으로 TPP 교섭 참가를 선언하였다.

시장의 변화에 따라 다자 FTA의 요구가 대두되는 동시에 미일 동맹의 강화의 일환으로서 TPP를 추구하려는 전략적 고려가 수렴되었다면 국내 정치적으로도 커다란 제도적 변화가 진행되었다. 정책 결정 시스템의 변화가 그것이다. 자민당 정권의 분산적이고 상향식(bottom-up) 정책 결정 시스템이 민주당 정권으로 교체되면서 보다 집중적이고 하향식(top-down) 시스템으로 전환된 것이다.

자민당 정권 시절 정책 결정 시스템의 특징은 '여당 사전 심사제도'와 '여당과 정부 2원 구조'에 있다(飯尾 2007). 여당 의원은 정부 제출 법안이 각의에 제출되기 이전 당 정무조사회 관련 부회에서 사전 심사를 하게 되어 있다. 특정 업계의 이익을 대표하는 의원(이른바 族議員)은 정무조사회 관련 부회에 소속되어 법안을 심사하고 찬성할 권한을 갖고 있었고, 이를 거쳐 국회에서 법안이 성립될 수 있었다. 예컨대, 농업 개방에 반대하는 이른바 농수산 족의원은 초동 단계에서 자유화 정책에 비토를 행사할 수 있었던 것이다. 이런 상향식 시스템에 의해 내각의 권한과 수상의 리더십이 제한받는 것이다.

또 다른 측면에서 정부(관료) 측 통상 교섭은 외무성, 경산성, 재무성, 농수성의 이른바 '4성 체제'로 이루어지고 이들 간에 전통적인 '합의제' 방식이 적용되는 경향이 강하기 때문에 강력한 반대자를 넘어서는 조정 기능이 약한 구조적 한계를 갖고 있었다. 대외 교섭의 주 행위자로서 외무성의 조정 기능이 약한데다 이를 넘는 상위의 위계적 정책 결정 구조가 사실상 부재하였다. 또한 정부 내 조직 간 제도적 차이도 발견된다. 경산성의 경우, 대체적으로 제조업체들이 관료에게 통상 협상 권한을 위임하여 관료가 주도할 수 있는 여건을 만들어 주는 반면, 농수성의 경우는 이해 관계자인 정치가들이 관료를 정밀하게 감시하는 경향을 보여 준다(Mulgan 2005).

2009년 집권한 민주당 정권은 이른바 '정치 주도'와 '내각 1원화'를 내걸고 자민당 내 정무조사회 부회가 실질적 사전 심사를 해온 정책 결정 시스템을 여당의 요직에 있는 정치가가 정부의 공식 직위에 취임하여 투명성과 책임성을 갖고 정책을 추진할 수 있는 시스템을 구축하고자 하였다. 수상 직속으로 국가전략실을 설치하여 예산의 골격, 주요 국가 정책, 국가 비전의 입안, 정부 내 정책 조정 등을 정치가 주도로 추진하고자 하였다. 이를 담당하는 국가전략대신은 여당의 정무조사회 회장을 겸무하여 정책 결정의 일원화와 하향식 결정 시스템을 실천하고자 했다.

또한 각 성청의 관료에 의한 실질적 정책 결정을 각료, 부대신, 정무관 등 정무 3역이 주도하고 그동안 정책 조정을 주도한 사무차관회의를 폐지하는 대신 관계각료위원회에서 조정하여 각료회의(閣議)에 제출하도록 하였다.

2010년 6월 출범한 간 정권은 2010년 10월 1일 국회에서 TPP 참가를 검토하겠다는 소신 표명 연설을 하고 10월 8일 신성장 전략 실현 회의에서 TPP 참가를 검토하여 11월 요코하마에서 개최하는 APEC 회의에서 발표하려 계획을 잡았다. 이를 받아 정무조사회는 프로젝트팀(PT)을 구성하여 논의를 진행하였지만 찬반양론이 팽팽하자 간 수상이 직접 개입하여 "10년 후 일본의 농업을 국토 보전과 활력 있는 지역사회 만들기란 관점에서 전망하면 개국(開國)과 양립할 수 있다."고 강조하면서 TPP를 적극 추진하고자 하였다.

간 정권은 탑다운 식 의사 결정으로 TPP를 띄울 수 있었으나 당내 최대 파벌인 오자와 파와 대립하는 속에서 TPP에 대한 정치적 지지를 충분히 얻을 수 없었다. 이후 노다 정권은 '탈 오자와' 노선을 수정하여 오자와 파 인물을 정부 및 당 요직에 등용하고 거당 체제, 당내 융화에 역점을 두면서 "TPP 교섭 참가를 향해 관계국과 협의에 들어가겠다."는 선언을 할 수 있었다.

5. 결론

일본이 TPP 교섭 참가를 선언함으로써 동아시아 무역질서를 둘러싼 국제정치는 많은 변화를 보이고 있다. 첫째, 그동안 동아시아 FTA 경쟁을 주도해 온 국가는 2000년대 초반 중국이고, 2000년대 후반 한국이었다면, 2010년대는 일본의 향배에 주목이 쏠리고 있다. TPP 세 불리기에 결정적 영향을 미치는 일본의 교섭 참가 선언은 지역 및 지구 통상질서 구축에서 게임 체인저(game changer)라 할 수 있다. 우선 TPP는 동아시아를 양자 FTA로 엮어 온 기존의 경제질서를 근본적으로 바꾸어 놓고 있다. 일본의 교섭 참가에 따라 TPP의 세가 확산됨에 따라 한중일 FTA, RCEP 등 다자 혹은 소다자 FTA들에 관심이 늘고 있다. 이는 초국적 생산 네트워크 혹은 공급 사슬의 확산이란 역내 경제적 현실을 반영하는 정책 환경이 만들어지는 것이라 할 수 있다.

둘째, 일본이 TPP 교섭에 참가함으로써 미국 중심 네트워크에 대항하여 중국이 자국 중심 네트워크를 구축하려 노력하고 있으며 그 결과 FTA 망이 둘로 분단되는 결과가 드러나고 있다. 중국이 TPP에 가입하기는 현실적으로 난망한 시점에서 FTA 네트워크는 'TPP 대 반(反)TPP'란 구도를 형성하고 있다. 한때 글로벌 FTA 허브를 지향하며 FTA 경쟁의 중심부에 위치했던 한국은 이제 TPP에 뒤늦게 참여하려는 모습을 보이고 있다. 이는 분명 일본 효과라 할 수 있다. 마찬가지로 아세안 역시 두 진영으로 나뉘고 있다. 아세안의 경제 통합에 미묘한 파장을 일으키고 있다고 볼 수 있다.

셋째, 이런 속에서 동아시아 경제 아키텍처 건축 과정은 주요 국가 간 치열한 전략적 경쟁의 모습으로 드러나고 있다. 중국이 TPP 망에 대항하여 한중 FTA, 한중일 FTA, RCEP 교섭에 적극적으로 나서고 있는 현상은 미중, 중일 간 전략적 경쟁 구도에서 이해될 수 있다. 일본은 미일 동맹 강화란 차원에서 TPP에 접근해 온 측면이 있으며, 미국 역시 이를 적극 활용한 측면이 있다. 중국이 TPP 망을 미일 동맹에 의한 중국 포위 전략으로 이해하는 것은 이러한 전략적 고려 때문이다.

넷째, 그러나 TPP 참가의 상승효과는 국내 조정의 성패에 달려 있다. 일본 정부가 국내 보호주의 세력의 정치적 영향력을 억제하면서 조정력을 발휘할 수 있을 때 일본은 게임 체인저로서 질서를 주도하는 행위자가 될 수 있다. 반대로 국내 조정의 실패로 TPP 교섭의 훼방자가 될 경우 일본의 협상력과 영향력은 쉽게 하강할 것이다.

참고문헌

손열. 2011. "위기 이후 동아시아 다자경제제도의 건축경쟁." 『국가전략』 제17권 1호.

이승주. 2008. "일본의 생산 네트워크와 지역주의전략의 변화." 『한국정치학회보』 제43권 3호.

Baldwin, David. 1985. *Economic Statecraft*. Princeton: Princeton University Press.

Baldwin, Richard. 2011. "21st Century Regionalism: Filling the gap between 21st century trade and 20th century trade rules." Centre for Economic Policy Research Policy Insight, No. 56. [Online], Available: www.iadb.org/intal/intalcdi/PE/2012/09801a02.pdf [March 17, 2014].

Clinton, Hillary. 2011. "America's Pacific Century." *Foreign Policy*. [Online], Available: www.foreignpolicy.com/articles/2011/10/11/americas_pacific_century [March 17, 2014].

Gowa, Joanne and Edward Mansfield. 1993. "Power Politics and International Trade." *American Political Science Review*, Vol. 87, pp. 408-420.

Hirschman, Albert. 1945. *National Power and the Structure of Foreign Trade*. Berkeley: University of California Press.

Kawai, Masahiro, and Ganeshan Wignaraja. 2009. "The Asian 'Noodle Bowl': Is It Serious for Business?" *Tokyo: Asian Development Bank Institute, Working Paper Series*, No. 136, April. [Online], Available: http://www.adbi.org/working-paper/2009/04/14/2940.asian.noodle.bowl.serious.business/ [March 17, 2014].

Kennedy, Paul. 1988. *The Rise and Fall of the Great Powers : Economic Change and Military Conflict from 1500 to 2000*. London: Unwin Hyman.

McKeown, Timothy. 1983. "Hegemonic stability theory and nineteenth century tariff levels in Europe." *International Organization*, Vol.37, No.1, pp. 73-91.

Mulgan, Aurelia. 2003. "Japan's 'Un-Westminster' System: Impediments to Reform in a Crisis Economy." *Government and Opposition*, Vol. 38, No.1, pp. 73-91.

Mulgan, Aurelia. 2005. "Where Tradition Meets Change: Japan's Agricultural Politics in Transition." *The Journal of Japanese Studies*, Vol.31, No.2, pp.261-298,

Ravenhill, John. 2010. "The 'new East Asian regionalism': A political domino effect." *Review of International Political Economy*, Vol. 17, No. 2, pp. 178-208.

Pempel, T.J. and Shujiro Urata. 2005. "Japan: the politics of bilateral trade agreements." in Vinod K. Aggarwal and Shujiro Urata. eds. *Bilateral Trade Arrangements in the Asia-Pacific: Origins, Evolution, and Implications*. New York: Routledge.

Solis, Mireya. 2010. "Can FTAs Deliver Market Liberalization in Japan? A Study on Domestic Political Determinants." *Review of International Political Economy*, Vol. 17, No. 2, pp. 209-237.

United States Trade Representative. 2011. *2011 Trade Policy Agenda and 2010 Annual Report of the President of the United States on the Trade Agreements Program*. [Online], Available: http://www.ustr.gov/2011_trade_policy_agenda [March 17 2014].

安藤光代, 木村福成. 2008. "東アジアにおける生産ネットワーク." 深尾京司　編『日本企業の東アジア戦略』 동경: 日本經濟新聞出版社.

日本経済団体連合会.『わが國の通商戰略に關する提言』(2011/4/19) www.keidanren.or.jp/japanese/policy/2011/030/

鳩山由紀夫. "アジアへの新しいコミットメント: 東アジア共同体構想の実現に向けて." http://www. kantei.go.jp/jp/hatoyama/statement/200911/15singapore.html(2009)

平成22年6月18日閣議決定 新成長戦略. "「元気な日本」復活のシナリオ." http://www.kantei.go.jp/jp/sinseichousenryaku/sinseichou01.pdf(2010)

寺田貴, 三浦秀之. 2011. "日本のTPP参加決定過程." 馬田啓一 外.『日本のTPP戰略』 동경: 文眞堂.

浦井光夫. 2013. "TPP交渉の争点と日本の交渉参加." 山澤逸平 外.『アジア太平洋の新通商秩序』. 동경: 勁草書房.

飯尾潤. 2007.『日本の統治構造』. 동경: 中央公論社.

7장

위안화 국제화

최형규

1. 서론

지난 2008년 글로벌 금융위기 발발 이후 중국 정부는 위안화 국제화를[1] 적극적으로 추진해 오고 있다.[2] 이러한 위안화 국제화 정책은 특히 국

---

* 이 글은 저자의 논문 "Can the Renminbi Rise as a Global Currency? The Political Economy of Currency Internationalization," *Asian Survey*, 53:2(March/April 2013), pp. 348-68에 기반하여 작성되었다.

1_국제통화란 자국 국경을 넘어 민간 거래 및 공적 거래에서 통화의 세 가지 기능인 교환의 매개, 회계의 단위, 가치 저장의 수단으로 사용되는 통화를 지칭한다. 좀 더 자세히 설명하면, 민간 거래에서 교환의 매개로 사용됨은 국제 거래에서 지불 수단으로 이용되는 것을 의미하며, 공적 거래에서 교환의 매개로 사용됨은 외환시장 개입 통화로 기능함을 말한다. 민간 거래에서 회계의 단위로 기능한다는 것은 국제 거래의 통화 가치 표시 단위로 사용됨을 나타내며, 공적 거래에서 회계의 단위로 사용된다는 것은 환율을 고정하는 기준통화로 사용됨을

제 무역 결제에서의 위안화 사용 확대 및 홍콩 역외 위안화 시장 육성을 중심으로 진행되고 있다. 보다 구체적으로, 2009년 6월 국제 무역의 위안화 결제를 제한적으로 허용하는 시험적 제도가 처음 도입되었고, 그 후 위안화 결제 허용 지역 및 범위가 점차적으로 확대, 2012년 3월부터는 국제 무역의 위안화 결제가 거의 전면적으로 허가되었다. 홍콩에서 발행하는 위안화 표시 채권을 일컫는 '딤섬 본드'의 발행 승인도 금융위기 이후 급격히 증가하였다.[3] 또한 중국의 중앙은행인 중국인민은행은 2008년 금융위기 중 한국은행과 최초로 양자 간 위안화-상대국 통화(원화) 통화스왑을 체결한 이후 2014년 1월 현재까지 총 23개국과 유사한 형태의 통화스왑을 체결하였다.[4] 이와 더불어 중국과 통화스왑을 체결한 외국 중앙은행 및 국제 무역 위안화 결제에 참여하는 역외 은행의 중국 본토 은행 간 채권시장 참가도 허가되었다. 역외에서 취득한 위안화를 사용한 중국 본토 직접 투자도 허용되었으며, 중국 정부는 해외 원조를 위안화로도 제공하기 시작하였다.

지칭한다. 민간 거래에서 가치 저장의 수단 역할을 수행한다는 것은 투자 자산으로 이용됨을 의미하며, 공적 거래에서 가치 저장의 수단으로 기능한다는 것은 준비통화(reserve currency)로 사용됨을 말한다. 현재는 오직 미국 달러화만이 이들 여섯 가지 기능 모두를 전 세계적으로 수행하는 완전한 국제통화이다. 유로화나 엔화 등 여타 통화 역시 이들 기능 모두를 수행하나 그 사용 범위가 특정 지역으로 제한되어 있다(Cohen 1971, 28-32).

2_글로벌 금융위기는 중국처럼 달러화 준비 자산을 대규모로 보유한 국가가 직면할 수 있는 위험을 드러냄으로써 현재의 달러화 중심 국제통화 체제 하에서 이들 국가가 보유한 내재적 취약성을 부각시켰다. 그리고 이는 중국 정부가 금융위기 이후 위안화 국제화를 추진하게 된 주요 이유 중 하나로 지적되고 있다(Mallaby and Wethington 2012, 138-40).

3_딤섬 본드의 발행은 역외 위안화를 이용한 투자 기회를 확대함으로써 위안화를 보유하고자 하는 유인을 강화할 수 있으며 이를 통해 위안화 국제화에 기여할 수 있다.

4_통화스왑이 어떻게 위안화 국제화에 도움이 될 수 있는지는 차후 구체적으로 설명될 것이다.

이러한 중국 정부 정책에 힘입어 위안화 국제화는 최근 괄목할 만한 진전을 보여 주고 있다. 일례로 중국 전체 무역에서 위안화 결제 거래가 차지하는 비중은 2010년 0.4%에 불과하였으나 2013년 1/4분기 16.6%로 급격히 성장하였다. 또한 2008년 1월 40억 위안에 불과하였던 홍콩의 위안화 예금 규모가 2013년 11월 8,270억 위안까지 증가하였고, 이와 유사하게 2008년 120억 위안에 머물렀던 딤섬 본드의 규모 역시 2013년 12월 3,820억 위안으로 상승하였다. 게다가 한국, 나이지리아, 칠레, 태국 등의 중앙은행이 외환 보유액의 일부를 위안화 표시 자산에 투자하기 시작하였다.

한편 글로벌 금융위기 이후 경제 부양을 위해 미국 정부는 전례 없는 팽창적 통화·재정 정책을 도입하였다. 이는 달러화 가치에 대한 신뢰를 약화시키는 결과를 초래하며 장기적으로 달러화의 국제통화 지위에 부정적인 영향을 미칠 수 있다.[5] 또한 현재 달러화의 가장 강력한 경쟁 통화인 유로화 역시 유럽 재정위기 발생 후 국제통화로서의 매력이 심각하게 훼손되었다. 이러한 현 상황에서 위안화는 잠재적 미래의 국제통화로서 많은 주목을 받고 있으며, 위안화 국제화가 실현될 경우 중국 및 전 세계에 막대한 정치·경제적 변화를 초래할 수 있다는 점에서 위안화 국제화는 국제통화 체제의 미래와 관련한 핵심 쟁점 중 하나로 부상하였다.

위안화 국제화가 현실화될 경우 중국이 이로 인해 누릴 수 있는 잠재적 경제적 편익으로는 국제적 수준에서의 화폐 주조 차익(seigniorage) 발생,[6]

5_2011년 8월 세계 제2위 신용평가기관인 Standard and Poor's는 미국 정부의 재무 건전도에 우려를 표하며 미국 장기 국채의 신용등급을 'AAA'에서 'AA'로 한 단계 하향 조정하였다. 하지만 현재로서는 달러화를 대체할 만한 여타 국제통화가 존재하지 않는다. 실제로 글로벌 금융위기가 미국에서 기원하였음에도 불구하고 금융위기 기간 동안 '안전 통화'(safe haven currency) 역할을 수행한 통화는 달러화였다.

국제수지 적자 발생 시 위안화 발행을 통한 대외 불균형 해소,[7] 국내 은행들의 위안화 사업 경쟁력에 따른 이윤 기회 확대, 국내 기업으로부터 외국 기업으로 환위험 이전, 위안화 사용 증대에 따른 위안화 가치 상승에 의한 국내 소비자 구매력 상승 등을 들 수 있다.[8]

이러한 경제적 편익과 더불어 위안화 국제화는 중국의 대내외적 정치적 역량(power)을 강화할 수도 있다. 우선 국내 거시 경제정책 자율성 측면에서, 앞서 언급한 바와 같이 대외 불균형 해소를 위해 필요한 국내 정책의 조정(adjustment)을 위안화 발행을 통해 유보함으로써 시장 규율로부터의 정책 자율성이 증대된다(Cohen 2006; Helleiner and Kirshner 2009a). 또한 타국 통화에 대한 의존이 줄어듦에 따라 타국이 중국에 영향력을 행사할 수 있는 여지가 약화된다는 점에서 타국으로부터의 정치적 자율성 역시 강화된다. 이와 반대로 타국의 경우는 위안화 의존이 증가함에 따라 이들 국가에 대한 중국의 영향력이 확대될 수 있다. 즉, 타국에 대한 중국의 '경성권력'(hard power)이 강화될 수 있다(Cohen 1998; Kirshner 1995). 더 나아가,

---

6_일반적으로 화폐 주조 차익은 화폐를 발행함으로써 발생되는 수익을 지칭한다. 외국인이 상품 또는 서비스를 자국 화폐와 교환하거나 자국 화폐로 표시된 금융자산을 보유할 경우 국제적 수준에서 화폐 주조 차익이 발생한다(Chinn and Frankel 2007, 289; Cohen 2009a, 10).

7_미국과 달리 중국은 오랫동안 경상수지 흑자를 기록하고 있다는 점에서 위안화 국제화에 따른 이러한 편익이 큰 의미를 가지지 않을 수도 있다. 하지만 위안화의 국제적 사용이 확대되기 위해서는 우선 위안화가 외국으로 충분히 공급되어야 하며 경상수지 적자는 이러한 위안화 공급의 주요 경로 중 하나일 수 있다.

8_중국의 발전 모델이 향후에도 계속 수출에 주로 의존할 경우 위안화 평가절상은 중국 경제에 부정적 영향을 끼칠 수 있다. 국제통화 발행에 따른 주요 경제적 편익과 비용에 대한 일반적 논의는 Chey(2012, 54-6; 2014) 참조. 위안화 국제화가 중국에 미칠 주요 경제적 편익과 비용에 관한 논의는 Eichengreen(2011b) 및 Hai and Yao(2010) 참조.

타국이 위안화를 사용할 경우 이들 스스로 위안화 가치 안정을 희구하게 되는 등 중국의 이해와 상응하는 방향으로 이들 자신의 이해에 대한 인식 변화가 초래될 수 있다. 이는 위안화 국제화를 통해 중국의 '구조적 권력'(structural power)이 강화됨을 의미한다(Helleiner and Kirshner 2009a, 6; Kirshner 2008, 424-25). 마지막으로, 역사적으로 통화가 주권의 주요 상징 중 하나로 인식되었으며 그 결과 특정 통화의 국제적 사용은 통화 발행국의 국제적 지위 상승으로 여겨지는 경향이 있다. 따라서 위안화 국제화는 중국의 '연성 권력'(soft power)[9] 상승에도 기여할 수 있다(Cohen 1998, 121; Helleiner 2006, 82).[10]

그렇다면 과연 위안화가 주요 국제통화로 성장할 수 있을 것인가? 중국이 위안화 국제화에 본격적으로 착수한 이후 이 문제를 분석하는 연구는 급속히 증가하는 추세이다. 몇 년 전까지만 해도 대다수 연구는 위안화 국제

9_국제관계에서 연성 권력이란 일국이 강압이나 보상보다는 자국이 보유한 매력을 통해서 타국으로부터 자신이 원하는 것을 얻어 내는 역량을 지칭한다.

10_앞서 논의한 잠재적 경제적 편익과 더불어 위안화 국제화는 위안화의 해외 사용 증대에 따른 국내 통화정책의 제약, 환율을 거시 경제정책 수단으로 사용할 수 있는 능력의 하락, 위안화 평가절상에 따른 수출산업 타격 등과 같은 경제적 비용을 중국에 유발할 수도 있다. 실제로 과거 일본과 독일은 이러한 잠재적 비용에 대한 우려 때문에 자국 통화 국제화에 소극적이었다고 알려져 있다. 따라서 일국이 이상과 같은 잠재적 비용에도 불구하고 통화 국제화를 추진하려면 이를 능가할 강한 유인을 갖고 있어야 하며, 위안화 국제화에 따른 잠재적 정치적 편익은 중국 정부에 이러한 유인을 제공할 수 있다. 한편 중국과 달리 미국의 동맹국인 일본과 독일의 경우 자국 통화 국제화에 따른 이들 국가의 국제적 영향력 확대가 미국과의 갈등을 초래할 가능성이 있다는 점에서 정치적 편익보다는 오히려 정치적 비용으로 간주될 수도 있었을 것으로 판단된다. 이와 유사한 견해로 미국과의 정치적 갈등 유발을 피하기 위해 유럽 정책 결정자들이 유로화 국제화 도모를 주저하고 있다는 주장도 존재한다(Cohen 2009b, 759).

화에 회의적이거나 신중한 전망을 제시하였다.[11] 하지만 위안화 국제화가 상당한 진척을 보이는 것과 더불어 최근에는 보다 긍정적인 연구가 늘어나는 추세이다.[12] 일례로 미국 의회 '미·중 경제·안보 리뷰 위원회'(U.S.-China Economic and Security Review Commission)의 2011년 보고서는 5~10년 내에 위안화가 달러화 지위를 위협할 가능성이 있는 것으로 평가하였다. 더 나아가 Campanell(2014), FratzscherandMehl(2011), Ito(2010), Subramanian과 Martin(2012) 등은 동아시아에 이미 위안화 권역이 설립되었다고, 다시 말해 달러화-유로화-위안화를 세 개의 축으로 삼는 복수 국제통화 제도가 형성되었다고까지 주장하고 있다.[13]

하지만 위안화 국제화 미래에 대한 이러한 견해차에 관계없이 기존 연구 대다수는 위안화 국제화 결정 요인 분석에 있어 정치적 요인은 배제하고 주로 경제적 요인들만을 분석한다는 한계를 지니고 있다. 특히 위안화 국제화의 최근 진전이 상당 부분 이를 위한 중국 정부의 적극적인 정책의 결과라는 것을 상기하면 이러한 정치적 요인을 간과하는 연구는 심각한 문제를 내포하고 있다고 평가할 수 있다.[14] 본질적으로 통화 국제화는 경제적

11_Chen and Cheung(2011), Cohen(2012b; 2014), Dobson and Masson(2009), Eichengreen(2011b), Helleiner and Malkin(2012), Lardy and Douglass(2011), Lee(forthcoming), Mallaby and Wethington(2012), Park(2010), Wu(2009), Wu et al.(2010) 등 참조.

12_Liao and McDowell(2013), Subacchi(2013), Subramanian(2011a; 2011b) 등 참조.

13_하지만 이들 연구는 여러 국제통화 기능 중 환율 고정을 위한 기준통화로서의 역할만을 분석할 뿐 교환의 매개 및 가치 저장의 수단 등과 같은 여타 기능을 분석에서 배제하고 있으며 그 결과 위안화 국제화 정도를 과대평가하는 경향이 있다.

14_예외적으로 Cohen(2012b), Eichengreen(2013), Helleiner와 Malkin(2012) 등은 위안화 국제화에 영향을 미치는 정치적 요인들에 대한 분석을 제시한다.

요인들뿐만 아니라 정치적 요인들로부터도 영향을 받는 정치경제적 사안이다. 따라서 위안화 국제화 가능성에 관한 분석이 보다 정확하고 현실적이 되기 위해서는 이를 둘러싼 경제적 상황뿐 아니라 정치적 상황에 대한 고려도 분석에 포함될 필요가 있다.[15]

본 연구는 위안화 국제화에 영향을 미칠 수 있는 다양한 정치적 요인들 중 중국의 국제적 역량(international power)을 중심으로 위안화 국제화 가능성에 대한 정치경제학적 분석을 제시한다. 일국의 국제적 역량은 다양한 경로를 통해 통화 국제화에 영향을 미칠 수 있다. 우선 통화 발행국의 안보가 보장될 때에만 통화 가치의 안정성이 유지될 수 있다는 점에서 통화 발행국의 국제적 역량은 통화 가치에 대한 신뢰에 영향을 미치는 궁극적 요인 중 하나이다. 또한 강력한 국제적 역량을 지닌 국가는 군사·외교·경제적 원조나 심지어 강압을 통해 타국으로 하여금 자국 통화를 국제 거래에 사용하도록 압력을 가할 수 있다. 게다가 국가들이 자발적으로 강대국의 통화 사용을 통해 강대국과의 관계 강화를 도모할 수도 있다. 이러한 맥락에서 중국과 미국의 국제적 역량을 비교 분석한 결과, 본 연구는 향후 상당기간 미국의 국제적 역량이 중국을 지속적으로 압도할 것으로 예상하며 따라서 위안화 사용이 전 세계적으로 확장되는 것은 당분간은 어려울 것으로 전망한다.

물론 이러한 정치적 요인과 더불어 경제적 요인 역시 위안화 국제화에 영향을 미칠 것으로 예상된다. 하지만 이와 관련하여, 중국의 낮은 자본 거래 자유화 수준 및 금융시장 저발달을 위안화 국제화의 가장 주요한 경제

15_통화 국제화의 경제적 정치적 결정 요인에 관한 포괄적인 문헌 조사는 Chey(2012; 2014) 참조.

적 걸림돌로 지적하는 다수의 연구들과 달리, 본 연구는 중국의 경제 규모 및 위안화 공급 경로 제한 등이 위안화의 국제적 사용을 저해하는 보다 심각한 경제적 장애물이 될 가능성이 있다고 주장한다.

결국 본 연구 결과, 가까운 미래에 위안화가 달러화의 제1 국제통화 지위를 대체할 가능성은 크지 않을 것으로 전망된다. 하지만 아시아 지역에서 중국의 영향력이 상대적으로 강하다는 점을 고려할 경우, 위안화가 제한적이긴 하지만 어느 정도는 아시아의 지역통화로 성장할 가능성이 존재한다고 판단된다.

이 글은 다음과 같이 구성된다. 우선 위안화 국제화에 영향을 미칠 수 있는 경제적 요인과 정치적 요인 분석을 통해 위안화가 전 세계적 수준에서 국제화될 가능성을 검토한다. 이를 이어 위안화가 아시아에서 지역통화로 성장할 가능성을 살펴본다. 마지막으로 결론에서는 연구 결과를 요약하고 그 함의를 간략히 논의한다.

2. 경제적 요인

중국 정부의 위안화 국제화 지원 정책은 위안화 국제화 성공 여부에 상당한 영향을 미칠 수 있다. 하지만 중국 정부의 정책적 지원이 반드시 위안화 국제화의 성공을 보장하지는 않는다.[16] 통화 국제화는 다양한 요인들로

16_실제로 이전과 달리 1990년대 말부터 일본 정부는 엔화 국제화를 추진하였음에도 불구하고 이를 달성하지 못하였다(Grimes 2003; Katada 2008).

부터 영향을 받는 복잡한 과정이다.

경제학자들은 오랫동안 통화 국제화에 영향을 미치는 경제적 요인들을 연구하여 왔다. 이러한 경제적 요인들은 '신뢰성'(confidence)과 '편이성'(convenience)이란 두 개의 큰 범주로 분류될 수 있다. 그리고 편이성에 속하는 요인들은 다시 '유동성'(liquidity)과 '거래 네트워크'(transactional network)로 재분류될 수 있다.[17] 통화 가치의 불안정은 통화 보유의 위험을 증가시킴으로써 통화를 가치 저장의 수단으로 사용할 유인을 약화시킨다. 따라서 통화 가치 안정성에 대한 신뢰는 통화 국제화를 위한 필수조건 중 하나이다. 통화 가치에 대한 신뢰는 통화정책, 재정정책, 국제수지, 채무상태 등 통화 발행국의 지불 능력과 관련된 여러 요인들에 의해 영향을 받는다(Lim 2006; Tavlas and Ozeki 1992). 일반적으로 현금보다는 이자가 제공되는 자산의 형태로 국제통화를 보유한다는 점에서 유동성 역시 통화의 국제적 사용에 영향을 미치는 주요 경제적 요인이다. 그렇기 때문에 통화 국제화는 통화의 거래 비용을 낮출 수 있는 자유화되고 발달된 금융시장을 필요로 한다(Lim 2006). 한편 네트워크 외부성(network externalities)에 의해 특정 통화를 사용하는 편익이 동일한 통화 사용자의 수가 늘어날수록 증대된다는 점에서 통화 국제화는 발행국의 국제적 거래 네트워크의 정도에도 영향을 받는다. 이는 영어가 국제적 공통어로 사용되는 것과 유사한 원리이다(Kindleberger 1967). 이러한 맥락에서 통화 발행국의 경제 규모, 세계

17_통화 국제화의 경제적 결정 요인을 이상과 같이 세 범주로 구분하는 것은 Helleiner(2008)에 의해 제시되었다. 하지만 Helleiner는 본 논문과 달리 유동성과 거래 네트워크가 편의성이라는 공통의 성질을 공유하고 있음을 간과하고 있는데, 이는 아마도 유동성과 거래 네트워크에 영향을 미치는 요인들이 서로 상당히 다르기 때문일 것으로 추측된다.

교역에서 차지하는 비중 등과 같은 국제경제 편입 정도 역시 통화 국제화에 영향을 미친다(Chinn and Frankel 2007; Krugman 1984).

통화 국제화에 미치는 네트워크 외부성의 영향에 대해 좀 더 부연 설명하면, 다수의 기존 연구는 네트워크 외부성은 국제통화 사용에 관성과 경로 의존성(path dependency)을 발생·강화시키며 따라서 새로운 통화가 기존 국제통화를 대체하는 것은 쉽지 않으며 한 시기에는 하나의 국제통화만이 독점적으로 사용되는 경향이 있다고 주장한다. 하지만 Eichengreen (2005; 2011a)및 Eichengreen와 Flandreau(2008; 2012) 등과 같은 최근 연구에 따르면 1910년대에는 영국 파운드화, 프랑스 프랑화, 독일 마르크화가, 1920년대에는 파운드화, 프랑화, 달러화가 준비통화의 역할을 공유하였음을 보여 주며 국제통화 사용에 네트워크 외부성이 미치는 영향은 제한적이라고 주장한다.

위안화 국제화에 관한 대다수 연구는 통화 국제화에 영향을 미치는 이러한 다양한 경제적 요인들 중 위안화의 신뢰성 및 거래 네트워크는 위안화 국제화에 긍정적이라고 평가하는 반면, 낮은 유동성, 특히 중국의 제한적 자본 거래 자유화 및 금융시장 저발달을 위안화 국제화의 가장 심각한 장애물로 지적한다.[18] 더 나아가 다수의 연구는 자본 거래 자유화와 금융자유화가 신용 통제와 수출 주도 성장에 기반한 기존 중국 개발 모델의 폐기를 의미한다는 점에서 가까운 미래에 중국이 이들을 실현할 가능성에 대해서도 회의적 전망을 제시한다. 사실 위안화에 대한 이러한 시각과 유사

18_Bergsten(2011), Cohen(2009c), Cooper(2009; 2010), Dobson and Masson(2009), Eichengreen(2009), Lee(forthcoming), Mallaby and Wethington(2012), Park(2010), Wu, et al.(2010) 등 참조.

하게 과거 일본과 독일의 강한 금융 규제는 엔화와 마르크화의 국제화를 저해한 주요 요인으로 빈번히 거론되고 있다.[19]

이러한 대다수 기존 분석과 마찬가지로 본 연구 역시 중국의 자본 거래 자유화와 금융시장 발달이 실현될 경우 위안화 국제화가 가속화될 것으로 예상한다. 하지만 중국이 과연 자본 거래 자유화와 금융시장 발전을 실현할 수 있을지 여부에 대해서도 본 연구는 다소 긍정적인 판단을 제시한다. 실제로 중국 정부는 2015년까지 상하이를 세계 유수의 국제 금융 중심지로 육성하고 이와 더불어 동 시기까지 '기본적 자본 거래 자유화'(basic capital account convertibility)를 달성하고 변동환율제로 전환할 계획을 수립하였다(Subacchi 2013, 17). 또한 2011~2015년 기간 동안 추진 중인 중국 정부의 제12차 '5개년 규획'은 5개년 규획 중 최초로 국내 수요를 강화할 구체적 조치를 도입하였는데,[20] 이는 기존 중국 발전 모델의 변화를 모색하겠다는 중국 정부의 의지의 표명이라 할 수 있다.

물론 이런 극적인 변화가 하룻밤 사이에 달성될 수는 없다. 하지만 향후 10년 정도에는 아마도 가능할 수도 있을 것이다. 실제로 달러화의 국제화 과정이 그 역사적 선례이다. 미국의 중앙은행인 연방준비은행(Federal Reserve System)이 1913년 설립되자 미국 금융시장이 급격히 발전되기 시작하였고 그 후 10여년 만에 뉴욕이 주요 국제 금융 중심지로 성장하였다. 그리고 이와 동시에 달러화 역시 1913년 이전에는 국제적 사용이 거의 전무하였으나 동 기간을 거치며 주요 국제통화로 발전하였다(Broz 1997;

19_Aliber(1964), Cohen(2009c), Katada(2008, 401-4), Helleiner(2009), Park(2010), Tavlas(1991) 등 참조.

20_5개년 규획은 중국 정부의 발전 정책으로 1953년에 처음 도입되었다.

Eichengreen 2011a, 146).[21]

한편 단기간에 중국 본토 자본시장의 급격한 자유화가 실현되지 않을지라도 홍콩 역외 위안화 시장의 발전을 통해 위안화 국제화가 상당 수준 진척될 수도 있다. 사실 자본 거래 자유화가 통화 국제화의 선결 조건인지는 논쟁적인 사안이다. 일반적 인식과 대조적으로 He와 McCauley(2010)의 최근 연구는 완전한 자본 거래 자유화는 통화 국제화의 필수조건도 충분조건도 아니라고 주장한다. 동 연구는 1960년대 및 1970년대 초 미국에서 시행된 자본 거래 규제가 달러화의 국제적 사용을 약화시키기는커녕 오히려 유로달러(eurodollar) 시장의 성장을 야기하며 달러화가 제1 국제통화로 성장하는 데 기여하였음을 지적하며, 역외 시장 발전을 통해 자본 거래에 대한 통제를 유지하는 동시에 통화 국제화를 증진할 수 있다고 주장한다. 이러한 달러화의 경험에 비추어, 중국 본토에서는 자본 거래 자유화를 제한하면서 홍콩 역외 위안화 시장을 중심으로 위안화 국제화를 도모하고 있는 중국의 전략을 단지 역사적 선례가 없다는 이유만으로 당연히 실패할 것으로 단정 짓는 것은 성급한 판단일 수 있다.[22]

게다가 최근 들어서는 홍콩 이외에도 대만과 더불어 런던, 싱가포르 등과 같은 유수의 국제 금융 중심지들까지 위안화 역외 시장 설립을 적극적으로 추진하고 있다. 그리고 중국은 양자 간 위안화-상대국 통화 통화스왑 체결 등을 통해 이들을 정책적으로 지원하고 있다.

21_달러화가 제2차 세계대전 이후 제1 국제통화로 등극하였다는 기존의 주장과 대조적으로 Eichengreen와 Flandreau(2008; 2012) 등과 같은 몇몇 최근 연구는 달러화가 1920년대에 이미 동 지위를 획득하였음을 보여 준다.

22_Subacchi(2010)도 유사한 견해를 제시한다.

하지만 비록 중국의 자본 거래 자유화 및 금융시장 발전 정도가 위안화 국제화에 치명적인 장애물로 작용하지 않을 지라도, 위안화 국제화를 저해하는 다른 심각한 경제적 요인들이 존재한다. 그 중 하나는 중국의 경제 규모이다. 잘 알려진 바와 같이 중국 경제 규모는 장기간 눈부신 성장을 하였으며, 2010년에는 명목 국내총생산(GDP) 기준으로 일본을 제치고 세계 제 2위의 경제대국으로 올라섰다. 그러나 그럼에도 불구하고 중국 경제 규모는 아직 미국 경제 규모의 3분의 1 수준에 불과하다. 그리고 중국이 향후 10년간 매년 7% 성장한다고 가정할 경우 2020년이 되어도 중국 경제 규모는 미국 경제 규모의 절반에 불과할 것으로 추정된다(Eichengreen 2011a, 147).[23] 중국에 보다 우호적인 가정을 도입할 지라도 중국이 미국 경제 규모를 추월하려면 적어도 2020년대 중반이 경과되어야 할 것으로 분석된다(Ito 2010). 이러한 경제적 상황을 고려하면 위안화가 달러화 사용의 관성을 극복하고 전 세계적인 주요 국제통화로 성장하기는 어려울 것으로 평가된다. 실제로 달러화가 주요 국제통화로 성장하기 시작한 1910년대 초 당시 미국 경제 규모는 이미 영국 경제 규모의 두 배를 넘어선 상태였다.

물론 구매력 평가 기준 GDP를 사용하여 계산할 경우 중국 경제 규모는 증가한다. 하지만 동 산정 방법이 이용되더라도 중국 경제 규모는 여전히 미국 경제 규모의 절반에 불과하다. 게다가 구매력 평가 기준 GDP보다 명목 GDP가 국제 거래와 더욱 밀접히 연계된다는 점에서 통화 국제화의 경제적 조건을 평가하고자 할 때는 양자 중 명목 GDP가 보다 적합한 지표

23_연 성장률 7% 가정은 최근 중국의 성장률인 9~10%보다는 낮은 수준이다. 그러나 중국의 인구 상황이 향후 경제성장에 부정적으로 작용할 가능성이 높다는 점과 7%도 역사적 선례에 비추어 높은 수준이라는 점에서 합리적인 가정이라 할 수 있다.

이다(Eichengreen 2011a, 139).

위안화 국제화의 또 하나 주요 경제적 걸림돌은 위안화가 외국으로 공급되는 경로가 아직까지는 매우 제한적이라는 점이다. 해외에서 위안화가 사용하기 위해서는 우선 해외 거주자들이 위안화를 소지해야 한다는 점을 고려하면 이는 위안화 국제화에 심각한 장애물이 될 수 있다. 위안화를 해외로 공급하는 경로 중 하나는 중국이 경상수지 적자를 기록하는 것이다. 그러나 중국은 지속적으로 경상수지 흑자를 기록하고 있다. 위안화 해외 공급의 또 하나의 경로는 자본 거래이다. 즉, 중국이 경상수지 흑자를 기록하더라도 외국으로부터 단기로 자금을 빌려서 외국으로 장기로 대출함으로써 외국에 위안화를 공급할 수 있다. 실제로 제1차 세계대전 이전의 영국과 20세기 중반의 미국의 경우 경상수지 흑자를 기록하면서도 이러한 자본 거래 경로를 통해 파운드화와 달러화를 세계로 공급하였다(Cohen 2012a; Despres et al. 1965; Eichengreen 2005, 13-14). 사실 일국이 경상수지 적자를 기록할 경우 자국 통화 가치에 대한 신뢰에 부정적인 영향을 끼칠 수 있고 이는 통화 국제화에 걸림돌로 작용할 수 있다. 특히 통화 가치에 대한 시장의 신뢰가 확고하지 않은 통화 국제화 초기 단계에서는 경상수지 적자를 통한 통화 공급보다는 자본 거래를 통한 통화 공급이 통화 국제화에 보다 기여할 수 있을 것으로 여겨진다. 그러나 자본 거래를 통한 위안화 공급은 중국이 상당한 수준의 자본 거래 자유화와 금융시장 발전을 달성한 이후에나 실현 가능할 것으로 판단된다.[24]

결국 경제적 제반 조건들은 위안화 국제화에 그다지 우호적이지 않은

24_이러한 측면에서 중국의 낮은 수준의 자본 거래 자유화와 금융시장 저발전은 위안화 국제화의 심각한 장애물이 될 수 있다.

것으로 평가된다. 하지만 중국의 제한적 자본 거래 자유화 및 금융시장 저발전을 주로 강조하는 기존 연구들과 달리 본 연구는 중국 경제 규모 및 위안화 해외 공급의 제한이 위안화 국제화의 보다 심각한 경제적 장애물이 될 수 있다고 주장한다.

3. 정치적 요인

통화 국제화 연구는 주로 경제학자들에 의해 주도되었고, 그 결과 대다수 연구에서 정치적 요인은 통화 국제화 결정 요인 분석의 중심에서 배제되었다.[25] 하지만 정치적 요인은 통화 국제화에 영향을 미친다.[26] 특히 통

25_통화 국제화에 관한 정치경제학 연구가 다소 존재하긴 한다. 1970년대 초기 국제 정치경제학을 새로운 학문 분야로 자리매김하는 데 결정적인 공헌을 한 Susan Strange(1971)의 저작 "Sterling and British Policy: A Political Study of an International Currency in Decline"가 대표적인 예이다. 그러나 그 이후 Cohen(1998), Kirshner(1995) 등과 같은 몇몇 주목할 만한 연구가 발표되긴 하였으나 전반적으로 국제통화에 대한 정치경제학 연구는 장기간 침체되어 있었다. 하지만 글로벌 금융위기 이후 달러화의 국제통화 지위의 미래에 대한 논쟁이 가열되면서 최근 들어 통화 국제화에 관한 정치경제학 연구가 증가하는 추세이다. 달러화와 국제통화 체제의 향후 전망을 논의하는 국제 정치경제학 학술지 *Review of International Political Economy*의 2008년 특별 이슈에 게재된 논문들 및 Chey(2012), Helleiner and Kirshner(2009b) 등이 그 예이다.

26_Strange(1971: 1-40)는 통화 국제화에 영향을 미치는 요인의 속성에 따라 국제통화를 '강압적 통화'(master currency), '최상의 통화'(top currency), '협상된 통화'(negotiated currency), '중립적 통화'(neutral currency) 등 네 가지 범주로 구분한다. 강압적 통화는 타국에 자국 통화의 사용을 강제하는 패권국이나 제국주의 국가의 통화를 지칭하며, 동 통화의 국제적 사용은 항상 통화 발행국과 종속국의 정치적 관계에 기반한다. 과거 '스털링 지

화 국제화 초기 및 말기에는 통화가 내재적으로 보유한 경제적 매력이 동 통화가 국제적으로 널리 사용될 수 있을 정도로 강력하지 못할 가능성이 높고, 따라서 이러한 경우 정치적 요인이 통화 국제화에 영향을 미칠 수 있는 여지가 상대적으로 크다.

정치적 요인은 통화 국제화에 간접적 및 직접적 경로 양자 모두를 통해 영향을 미칠 수 있다(Helleiner 2008). 간접적 경로의 경우 정치적 요인이 통화 국제화에 영향을 미치는 경제적 요인에 영향을 줌으로써 통화 국제화에 영향을 미친다. 일례로 달러화의 국제화가 시작되었던 1910년대와 1920년대 당시 연준이 달러화 표시 '수출 인수 어음'(trade acceptance) 시장 발전을 적극적으로 지원함으로써 달러화 금융시장 발전과 달러화 국제화에 핵심적 역할을 수행하였다(Eichengreen 2011a, 28-30). 한편 직접적 경로의 경우는 통화 국제화의 경제적 결정요인과 관계없이 정치적 요인 자체로서 통화 국제화에 영향을 줄 수 있다. 예를 들면 달러화가 국제통화로 성장하던 20세기 초 미국 정부는 여러 남미 국가에서의 달러화 사용을 조장하는 '달러화 외교'(dollarization diplomacy)를 적극 추진하였다. 심지어 모든 미주 국가들을 포괄하는 달러화 통화 동맹 수립을 제안하기도 하였다. 이러한 정책은 미주에서 미국의 정치적 영향력 및 경제적 이해 증진을 도모하

역'(sterling area)에서의 영국 파운드화 사용이 일례이다. 강압적 통화와 대조적으로 최상의 통화는 통화 내재적으로 지닌 경제적 장점 때문에 시장에서 가장 선호되는 통화로서 1950년대 달러화가 한 예이다. 한편 협상된 통화는 통화 발행국이 경제적 편익이나 외교·군사적 지원 제공 등과 같은 타국과의 정치적 협상을 통해 국제적 사용을 뒷받침하는 통화이며, 일례로 제2차 세계대전 이후 파운드화나 1960년대 달러화를 들 수 있다. 마지막으로 중립적 통화란 통화가 지닌 내재적 경제적 장점이 최상의 통화처럼 압도적이진 않으나 국제적으로 어느 정도 사용되기에는 충분히 매력적인 통화를 지칭한다. 스위스 프랑화나 과거 독일 마르크화 등이 그 예이다. 몇몇 통화는 일개 범주 이상에 동시적으로 속할 수 있다.

는 수단의 하나로써 추진되었다(Helleiner 2003). 중앙은행들의 대규모 외환 보유, 세계 금융시장의 새로운 주요 투자자로서 국부 펀드의 부상 등을 고려하면 최근 들어 통화 국제화에 대한 이러한 정치적 요인들의 영향이 과거 보다 증대되었을 것으로 사료된다(Helleiner 2009, 77-78).

통화 국제화에 영향을 미칠 수 있는 다양한 정치적 요인들 중에서 본 연구는 통화 발행국의 국제적 역량을 중심으로 위안화 국제화 가능성을 분석한다.[27] 위에서 논의한 바와 같이 국제적 역량은 간접적 직접적 경로 양자 모두를 통해 통화 국제화에 영향을 미칠 수 있다. 간접적 경로를 통해 영향을 미치는 경우의 일례는 다음과 같다. 현재와 같은 법정 불환화폐(fiat money)[28] 체제 하에서 통화 발행국의 국제적 역량은 통화 발행국의 안보력과 직결되어 있고 따라서 통화 가치에 대한 신뢰를 구축하는 궁극적인 원천으로 작동한다. 만일 통화 발행국의 안보가 심각한 위협에 직면하게 되면 가치 저장의 수단으로써 동 국가의 통화를 사용하고자 하는 유인이 특히 심각하게 감소할 것이다.

한편 통화 발행국의 국제적 역량은 세 가지 방식을 통해 통화 국제화에

27_널리 알려진 바와 같이 노벨 경제학상 수상자인 Robert Mundell(1993)은 "위대한 국가는 위대한 통화를 가지고 있다."라고 평한 바 있다. 하지만 기존 문헌에서 국제적 역량과 통화 국제화의 관계가 가끔 언급되긴 하였지만 이를 체계적으로 분석한 연구는 드물다. 한편 국제정치 요인과 더불어 국내 정치 요인들 역시 통화 국제화에 영향을 줄 수 있다. 이와 관련하여, 비록 중국 정부가 자본 거래 자유화 등을 중심으로 위안화 국제화의 속도와 범위를 조절하고 있지만, 중국 정부의 적극적인 위안화 국제화 추진을 고려하면 중국 국내 정치 환경은 전반적으로 위안화 국제화에 우호적일 것으로 추측된다. 위안화 국제화를 둘러싼 중국 국내 정치에 관한 분석은 Helleiner and Malkin(2012), Mallaby and Wethington(2012), Subramanian(2011b, 20-22) 등 참조.

28_법정 불환화폐는 화폐 자체의 내재적 가치 부재에도 불구하고 정부의 공표를 통해 법정 화폐로 사용되는 통화를 지칭한다.

직접적으로 영향을 미칠 수 있다. 첫째, 일국의 국제적 역량은 군사·외교·경제적 지원 혹은 강제력 행사를 통해 타국의 자국 통화 사용을 적극적으로 조장하는 방식으로 발휘될 수 있다. 앞서 언급한, 미국이 남미에서 군사적 경제적 영향력을 급속히 확대하던 20세기 초 미국의 달러화 외교가 일례이다(Helleiner 2003). 둘째, 일국의 국제적 역량은 동 국가에 경제적 또는 군사적으로 의존하는 국가들로 하여금 동 국가 통화 사용을 통해 동 국가와의 관계를 강화하고자 하는 자발적 유인을 생성하는 방식으로, 즉 구조적 권력의 작동을 통해 통화 국제화에 기여할 수 있다. 실제로 프랑화 및 마르크화가 파운드화와 국제통화 역할을 공유하였던 1910년대 당시 이들 두 통화는 각각 프랑스와 독일과 밀접한 경제·금융 관계를 맺고 있던 지역에서 주로 사용되었다(Subramanian 2011b, 8).[29] 마지막으로 일국의 국제적 역량은 동 국가의 매력 강화 등과 같이 연성 권력 작동을 통해서도 통화 국제화를 증진할 수 있다.[30]

달러화가 국제통화로 성장하는 역사적 과정은 국제적 역량이 통화 국제화에 영향을 미친다는 본 연구의 주장을 뒷받침한다. 보다 구체적으로, 앞서 언급한 바와 같이 미국이 주요 강대국 중 하나로 부상하던 1910년대부터 달러화의 국제화가 시작되었다.[31] 제1차 세계대전 이후 미국은 영국

29_1913년 당시 파운드화, 프랑화, 마르크화가 전 세계 준비통화에서 차지하는 비중은 각각 38%, 24%, 13%였다.

30_앞서 논의한 바와 같이 통화 국제화가 통화 발행국의 국제적 역량을 강화하는 한편 여기서 언급한 것처럼 통화 발행국의 국제적 역량 확대가 통화 국제화를 증진한다는 점은 결국 통화 발행국의 국제적 역량과 통화 국제화가 선순환 관계를 이루고 있음을 시사한다.

31_제1차 세계대전 이전에 이미 경제 규모 측면에서 미국은 영국을 추월하였다. 하지만 국제무역 및 금융 규모, 군사력 등을 포괄한 넓은 의미에서 미국이 진정한 세계 제일의 강대국으로 부상한 시기는 제1차 대전 이후이다(Kennedy 1987, 247; Subramanian 2011b).

을 제치고 세계 최대 강대국으로 성장하였고, 이와 동시에 달러화 역시 1924년경부터 파운드화를 대체하여 제1 준비통화로 등극, 1929년경에는 전 세계 준비통화의 절반 이상을 차지하였다.[32] 그 후 대공황이 발발하게 되자 여타 어느 국가보다도 미국이 1930년대 가장 심각한 경제 불황을 겪었고,[33] 동 시기에 달러화는 파운드화에게 한시적으로 제1 국제통화 자리를 내주게 된다. 하지만 제2차 세계대전 종전 후 미국의 패권은 공고화되었고 달러화 역시 제1 국제통화 지위를 탈환, 현재까지 그 지위를 유지하고 있다.[34]

통화 발행국의 국제적 역량과 통화 국제화의 이러한 상관관계를 고려하면, 현재 위안화 국제화와 관련한 핵심 사안 중 하나는 과연 얼마나 중국의 국제적 역량이 증가한 반면 미국의 국제적 역량이 하락하였는지 여부이다. 이 질문에 대한 답을 제시하면, 경제력과 군사력 측면 모두에서 당분간은 미국의 국제적 역량이 중국을 압도할 것으로 예상된다. 보다 구체적으로, 우선 지난 수십 년간 중국 경제가 급속히 성장하였음에도 불구하고 앞서 언급하였듯이 그 규모가 아직까지는 미국 경제 규모의 3분의 1에 불과하며 양국의 경제 규모가 유사하게 될 때까지 앞으로 적어도 15년 정도는 소요될 것으로 예측된다(Eichengreen 2011a, 147; Ito 2010). 이러한 위안화

32_Eichengreen(2011a; 2011b)은 1913년 연준 설립과 이에 따른 미국 금융시장의 발전을 달러화가 제1 국제통화로 성장하게 된 핵심 요인이라 주장한다.

33_일례로 세계 제조업 생산 중 미국이 차지하는 비중은 1929년 43%에서 1938년 1910년대 이후 가장 낮은 수치인 29%로 급격히 하락하였다. 반면 동 기간 영국의 비중은 꾸준히 9~10% 대를 유지하였다(Kennedy 1987, 329-30).

34_제2차 세계대전 종전까지 파운드화가 제1 국제통화 지위를 상실하지 않았다는 대다수 기존 연구의 주장은 1920년대에 이미 달러화가 파운드화를 대체하였음을 인지하지 못하는 반면 파운드화가 1930년대에 제1 국제통화 지위를 회복하였다는 사실에 주로 근거한다.

의 현 상황과 대조적으로, 달러화가 주요 국제통화로 부상하기 시작하였던 1910년대 초에 미국 경제 규모는 이미 영국 경제 규모의 두 배를 넘어 섰으며, 달러화가 파운드화의 제1 국제통화 지위를 대체한 1920년대 말 경에는 미국 경제 규모가 영국 경제 규모의 네 배를 상회한 상태였다(Kennedy 1987, 243; Krasner 1976, 345). 이와 더불어 미국은 글로벌 금융위기의 진원이었음에도 불구하고 수입 규모, 해외 직접 투자 규모, 해외 직접 투자 유치 규모 등의 분야 모두에서 중국을 제치고 세계 제1위 지위를 보존하고 있다.

또한 미국은 냉전 종식 이후에도 전 세계 동맹국들에게 여전히 안보 지원을 제공하고 있다. 2011년 세계 군비 지출에서 미국이 차지하는 비중은 40%에 달한 반면 중국은 8%에 불과하였다. 동년 미국은 2,150개의 사용 가능한 핵무기를 보유한 반면, 중국은 40개만을 보유하고 있는 것으로 추정되었다(SIPRI 2012).

2011년 Pew Research Center가 수행한 국가 간 친밀도 조사 역시 미국과 중국의 국제적 역량과 관련하여 주목할 만한 결과를 제시한다. 구체적으로 살펴보면, 일본과 인도 등과 같은 아시아 강대국의 경우 중국보다는 미국에 보다 높은 친밀감을 느끼는 것으로 조사되었는데,[35] 이는 아시아에서조차 미국이 중국보다 강력한 연성 권력을 행사하고 있음을 시사한다. 그리고 멕시코, 브라질 등과 같은 미국의 인접국 및 영국, 프랑스, 독일, 스페인 등과 같은 서구 강대국들도 중국보다는 미국에 보다 우호적인 시각을

35_일본 응답자 85%가 미국에 대해 우호적인 견해를 피력한 반면 61%가 중국에 대해서는 부정적인 입장을 나타냈다. 인도의 경우는 각각 41%와 25%의 응답자가 미국과 중국에 우호적 시각을 보였다.

표명하였는데,[36] 이는 전통적으로 미국과 친밀한 관계를 유지하고 있는 지역에서 중국의 연성 권력이 여전히 미약함을 의미한다.

결국 비록 중국 경제가 최근 눈부신 발전을 이룩하였음에도 불구하고 전 세계적으로 여전히 미국이 중국보다 월등한 국제적 역량을 보유하고 있는 것으로 여겨지며, 이러한 상황에서 가까운 미래에 위안화가 달러화의 제1 국제통화 지위를 넘보기는 어려울 것으로 판단된다.

4. 지역통화로서의 성장 가능성

하지만 여타 지역에 비해 아시아에서 중국이 상대적으로 강한 영향력을 발휘한다는 점을 고려하면 위안화가 동 지역에서 어느 정도는 지역통화로 성장할 가능성이 있을 것으로 보인다. 중국의 아시아에서의 영향력을 반영하는 지표 중 하나로 아시아 국가들의 대중 무역 규모를 들 수 있는데, 동 규모는 이미 이들 국가의 대미 무역 규모를 넘어섰다. 또한 2013년 9월 발표된 'The Global Financial Centres Index 14'(Yeandle and Danev 2013)에 따르면 홍콩은 런던과 뉴욕 다음으로 세계 제3위 국제 금융 중심지 지위를 점하고 있다. 더구나 중국은 전 세계를 상대로는 대규모 경상수지 흑자를 기록하고 있으나 동아시아 국가들을 대상으로는 2000년대 동안 매년 평균적으로 무역수지 적자를 기록하였다. 만일 이러한 추세가 향후에

36_미국과 중국 각각에 대해 우호적인 견해를 표명한 비율은 영국 61%, 59%, 프랑스 75%, 51%, 독일 62%, 34%, 스페인 64%, 55%, 멕시코 52%, 39%, 브라질 62%, 49%였다.

도 이어진다면 아시아 국가들이 위안화를 축적할 기회가 확대될 것이고 이는 결국 위안화 국제화에 기여할 수 있을 것으로 사료된다.

실제로 중국 정부 역시 위안화를 우선 아시아의 지역통화로 발전시키는 것을 위안화 국제화의 당면 목표로 설정, 이를 위해 여러 정책을 도입하고 있는 것으로 파악된다. 이와 관련하여 특히 주목할 만한 사안 중 하나는 중국의 양자 간 위안화-상대국 통화 통화스왑 체결 총 23개국 중 12개국이 홍콩을 비롯한 아시아-태평양 국가들이라는 점이다. 왜냐하면 이러한 통화스왑은 세 가지 경로를 통해 타국으로 하여금 위안화 사용을 늘리고자 하는 유인을 제공할 수 있기 때문이다. 첫째, 통화스왑은 외국에 국제 무역 결제에 필요한 위안화를 공급하는 수단으로 이용될 수 있고, 그 결과 국제 무역 결제에서 위안화 사용을 촉진할 수 있다. 둘째, 통화스왑은 통화스왑 체결국에 외환 유동성을 제공하므로 금융위기 발생 시 이들 국가의 금융 안정에 기여할 수 있다. 마지막으로 앞서 언급한 바와 같이 통화스왑 체결국의 중앙은행은 중국 본토 은행 간 채권시장 투자가 허용되는데 이는 위안화가 준비통화로 사용되는 데 도움이 될 수 있다. 실제로 한국, 말레이시아, 태국 등의 중앙은행은 최근 위안화 표시 자산에 대한 투자를 시작하였다. 이러한 중국의 통화스왑 제공은 중국이 위안화 국제화를 위해 자국의 국제적 역량을 적극적으로 활용하는 일례로 평가될 수 있다.

또한 중국은 최근 아시아 국가들의 국채 매입을 확대하였는데 이 역시 아시아 지역에서 위안화 국제화 도모를 위해 중국이 자국의 국제적 역량을 행사하는 하나의 사례라 할 수 있다. 왜냐하면 중국의 이들 국채 매입은 상대국 통화에 평가절상 압력을 가하게 되고, 상대국 정부는 자국 수출산업 보호를 위해 평가절상 억제를 위한 하나의 수단으로 위안화 표시 자산에 대한 투자를 늘릴 수 있고, 그 결과 아시아 지역에서 위안화 국제화가 확대될 수 있기 때문이다. 실제로 중국 정부는 2010년 가을 한국 및 일본 국채를 대량 매입한 적이 있는데 이는 원화와 엔화의 상당한 수준의 평가절상을 야기하였다. 당시 일본 재무장관은 중국의 제한적인 자본 거래 자유화가 일본의 중국 채권 구매를 저해한다고 불만을 표명하였다(Financial Times 2010/9/14). 게다가 중국이 2011년부터 추진 중인 5개년 규획은 준비통화 다양화를 주요 정책 목표 중 하나로 설정하였다. 아시아 국채 구매 확대는 이러한 준비통화 다양화의 한 방안이 될 수 있으며, 이는 아시아 지역에서 위안화 국제화를 촉진할 수 있다. 최근 중국의 대표적 연구기관 중 하나인 중국사회과학원의 선임연구원인 Zhang Bin(2011)은 「아시아 국가들이 준비 자산으로 보다 많은 아시아 채권을 보유하는 것이 바람직한가? 중국의 대답」이란 이례적으로 정치적으로 매우 과감한 제목의 논문을 발표하였는데, 동 연구 역시 중국이 미국 국채를 대신하여 보다 대규모의 아시아 국채를 준비 자산으로 보유할 것을 제안하였다.

위안화가 아시아 지역통화로 발전한다 하더라도 이는 물론 동 지역에서 위안화가 달러화를 전면적으로 대체한다기보다는 달러화의 사용이 상당 정도 감소할 것임을 의미한다. 중국의 영향력이 지속적으로 상승할 경우 약소국들은 친중 정책을 채택할 유인이 상대적으로 강할 수 있다. 하지만 일본 및 인도와 같은 중국의 경쟁국들은 달러화란 제1 국제통화가 존재하는 상황에서 위안화에 대한 의존을 급속히 늘리고자 하지 않을 것이다. 또한 앞서 논의한 바와 이들 양국이 중국 보다 미국에 대해 보다 높은 친밀감을 보유하고 있다는 사실 역시 이들 양국에서 달러화가 위안화보다 더욱 선호될 가능성이 큼을 시사한다. 결국 이러한 지정학적 요인들의 작동은 아시아에서 달러화 영향력의 감소를 더디게 할 가능성이 크다.

5. 결론

통화 국제화는 본질적으로 순수 경제학적 사안이라기보다는 정치경제학적 사안이다. 하지만 그럼에도 불구하고 위안화 국제화에 관한 기존 연구 대다수는 정치적 요인들을 간과하고 주로 경제적 관점에서 동 문제를 분석한다는 한계가 있다. 본 연구는 위안화 국제화 연구의 이러한 중요한 한계를 보완하고자 중국의 국제적 역량이 위안화 국제화에 미칠 수 있는 영향에 대해 정치경제학적 분석을 제시하였다. 이는 통화 국제화 과정에서 정치적 요인들의 역할에 대한 논의를 확대하는 데 기여할 수 있을 것으로 기대된다.

만일 높은 수준의 위안화 국제화가 실제로 달성된다면 이는 중국에 상당한 경제적 정치적 편익을 제공함으로써 국제사회에서 중국의 부상을 가속화할 것으로 예상된다. 그러나 위안화 국제화를 둘러싼 현재의 경제적 정치적 상황을 분석하면 아시아 지역에서 위안화가 어느 정도 지역통화로 성장할 가능성이 없지는 않으나 전 세계적으로 가까운 미래에 위안화가 달러화를 제치고 제1의 국제통화 지위를 차지할 가능성은 희박할 것으로 평가된다.

하지만 비록 위안화 국제화가 아시아 지역으로 국한될 지라도 그 정도가 상당한 수준에 이른다면 이는 국제 정치·경제에 중대한 영향을 미칠 수 있다. 왜냐하면 중국을 비롯한 다수의 아시아 국가들이 대규모 달러화 자산 보유국이기 때문이다. 아시아 국가들이 달러화 자산 규모를 줄일 경우 달러화 발행을 통해 경상수지 적자를 보존할 수 있는 미국의 능력이 감소할 것이고 이는 미국 경제가 보다 강한 시장 규율의 압력에 직면하게 될 것임을 의미한다. 세계경제 차원에서 이러한 결과는 글로벌 불균형(global imbalances) 문제를 완화하고 이에 따라 글로벌 금융위기 재발 위험을 낮추는 긍정적인 효과를 야기할 수 있다. 한편 미국의 입장에서는 위안화 국제화가 거시 경제정책 자율성 및 국제적 역량 약화 등 부정적 결과를 초래할 수 있지만, 다른 한편으로 위안화 강세가 야기되어 미국 산업의 경쟁력이 강화될 수 있다는 점에서 긍정적 결과를 야기할 수도 있다.

참고문헌

Aliber, Robert Z. 1964. "The Costs and Benefits of the U.S. Role as a Reserve Currency Country." *Quarterly Journal of Economics* 78, No. 3. pp. 442-56.

Bergsten, C. Fred. 2011. "Why the World Needs Three Global Currencies." *Financial Times*(February 15).

Broz, J. Lawrence. 1997. *The International Origins of the Federal Reserve System*. Ithaca. NY: Cornell University Press.

Campanella, Miriam. 2014. *The Internationalization of the Renminbi and the Rise of a Multiploar Currency System*, ECIPE Working Paper No. 01/2014, Belgium: European Centre for International Political Economy.

Chen, Xiaoli, and Yin-Wong Cheung. 2011. "Renmini Going Global." *China & World Economy* 19, no. 2. pp. 1-18.

Chey, Hyoung-kyu. 2012. "Theories of International Currencies and the Future of the World Monetary Order." *International Studies Review* 14, no. 1. pp. 51-77.

Chey, Hyoung-kyu. 2014. "Political Econmy of Currency Internationalization." Thomas Oatley and William Kindred Winecoff eds. *Handbook of the International Political Economy of Monetary Relations*. London: Edward Elgar Publishing.

Chinn, Menzie, and Jeffrey A. Frankel. 2007. "Will the Euro Eventually Surpass the Dollar as Leading International Reserve Currency." Richard H. Clarida eds. *G7 Current Account Imbalances: Sustainability and Adjustment*. pp. 285-322. Chicago, IL: The University of Chicago Press.

Cohen, Benjamin J. 1971. *The Future of Sterling as an International Currency*. London: Macmillan.

Cohen, Benjamin J. 1998. *The Geography of Money*. Ithaca, NY: Cornell University Press.

Cohen, Benjamin J. 2006. "The Macrofoundations of Monetary Power." David M. Andrews eds. *International Monetary Power*. pp. 31-50. Ithaca, NY: Cornell University Press.

Cohen, Benjamin J. 2009a. "Currency and State Power." paper presented at the conference to honor Stephen D. Krasner, Stanford University.

Cohen, Benjamin J. 2009b. "Dollar Dominance, Euro Aspirations: Recipe for Discord?"

Journal of Common Market Studies 47, no. 4. pp. 741-66.

Cohen, Benjamin J. 2009c. "Toward a Leaderless Currency System." Eric Helleiner and Jonathan Kirshner eds. *The Future of the Dollar*. pp. 142-63. Ithaca, NY: Cornell University Press.

Cohen, Benjamin J. 2012a. "The Benefits and Costs of an International Currency: Getting the Calculus Right." *Open Economies Review* 23, no. 1. pp. 13-31.

Cohen, Benjamin J. 2012b. "The Yuan Tomorrow? Evaluating China's Internationalisation Strategy." *New Political Economy* 17, no. 3. pp. 361-71.

Cohen, Benjamin J. 2014. *Will History Repeat Itself? Lessons for the Yuan*. ADBI Working Paper Series No. 453, Tokyo: Asian Development Bank Institute.

Cooper, Richard N. 2009. *The Future of the Dollar*. Policy Brief No. PB09-21, Washington, DC: Peterson Institute for International Economics.

Cooper, Richard N. 2010. "Does the SDR Have a Future?" *Journal of Globalization and Development* 1, no. 2: Article 11.

Despres, Emile, Charles P. Kindleberger, and Walter S. Salant. 1965. "The Dollar and World Liquidity: A Minority View." *The Economist*(February 5), pp. 526-29.

Dobson, Wendy, and Paul R. Masson. 2009. "Will the Renminbi Become a World Currency?" *China Economic Review* 20, no. 1. pp. 124-35.

Eichengreen, Barry. 2005. *Sterling's Past, Dollar's Future: Historical Perspectives on Reserve Currency Competition*. NBER Working Paper No. 11336, Cambridge, MA: National Bureau of Economic Research.

Eichengreen, Barry. 2009. "The Dollar Dilemma: The World's Top Currency Faces Competition." *Foreign Affairs* 88, no. 5. pp. 59-68.

Eichengreen, Barry. 2011a. *Exorbitant Privilege: The Rise and Fall of the Dollar and the Future of the International Monetary System*. Oxford: Oxford University Press.

Eichengreen, Barry. 2011b. "The Renminbi as an International Currency." *Journal of Policy Modeling* 33, no. 5. pp. 723-30.

Eichengreen, Barry. 2013. "Number One Country, Number One Currency." *The World Economy* 36, no. 4. pp. 363-74.

Eichengreen, Barry, and Marc Flandreau. 2008. *The Rise and Fall of the Dollar, or When Did the Dollar Replace Sterling as the Leading Reserve Currency?* CEPR Discussion Paper No. 6869, London: Center for Economic Policy Research.

Eichengreen, Barry, and Marc Flandreau. 2012. "The Federal Reserve, the Bank of England, and the Rise of the Dollar as an International Currency, 1914-1939."

Open Economies Review 23, no. 1. pp. 57-87.

Financial Times. 2010. "Mending Fences in Beijing and Tokyo."(September 14).

Fratzscher, Marcel, and Arnaud Mehl. 2011. *China's Dominance Hypothesis and the Emergence of A Tri-polar Global Currency System.* ECB Working Paper No. 1392, Frankfurt: European Central Bank.

Grimes, William W. 2003. "Internationalization of the Yen and the New Politics of Monetary Insulation." Jonathan Kirshner eds. *Monetary Orders: Ambiguous Economics, Ubiquitous Politics,* pp. 172-94. Ithaca, NY: Cornell University Press.

Hai, Wen, and Hongxin Yao. 2010. "Pros and Cons of International Use of the RMB for China." Wensheng Peng and Chang Shu eds. *Currency Internationalization: Global Experiences and Implications for the Renminbi,* pp. 139-66. London: Palgrave Macmillan.

He, Dong, and Robert N. McCauley. 2010. *Offshore Markets for the Domestic Currency: Monetary and Financial Stability Issues,* BIS Working Papers No. 320. Basel: Bank for International Settlements.

Helleiner, Eric. 2003. "Dollarization Diplomacy: US Policy Towards Latin America Coming Full Circle?" *Review of International Political Economy* 10, no. 3. pp. 406-29.

Helleiner, Eric. 2006. "Below the State: Micro-Level Monetary Power." David M. Andrews eds. *International Monetary Power,* pp. 72-90. Ithaca, NY: Cornell University Press.

Helleiner, Eric. 2008. "Political Determinants of International Currencies: What Future for the US Dollar?" *Review of International Political Economy* 15, no. 3. pp. 354-78.

Helleiner, Eric. 2009. "Enduring Top Currency, Fragile Negotiated Currency: Politics and the Dollar's International Role." Eric Helleiner and Jonathan Kirshner eds. *The Future of the Dollar,* pp. 69-87. Ithaca, NY: Cornell University Press.

Helleiner, Eric, and Jonathan Kirshner. 2009a. "The Future of the Dollar: Whither the Key Currency?" Eric Helleiner and Jonathan Kirshner eds. *The Future of the Dollar,* pp. 1-23. Ithaca, NY: Cornell University Press.

Helleiner, Eric, and Jonathan Kirshner (eds). 2009b. *The Future of the Dollar.* Ithaca, NY: Cornell University Press.

Helleiner, Eric, and Anton Malkin. 2012. "Sectoral Interests and Global Money: Renminbi, Dollars and the Domestic Foundations of International Currency

Policy." *Open Economies Review* 23, No. 1. pp. 33-55.

Ito, Takatoshi. 2010. "China as Number One: How about the Renminbi?" *Asian Economic Policy Review* 5, No. 2. pp. 249-76.

Katada, Saori N. 2008. "From a Supporter to a Challenger? Japan's Currency Leadership in Dollar-dominated East Asia." *Review of International Political Economy* 15, No. 3. pp. 399-417.

Kennedy, Paul. 1987. *The Rise and Fall of the Great Powers: Economic Change and Military Conflict from 1500 to 2000.* New York: Random House.

Kindleberger, Charles P. 1967. *The Politics of International Money and World Language,* Essays in International Finance No. 61, Princeton: Princeton University.

Kirshner, Jonathan. 1995. *Currency and Coercion: The Political Economy of International Monetary Power.* Princeton, NJ: Princeton University Press.

Kirshner, Jonathan. 2008. "Dollar Primacy and American Power: What's at Stake?" *Review of International Political Economy* 15, No. 3. pp. 418-38.

Krasner, Stephen D. 1976. "State Power and the Structure of International Trade." *World Politics* 28, No. 3. pp. 317-47.

Krugman, Paul. 1984. "The International Role of the Dollar: Theory and Prospect." John Bilson and Richard Marston eds. *Exchange Rate Theory and Practice*, pp. 261-78. Chicago, IL: University of Chicago Press.

Lardy, Nicholas, and Patrick Douglass. 2011. *Capital Account Liberalization and the Role of the Renminbi,* Working Paper WP11-6, Washington, DC: Peterson Institute for International Economics.

Lee, Jong-Wha (forthcoming), "Will the Renminbi Emerge as an International Reserve Currency?" *The World Economy.*

Liao, Steven, and Daniel E. McDowell. 2013. "Redback Rising: Bilateral Swap Agreements and China's Strategy for RMB Internationalization." 2013 Annual International Studies Association Convention. San Francisco, CA. U.S.A.

Lim, Ewe-Ghee. 2006. *The Euro's Challenge to the Dollar: Different Views from Economists and Evidence from COFER (Currency Composition of Foreign Exchange Reserves) and Other Data,* IMF Working Paper WP/06/153, Washington, DC: International Monetary Fund.

Mallaby, Sebastian, and Olin Wethington. 2012. "The Future of the Yuan: China's Struggle to Internationalize Its Currency." *Foreign Affairs* 91, no. 1. pp. 135-46.

Mundell, Robert A. 1993. *EMU and the International Monetary System: A Transatlantic*

Perspective, Working Paper No. 13, Vienna: Austrian National Bank.

Park, Yung Chul. 2010. "RMB Internationalization and Its Implications for Financial and Monetary Cooperation in East Asia." *China & World Economy* 18, no. 2. pp. 1-21.

Pew Research Center. 2011. *China Seen Overtaking U.S. as Global Superpower*, available at http://pewglobal.org/2011/07/13/china-seen-overtaking-us-as-global-superpower/.

SIPRI(Stockholm International Peace Research Institute). 2012. *SIPRI Yearbook 2012*: Armaments, Disarmament and International Security(Solna).

Strange, Susan. 1971. *Sterling and British Policy: A Political Study of an International Currency in Decline*. London: Oxford University Press.

Subacchi, Paola. 2010. *'One Currency, Two Systems': China's Renminbi Strategy*, Briefing Paper IE BP 2010/11, London: Chatham House.

Subacchi, Paola. 2013. *Expanding Beyond Borders: The Yen and the Yuan*, ADBI Working Paper Series No. 450, Tokyo: Asian Development Bank Institute.

Subramanian, Arvind. 2011a. *Eclipse: Living in the Shadow of China's Economic Dominance*. Washington, DC: Peterson Institute for International Economics.

Subramanian, Arvind. 2011b. *Renminbi Rules: The Conditional Imminence of the Reserve Currency Transition*, Working Paper WP 11-14, Washington, DC: Peterson Institute for International Economics.

Subramanian, Arvind, and Martin Kessler. 2012. *The Renminbi Bloc Is Here: Asian Down, Rest of the World to Go?* Working Paper WP 12-19, Washington, DC: Peterson Institute for International Economics.

Tavlas, George S. 1991. *On the International Use of Currencies: The Case of the Deutsche Mark*, Essays in International Finance No. 181, Princeton, NJ: Princeton University.

Tavlas, George S., and Yuzuru Ozeki. 1992. *The Internationalization of Currencies: An Appraisal of the Japanese Yen*, IMF Occasional Paper No. 90, Washington, DC: International Monetary Fund.

Wu, Friedrich. 2009. "The Renminbi Challenge." *The International Economy*, Fall: 32-35, 53.

Wu, Friedrich, Rongfang Pan, and Di Wang. 2010. "Renminbi's Potential to Become a Global Currency." *China & World Economy* 18, no. 1. pp. 63-81.

Yeandle, Mark, and Nick Danev. 2013. *The Global Financial Centres Index 14*. London: Long Finance.

Zhang, Bin. 2011. *Is It Desirable for Asian Economies to Hold More Asian Assets in Their Foreign Exchange Reserves? The People's Republic of China's Answer*, ADBI Working Paper Series No. 306, Tokyo: Asian Development Bank Institute.

Complex Transformation of East Asia's Regional Order and South Korea's National Strategies

Edited by Yong Wook Lee and Key-young Son

One of the key words defining the 21st century is 'complex transformation', given the depth and width of change humanity has experienced since the end of the Cold War. East Asia is no exception to this global transformation. In fact, the rise of China, the transformation of Japan's security identities, and North Korea's nuclear weapons programs, among others, have made East Asia one of the most dynamic and unpredictable regions in the world.

This edited volume has been a collective work of many scholars of international relations, politics, and political economy as part of efforts to capture a wide gamut of issues and challenges facing East Asia and analyze and predict the trajectory of transformation. Put briefly, this volume makes problematic the commonly accepted state identities and norms and explores how the complex transformation of East Asia's security and economic order affects the policy choices of the regional states, especially those of the South Korean government. This book mainly discusses the strategic choices of South Korea as a middle power to handle a myriad of problems on and around the Korean Peninsula.

Part I deals with the transformation of East Asia's security order, covering such topics as the security dilemma of South Korea-China relations, the 'failed state' syndrome of North Korea, the global nuclear security process, and the analysis of Northeast Asia as a form of regional security complex.

Part II covers mainly the region's trade issues, such as TPP and RCEP, as well as renminbi internationalization as key variables in transforming the region's economic order.

Jung-Nam Lee investigates the sources of dilemmas in the development of strategic cooperation between South Korea and China and proposes a list of policy recommendations. She defines the problems of North Korea, its nuclear tests, and the US-South Korea alliance as the core agenda items of strategic cooperation between Korea and China in the current power shift in East Asia. Since the structural factors directly affect the development of Korea-China relations since the inauguration of the new governments in the two countries, the level of their cooperation has not developed fairly well so far from the aspect of strategic cooperation. First of all, Korea and China are poles apart over the question of how to resolve North Korea's nuclear issues: China seeks to resume six-party talks while South Korea made it a precondition that North Korea take key measures for denuclearization. As to the US-China relations, Koreans have a fear that the weakening Korea-US alliance may endanger their security from the threat of North Korea while the Chinese regard the consolidation of Korea-US alliance as a counterweight to the rise of China. Based on this, this chapter proposes five steps to minimize the uncertainties in power shift and to foster a stable development of Korea-China relations.

Shin-wha Lee portrays state failure as a situation in which a state is unable to perform core state functions, such as the provision of public goods, because it has little or no political authority or legitimacy to impose the rule of law. The failed-states literature emphasized that a vacuum of authority or political control is one of the most important criteria to evaluate the level of state failure. North Korea is thus classified as a special category of state failure, which is characterized as a situation where government leaders have a strong control over the societies and political entities, but not qualifying for any other categories in terms of economic development, human rights protection, human security, social and economic transparency, and the rule of law. If central authority and political control weaken in North Korea, with or without the contingency, consequences of state failure would be so devastating that North Korean people will further suffer from severe humanitarian crisis. By the way, R2P is a norm or a set of principles that redefines sovereignty as a responsibility rather than a privilege and control. It prescribes that a state has the responsibility to protect its populations and if government leaders are not able to or not willing to fulfill the responsibility to protect local people, the international community has a secondary responsibility to protect them by force, if necessary, from genocide, ethnic cleansing, war crimes, and crime against humanity. But the 'original' scope of R2P include not only these four crimes, but also situations of state collapse and devastating natural catastrophes. There have been controversies over whether the narrowly defined R2P restricts its potential to address complex humanitarian emergencies in countries like North Korea. However, it seems infeasible for the international society to take military option to intervene in North Korea under the banner of R2P. Even if a crisis like Libya ever happens in North Korea, it is unlikely for the UN member states to invoke R2P to intervene in North Korea since China and Russia, two permanent members of the UN Security Council, will veto any military action against North Korea. In this context, this chapter evaluates the possibility and validity of the discussion of state failure and R2P in the case of North Korea.

Key-young Son aims to elucidate the 2012 Nuclear Security

Summit from the perspectives of regime theory and regional governance and analyze the role of South Korea as one of the key actors in this process. The nuclear security process, which started with President Barack Obama's vision of "World Without Nuclear Weapons," faced a watershed timed with the Seoul summit. This article argues that the Nuclear Security Summit does not aim to create a new international regime, but to strengthen a number of "incomplete" regimes institutionally. By doing this, the summit fosters multiple processes and promotes global governance to facilitate the efforts to secure nuclear materials to prevent nuclear terrorism. This chapter notes that the nuclear security process could provide South Korea with a chance to make contributions to a new form of regional governance depending on its will and capacity as a middle power.

Dong-jun Lee explores the possibility of applying the Regional Security Complex Theory(RSCT) in Northeast Asia, given the post-Cold War decline in the structural impact on regional security dynamics. The rationale for RSCT was that, for a majority of states, the most relevant scale for conceptualizing military and political security had functioned at regional rather than system level. RSCT also broadened the sectors of security to include economic, societal and environmental security. The central idea of RSCT has been that because most threats travel easily over short distances, security interdependence is normally patterned into regionally based clusters, called security complexes. Especially, RSCT starts from the assumption that a RSC is not "out there", but can also be reconstructed by the dynamics of security relations. Lee argues that RSCT, reflecting the real concerns of policy-makers, provides a practical framework for security analysis, espeically in Northeast Asia.

Yong Wook Lee and Kyoung-Seok Ha aims to analyze the formation of multilateral FTAs (Korea-China-Japan FTA, TPP, and RCEP) in East Asia and suggests that South Korea's strategy towards these FTAs should consider 'sequence priority', 'selective emphasis of policy goals', and 'negotiation strategies.' The multilateralization of trading order in East Asia is a result of strategic choices of among countries (the U.S., China, Japan, and ASEAN) that pursued a global/regional/sub-regional leadership and autonomy. In order to consolidate its role as a rule setter and strengthen middle power diplomatic capabilities, it is strategically important for South Korea to set its sequence priority in 'RCEP → TPP' and 'KCJ FTA → RCEP' order, and to define its policy goals to become a rule setter of multilateral FTAs rather than to realize short-term economic gains. This chapter concludes by suggesting micro negotiation strategies that can help to achieve South Korea's economic and diplomatic visions.

Yul Sohn argues that Japan has emerged as a game changer in the region by declaring its participation of TPP negotiations. He noted that Japan had previously been sluggish in implementing FTA strategies and failed to conclude trade agreements with major economies in a comprehensive manner. Low-yield FTAs with relatively low-level liberalization assumed the lion's share. But entering the 2010s, Japan has turned proactive in terms of FTA strategies. This chapter explores how and why Japan decided to enter the negotiations by considering three factors: changes in the market(i.e., regional production networks), changes in strategic environment(i.e., strengthening of its alliance with the United States), and changes in the domestic political institutions.

Hyoung-kyu Chey notes that, since the 2008-09 global financial crisis, China has enthusiastically pushed ahead with renminbi internationalization by facilitating the use of the renminbi in international trade and developing the offshore renminbi market in Hong Kong. However, this chapter argues that Chinese replacement of the U.S. dollar by the renminbi as the leading international currency appears unlikely, at least in the foreseeable future, owing to weakness in China's international political power and its economy. Still, the renminbi could develop into an Asian regional currency to some extent.

ARI Monograph Series 19
Complex Transformation of East Asia's Regional Order and South Korea's National Strategies

First Published 2014
by The Asiatic Research Institute at Korea University
145 Anam-ro, Seongbuk-gu, Seoul 136-701, Korea
www.asiaticresearch.org

아연동북아총서 19

동아시아 지역질서의 복합 변환과 한국의 전략

1판1쇄 | 2014년 5월 26일

편저자 | 이용욱·손기영
펴낸이 | 이종화
펴낸 곳 | 아연출판부
등록 | 2000년 5월 24일 제6-376호
주소 | 서울시 성북구 안암로 145 고려대학교 아세아문제연구소(136-701)
전화 | 02-3290-1600 팩스 | 02-923-4661
홈페이지 | www.asiaticresearch.org

값 12,000원

ISBN 978-89-90769-52-7 94300
ISBN 978-89-90769-29-9 (세트)

이 도서의 국립중앙도서관 출판시도서목록(CIP)은 e-CIP 홈페이지(http://www.nl.go.kr/ecip)에서
이용하실 수 있습니다(CIP제어번호: CIP2014016066).